キャラクター総論

文化・商業・知財

辻　幸恵　Tsuji Yukie
梅村　修　Umemura Osamu
水野浩児　Mizuno Koji

東京　白桃書房　神田

まえがき

　「キャラクター」に関する研究を手がけてから，もう足かけ8年になる。学会での口頭発表も，いつのまにか10件を超えた。いつかは，論考をまとめて世に問わなければ，と思いつつ，日々の雑事に追われていた。

　そんな時に，「キャラクター」のもつ社会的な意味や，その独自のアート性について，共著者の追手門学院大学国際教養学部の梅村修氏と話す機会があった。梅村氏は，広告の言辞に対して，ながらく談話論的な興味を抱いていたが，同時に，現代の消費社会において，企業キャラクターがマーケティングの先兵としてどのように活用されているか，ということにも少なからず関心を寄せていた。そこで共同研究をすることになった。2人で研究をすすめていくうちに，社会的な文脈の中で「キャラクター」を論じるには，著作権・商標権・意匠権等の知的財産権の課題が多くあることに気づかされた。そこで，3人目の共同研究者として，同僚の水野浩児氏に法律の部分をお任せすることになった。

　本書の特徴は，「キャラクター」を，消費社会のアクターとして見すえる目，マーケティング戦略の1つとしてとらえる目，そして，法規制の縛りの中で躍動するプロパティととらえる目という，3つの視点から解明していることである。

　「キャラクター」は，「かわいい」ドル箱である。単に商品の表面を飾る存在であるだけではなく，多彩な人格的メッセージも含む。また，企業を想起させるロゴ的な役割もある。さらにブランドに近いニュアンスもある。この不思議な魅力にみちた「キャラクター」たちを，どのように解釈していくのか，そして今後はどのようにつきあっていくのかということを，私たちはじっくり考えてみたかった。

　もっとも，私たちのキャラクター研究は，やっとその第一歩を踏み出したにすぎない。

近年,「キャラクター」は,さらに進化を遂げつつある。「キャラクター」は,いまや企業や公的機関の専有物ではなく,消費社会で暮らす日本人ひとりひとりが創造するものになりはじめている。いわゆる「マイ・キャラクター」の登場である。本書では,こうした現代進行形の「キャラクター」について,多くの紙幅を割くことはできなかったが,3人の論考が「キャラクター」の現代的な意義を考える端緒となり,多くの読者に,謎めいた「キャラクター」について関心を寄せていただけるようになれば,望外の仕合わせである。

　　　　　　　　　　　　　　　　　　　追手門学院大学　経営学部
　　　　　　　　　　　　　　　　　　　　　辻　幸恵

『キャラクター総論〜文化・商業・知財』の 第2刷発行によせて

　いつの時代も"ミッキーマウス"や"スヌーピー"のキャラクターグッズは健在である。これらは定番商品である。本書の1刷を世に問うたのは，かれこれ3年ほど前だが，以前として，街頭で，電車の中で，パソコンのディスプレー上で，キャラクターを目にしない日はない。くまモンをはじめ，いわゆる"ゆるキャラ"は大受けであるし，キャラクターをあしらった商品はよく売れている。

　キャラクターは，その形状によってはアートを感じることもある。また，遊び心をくすぐることもある。グッズとして当たればビジネスとして飛躍もできる。そうなれば知財などの法律的な問題もおのずと派生する。キャラクター研究においては，文化と商業と知財は三位一体と言えよう。だからこそ，わたしたちは「キャラクター」を対象に，3方向から研究の光をあてたのである。

　これから先も，さまざまなキャラクターが生まれてくるだろう。それらの中には，"ひこにゃん"のように，地域振興に一役買うものも出てくるだろうし，"ハローキティ"のように世界に羽ばたくものも出てくるだろう。

　キャラクターには夢がある。そして心の中に癒しと安らぎを与える。だから，キャラクター研究にも夢がある。遅々とした歩みであっても，研究を継続することで，思わぬ発見がある。そのわくわく感を，本書に接した人々に，少しでも伝えることができたならば幸いである。

　最後に，この場を借りて，いつもわたしたちのぶしつけな相談にのってくださる，白桃書房の平千枝子さんに心より感謝申し上げます。

2012年　春
神戸国際大学　経済学部
辻　幸恵

目　次

まえがき………i

第1章　日本産キャラクターの原理論

1　はじめに………2

2　キャラクターの定義………3

1　「キャラクター」の辞書的定義　　4
2　「キャラクター商品」の辞書的定義　　5
3　"Fanciful Characters"　6
4　アイコンとしてのキャラクター　　7

3　キャラクターとブランド………8

1　ブランドの概略と効能　　9
2　ブランドとキャラクターの違い　　10

4　日本産キャラクターの魅力………11

5　キャラクターの分類………12

1　系譜分類　　13
2　類型分類1：キャラクター媒体による分類　　17
3　類型分類2：汎用性による分類　　20
4　類型分類3：ブランド活用による分類　　22
5　類型分類4：物語の有無による分類　　25
6　規格分類　　26

6　日本産キャラクターの多様性………27

　1　キャラクターはプロパティである　28
　2　キャラクターはオブジェである　30
　3　キャラクターはアートである　36
　4　キャラクターはメディアである　44
　5　キャラクターはフォントである　48

第2章　「ペコちゃん」の世論形成
～企業キャラクターはリスク・ヘッジとして機能しうるか～

1　はじめに　～インターフェイスとしてのキャラクター………62

2　本研究の目的　～不二家の不祥事における「ペコちゃん」………64

3　研究方法　～ディスコース分析について………66

4　先行研究………67

5　ニュース報道の「タブロイド化」………69

6　仮説………71

7　分析………71

　1　表現素1：図像　82
　2　表現素2：文字（活字の大小，字体，飾り）　87
　3　表現素3：文字（表現）　88

8　結論………92

9　今後の課題　〜新聞というメディアについて………94

第3章　キャラクターとマーケティングとの関係

1　マーケティング基本と消費者の視点………104

　1　マーケティングの定義と基礎　　104
　2　消費者の視点　　106
　3　消費者自身の有するキャラクター（マイ・キャラクター）　　108

2　消費者がキャラクターに期待する効果………111

　1　キャラクターを採用する理由と時代の流れ　　111
　2　ヒットの要因　　113

3　キャラクタービジネス………115

　1　人気のあるキャラクター　　115
　2　好きなキャラクターと年齢との関係　　118

4　キャラクターの伝播………122

　1　伝播の理論　　122
　2　キャラクターが受け入れられる条件　　124
　3　キャラクターとブランドとの関係　　125
　4　仲間意識の中でのキャラクター　　127
　5　共有される「かわいい」とキャラクター商品　　129

第4章 キャラクターの魅力

1 キャラクターの形に対する好悪………136

   1 幼稚園児が好むキャラクターの特徴　136
   2 幼稚園児が好む人物像についての考察　139

2 キャラクター商品に関する女子中学生の嗜好と選択基準………140

   1 女子中学生に選好されるキャラクターに関する調査　140
   2 アンケート結果からの考察（女子中学生の嗜好と選択基準）　145

3 キャラクター商品と女子大学生の感性………145

   1 キャラクターの魅力解明のための調査　145
   2 アンケート結果からの考察（魅力の解明）　152

4 丸型キャラクターが好印象をつくる要因………153

   1 丸型キャラクターに関する調査　153
   2 アンケート結果からの考察（丸型キャラクターの好まれる理由）　160

5 大学生が好むキャラクターとTPOとの関係………161

   1 大学生が好むキャラクターに関する調査　161
   2 調査結果からの考察（TPOとキャラクターとの関係）　165
   3 キャラクターの位置　166

6 男子大学生たちが好きなキャラクター商品の特徴………168

   1 男子大学生たちが好きなキャラクターに関する調査　168
   2 考察（男子大学生が求めるキャラクター）　175

7　まとめと提言………176

1　若者に向けたキャラクター商品　176
2　キャラクターの好悪　178
3　今後の展開　179

第5章　キャラクターと法律

1　法律関係を理解する………184

1　法律行為とはなにか　184
2　権利と義務　186

2　知的財産権とは（キャラクターも知的財産）………186

1　知的財産立国　187
2　知的財産の種類　189

3　キャラクターを守る法律………191

1　著作権法による保護　191
2　商標権法による保護　192
3　意匠法による保護　193
4　不正競争防止法による保護　193

4　著作権とはどのような権利………194

1　著作権法により保護されている権利　194
2　著作権の保護の対象範囲　195
3　著作権の発生及び登録　195

5 商標権とはどのような権利………196

1　商標法の目的　196
2　商標登録の条件・方法　197
3　保護を受けることができる商標具体例　203

6 意匠権とはどのような権利………204

1　意匠法の保護対象　205
2　意匠が権利になるには　205

7 キャラクターを保護する権利のまとめ………206

1　商標権・意匠権による保護　207
2　総合的判断の重要性　208

第6章　キャラクタービジネス（商品化権）

1 キャラクタービジネスに関係する法律………213

1　キャラクター利用におけるポイント　214
2　キャラクターの活躍　215
3　キャラクタービジネスにおける業務提携　217

2 キャラクター利用における問題認識………221

1　契約締結の重要性　221
2　キャラクターの権利侵害　222
3　海外取引の問題認識（キャラクター（著作権）ビジネスの矛盾）　226

3　裁判事例からみるキャラクターの法的性質………228

1　キャラクター自体の著作物性　228

2　サザエさん事件から検証するキャラクターの法的性質　230

4　商品化権とキャラクター商品………234

5　キャラクター商品化ビジネス実務の基本知識………235

1　キャラクターの商品化権　235

2　ライセンスについて　237

3　商品化権の保護　238

4　キャラクターの商品化ビジネスにおける注意点　239

6　命名権ビジネス………240

1　命名権の価格　242

2　命名権をめぐる問題（注意点）　242

3　命名権ビジネスの拡大　244

7　キャラクターに関する諸問題………245

1　キャラクターの権利主張と防衛策　246

2　著作権の侵害　247

3　警告書　248

第7章　キャラクター（知的財産）とファイナンス

1　知的財産とファイナンス………257

1　知的財産を利用した資金調達手法　　257
　　2　コーポレート・ファイナンス　　257
　　3　アセット・ファイナンスとプロジェクト・ファイナンス　　258
　　4　ファイナンスの観点から考察した知的財産権　　260
　　5　知的財産の価値評価に関する考え方　　262
　　6　知的財産を用いる資金調達　　265
　　7　知的財産の証券化　　269
　　8　知的財産証券化のメリット　　271

2　知的財産の価値評価………274

　　1　著作権は財産　　274
　　2　ブランド資産の価値　　275
　　3　ブランド資産の価値評価方法　　276
　　4　知的財産の価値評価の課題　　282
　　5　価値評価手法の構築　　284

3　知的財産の評価と金融機関の対応………286

　　1　担保機能としての知的財産　　286
　　2　銀行の融資対応　　288
　　3　不動産担保や保証に頼らない取り組み姿勢　　290

おわりに………297
索引………301

第1章

日本産キャラクターの原理論

1 はじめに

　日本はキャラクターの咲き競う国である。

　この狭い国では，大都会の喧騒にたたずんでも，地方都市のひなびた駅頭にあっても，可愛らしいキャラクターが，ありとあらゆる客寄せのメッセージを発信してくる。

　デパートやスーパーマーケットの商品棚の前に立てば，玩具，文房具，菓子など，キャラクターがよりつきやすい子ども向けの商品にだけでなく，トイレタリーやキッチン用品のような家庭用品にも，キャラクターがふんだんに使われている。この国ではキャラクターは決して子どもの専有物ではない。

　銀行や保険会社などの金融機関でも，漫画の主人公や特撮物のヒーローが，客寄せに一役買っている。旧東京三菱のミッキーマウス，旧三和銀行のスヌーピー，旧あさひ銀行のミッフィー，旧大和銀行のウルトラマン，旧第一勧業銀行のハローキティ。かつての都市銀行は，さかんにキャラクター貯金箱やキャラクター通帳をつくって，顧客の歓心を惹いてきたものだ。

　キャラクターが使われているのは，商品やサービスのパッケージだけにではない。キャラクターで華やかに彩られた通勤電車やバスは，いまや見慣れた都会の点景になっている。近年は，国際線のジャンボジェット機にまで，特別塗装されたポケットモンスターが踊るようになった。

　また，キャラクターは，既存の商品やサービスに後からあてがわれるに留まらない。国家や地方自治体の威信をかけたイベントに先立っては，必ずといってよいほどマスコット・キャラクターが誕生し，企業の商品開発でも企画段階からブランドを体現したビジュアルが考案される。

　このように，現代の日本では，企業と顧客，情報の送り手と受け手のあいだをつなぐコミュニケーションツールとして，キャラクターが存在しない分野はないといってもいい。商品に，サービスに，ゲームに，コマーシャル

に，政治広報のポスターに，パソコンの液晶画面に，キャラクターは，アイコンとなり，語り部となり，インストラクターとなって遍在している。こんな国は，世界広しといえども本邦を措いてほかにはない。

このことは，しばらく異国で暮らした日本人なら，誰もが実感することである。とくに，キャラクターが商品を推奨する巨大な屋外看板や，高額な出演料を惜しげもなく投下したタレント広告の類は，理解を超えてシュールですらある。キャメロン・ディアスやメグ・ライアンが微笑みかけるだけで，ソフトバンクの携帯電話はスタイリッシュになり，ネスカフェのインスタント・コーヒーは薫り高くなる。

日本はキャラクタービジネスの"先進国"なのである。

紀貫之のひそみに倣えば，現代日本では，キャラクターは，"力をも入れずして"人目をひきつけ，子どものみならず猛き大人をも"あはれと思わせ"るがゆえに，"よろづの言の葉"以上に有効なコミュニケーションのツールになっているのである。

本章では，現代の消費社会において隆盛を極めているキャラクターの系譜をたどり，キャラクターとはそもそも何なのか，文学や美術やマスカルチャーなど，広くさまざまな文献に当たって考えてみたい。そして，キャラクターを含めたさまざまなインターフェイスが，情報化社会のコンテンツ受容者にどのような影響をもたらすのか，という大きなテーマを考える端緒としたい。

 キャラクターの定義

本章の目的は，キャラクターの商業利用（第3～4章）や著作権上の取り扱い（第5～7章）といった各論に入る前座として，そもそもキャラクターとは何なのかを探ることにある。したがって，キャラクターの定義は，本章の論考が進むにつれて輪郭を明らかにしてくるはずだ。よって，この段階で短兵急なサマリーを書きたくはない。本節では，読者の混同や誤解を避ける

ために，キャラクターの基本的な辞書的定義を，まず確認しておきたい。

1　「キャラクター」の辞書的定義

とはいっても，話はそれほど単純ではない。

『広辞苑〔第六版〕』の「キャラクター」の項には，次のような記述がある。

　　　［character］①性格。人格。個性。キャラ。②小説・映画・演劇・漫画などの登場人物。その役柄。③文字。記号。

いうまでもなく，本書で「キャラクター」という場合は，②の「小説・映画・演劇・漫画などの登場人物。その役柄」の意味で使っている。近年，若い人たちの間で交わされる「キャラ」とか，自己を過剰にアピールする「キャラ立ち」とかという表現は，おおかた①の「人となり」や「人柄を目立たせる」という意味で使われており，本書の「キャラクター」とは意味が異なる。

②の「キャラクター」とは，映像やコマ割り上の仮想空間で躍動する，想像上の人物や擬人化された動物を指しているが，日本では，以前から，スターやアイドルのような実在の人物をも，キャラクターに含めて呼ばれる場合が多い（後述するように，欧米の"Fanciful Characters"はもっと狭い意味で使われている）。たとえば，マリリン・モンローやエルビス・プレスリーをはじめとする，すでにこの世にいない有名人の肖像である。これらの有名人には，映画俳優や歌手ばかりでなく，作曲家，演奏家，プロスポーツ選手，そしてアインシュタインのような物理学者まで含まれている。

とくに，日本では旬のタレントが広告のビジュアルに多用される傾向がある。実際に，CM総合研究所が1986年から毎月実施している「CM好感度調査」によると，1990年から1996年までのヒットCM好感度要因第1位は，「ユーモラスな所」（2位）や「宣伝文句」（3位）を押さえて，7年間を通して「出演者」，すなわち広義のキャラクターで，その後もほとんど変化がみられない。

さらに，最近は，政治の世界でも，閣僚のキャラクター化が見られる。たとえば，"劇場政治"と揶揄された先の小泉内閣の参謀には，政治手腕はさておいて，特異なルックスや突出した言行から，キャラクター化されやすい人物が多かった。財務大臣・塩川正十郎氏は「塩ジイ」と呼ばれ，外務大臣・田中眞紀子氏は「マキコ大臣」と呼ばれた。郵政民営化法案の可否をめぐっては，「造反組」は首相が送り込んだ「ホリエモン」ら「刺客」によって議席を失った。当の小泉元首相自身が，内閣が発行するメールマガジンで，自ら「ライオン」と呼ばれることを望んでいたようだった。

　つまり，鬼籍にあるか否か，実在の人物か否かを問わず，日常性を剥ぎ取られ，さまざまな物語に脚色されたヴァーチャルな存在になれば，キャラクターの要件を満たしたことになるのである（ちなみに，③の「文字。記号」の意味でキャラクターが用いられることはほとんどない）。

　ところで，「小説・映画・演劇・漫画などの登場人物。その役柄」の意味の「キャラクター」は，そう呼ばれるための付帯的な条件として，商業的な営利や政治的なプロパガンダといった，戦略的な目的に利用されることを忘れてはいけない。そもそも，「キャラクター」の躍動する世界である「小説・映画・演劇・漫画」そのものが，エンターテインメントという"商品"である。「キャラクター」は，この世に生まれ出た時点で，商業や政治に利用されるべしという使命を帯びているのである。

❷「キャラクター商品」の辞書的定義

　次に，同じく『広辞苑〔第六版〕』の「キャラクター商品」をあたってみると，

> 販売を促進するため，テレビや漫画などの登場人物やそのシンボルマークなどを付した商品。

という記述がある。ここで明らかなように，「キャラクター」という特殊な人格的存在が，漫画や映画といった出自から離れて，二次的に他の商品に付着すると，それは「キャラクター商品」になる，と『広辞苑』は解釈してい

る。

　しかし，厳密には，映画や漫画そのものを「キャラクター商品」と位置づければ，そこで躍動する「キャラクター」は必ずしも二次的使用とはいえないし，「キャラクター」の中には，サンリオの「ハローキティ」や不二家の「ペコちゃん」のように，もともと漫画や映画や小説という物語の文脈から自由なものも多い。さらにいえば，福助足袋の「福助」やサッポロビールの「エビスさま」のように，漫画や映画ではなく，民間伝承や神話の世界の登場人物を「キャラクター」にしている商品や企業もある。

　したがって，『広辞苑』の「キャラクター商品」の記述は，典型的な事例を念頭に置いたうえでの狭義な解釈と考えるべきである。

3　"Fanciful Characters"

　以上，標準的な解釈を載せていると考えられる『広辞苑』にあたって，「キャラクター」および「キャラクター商品」の辞書的定義を検討してみた。

　ここで明らかになったことは，「キャラクター」という仮想の人格的存在が，はじめから，商業的営利や政治的PRに資することを期待されているということだ。

　このことは，「キャラクター」という外来語が，どのようにして日本語の語彙の体系に根を下ろしたかを参照することによっても傍証される。

　1920年代から，アメリカでは，ディズニーの「ミッキーマウス」や，アメリカンコミックの「ポパイ」などが，アニメーション化されて絶大な人気を集め，その人気に着目した人たちが，その主人公を人形に仕立てたり，時計の文字盤に貼り付けたりするようになった。商品化にあたって，こうした主人公は空想の（実在しない）登場人物，すなわち"Fanciful Characters"と呼ばれるようになり，1950年代に入ると，日本にもアメリカ直輸入のこうした商品が出回るようになった。

　また，一説によると，ウォルト・ディズニー・プロダクションは，「白雪

姫」や「バンビ」といった映画の日本への配給に際し、アニメの絵柄を各種の商品に貼り付ける、いわゆるライセンス・ビジネスを開始したという。そのライセンス契約書の中に、主人公や脇役のことを"Fanciful Characters"と表記してあり、これが、商品に使用される映画や漫画の主人公を「キャラクター」と呼ぶきっかけになった、ともいわれている。

このように、「キャラクター」という言葉が、いつ、どのように日本社会に定着したかについて定説はない。だが、つまるところ、「キャラクター」という言葉は、アメリカでアニメーションの登場人物を商品化するにあたって考え出された英語表現だったが、"Fanciful Characters"に適当な日本語訳がなかったために、当時の日本人が、例によって、おざなりなカタカナ表記ですませた、それが今に受け継がれている、という経緯のようなのである。

4 アイコンとしてのキャラクター

ところで、『広辞苑〔第六版〕』の「キャラクター」の語義説明には、重要な点が抜け落ちている。あるいは、あまりにも自明な事柄であるためか、省略されている。

それは、「キャラクター」が営利やPRを期待された人格的存在であると同時に、視覚的存在であるということだ。

現代はビジュアルが偏重される時代である。今日ほど、視覚化された情報が企業や製品の価値を計る物差しになっている時代はない。どんなに高品質な製品でも、パッケージやデザインをおろそかにすれば売れない。逆に、凡庸な商品も、見てくれだけでヒット商品に化けることがある[1]。

キャラクターは、まさに視覚偏重の時代の申し子のような存在だ。

キャラクターには「親しみやすさ」や「可愛らしさ」といった特性のほかに、見た瞬間にすぐ理解できるという、「スピード感」のようなものがある。すなわち、キャラクターは優れたアイ・キャッチ機能を備えている。これほど情報が氾濫している現代では、一目見てすぐわかるという速さは重要だ。瞬時に商品を確認させ、POP (point of purchase) を読ませ、商品を買

い物籠に入れさせる，という一連の行為を消費者に促すには，吸引力のあるアイコンが欠かせない。キャラクターには，文字情報にはないフットワークの良さがあるのである。

以上の考察を加味して，『広辞苑〔第六版〕』の語義解釈を次のように書き換えてみたい。すなわち，キャラクターとは，

① 企業が製品やサービスやアイデアを消費者に広く知らしめたり，企業イメージや商品イメージを操作して消費者の愛顧を獲得したりするために，

または，

② 政府組織や非営利の団体・個人が，自らの政治的主張や意見を社会に宣伝するために，

雑誌や新聞などに連載される漫画，アニメーション・フィルム，テレビ番組や映画などの登場人物，ロボット，擬人化された動・植物，絵本や童話や小説の主人公，有名人の肖像などを，借用したり，またはあらたに創造したりした結果，世間に流布するようになった吸引力の強い人格的なアイコンのことである。

3　キャラクターとブランド

ところで，キャラクターは，ときにブランドと混同されることがある。確かに，キャラクターが商品ブランドや企業ブランドの象徴として使用される場合には，その概念や機能においてブランドと重なるところが出てくる。

たとえば，先ごろ，ずさんな衛生管理が明るみに出て，世間の指弾を浴びた洋菓子メーカー「不二家」は，長らく「ペコちゃん」を強力な企業キャラクターとして保持してきた。「ペコちゃん」は店頭での販売促進に留まらず，「ミルキーはママの味」というコピーとともに，不二家の確固とした企業イメージを形作ってきた。いわば，キャラクターとは，広告やデザインとともに，企業や商品のブランドを形成する重要な要素のひとつだが，ペコち

ゃんのように，傑出したキャラクターの場合，それは一要素であることを超えて，信頼の証，すなわちブランドに限りなく近づく。

1　ブランドの概略と効能

　ここで，キャラクターとブランドの違いを鮮明にするために，そもそもブランドとは何かということについて，略述してみたい。

　アメリカ・マーケティング協会（AMA）は，ブランドを「ある売り手，あるいは売り手の集団の製品，およびサービスを識別し，競合他社のものと差別化することを意図した名称，言葉，記号，シンボル，デザイン，あるいはその組み合わせ」と定義している。

　日本の企業がブランドの価値を重視し，マーケティング戦略に組み入れ始めたのは，1990年代に入ってからで，それほど昔のことではない。それ以前は，いかに高品質で魅力的な商品を作るか，作ったものをいかに流通させていくか，という工業社会的な発想がマーケティングの中心だった。そこでは，ブランドは，いわばプロモーション（販売促進）の小道具の地位しか与えられていなかったわけである。しかし，昨今では，物的価値に先立って，ブランドのような知的・美的な情報価値が，商品そのものの価値と同等，もしくはそれ以上に，大切な経営資産に昇格してきている。

　思えば，ブランドという概念は，「マネジメント」とか「マーケティング」とかという欧米直輸入の概念に比べると，比較的，すんなりと日本社会に馴染んだコンセプトだった。それというのも，日本には，近世以来，暖簾や紋章や屋号という形で自然発生してきたブランド観が根付いていて，店や商品の「信頼の証」として機能してきた歴史があるからだ。親の代から贔屓にしている店は，孫子の代まで愛顧をうける。また，江戸時代には，何々組とか何々講とかという旗の下，組織で考え，行動し，責任をとるといった習慣があったし，近代に入っても，会社は「企業一家」主義的な結束を大事にした。組織の精神的な拠り所，今の言葉でいえば「コーポレート・アイデンティティ」を，家紋や社章に象徴させて，誇らしげに紋付羽織や背広の襟元

につけて歩く"奇習"は，日本社会で今も健在である。構成員が組織的なアイデンティティを求める場として，職場をとらえている日本社会では，ブランドという概念は実に通りがよかったのである。

強い「ブランド」が企業にもたらすメリットは，はかり知れない。

まず，消費者側のロイヤルティ（loyalty：銘柄忠実度）が向上する。具体的には，消費者に新製品や新事業を認知させ，顧客化することが非常に容易になる。

また，株主には，企業活動への信頼と安心を与えることになり，長期的に資本調達が楽になるという利点がある。

さらに，取引先には，安定したパートナーシップへの期待が生まれ，価格決定力の保持，新規の事業展開・事業拡張の円滑化をもたらす。

それだけではない。従業員の会社に対する忠誠心を高め，自然と社内モラルが向上する。そのうえ，社員の新規・中途採用等にあたっても，高いコストを支払うことなく，おのずと優秀な人材が集まってくるようになる。

2　ブランドとキャラクターの違い

以上がブランドの大まかな定義とその効能である。この認識を踏まえて，キャラクターがブランドと区別される点を考えてみる。

第一に，先に述べたように，ブランドは，抽象的・包括的な概念である。ブランドは，製品やサービスやアイデアの質，企業の社会貢献，広告やデザインのセンス，キャラクターの立ち居振る舞いなどから醸し出される空気のようなものである。それに対して，キャラクターは，そのブランドを構成する一要素に過ぎない。当然，ブランドは"上品"とか"先進的"とかという形容詞でしか語れないのに対して，キャラクターは色や形を備えた具体的な人形(ひとがた)で提示することができる。

第二に，ブランドは商標の形式をとって，人の持ち物に誇らしげに刻印されることはあっても，ブランドそのものが単体で売買されることはない。それに対して，キャラクターは，それ自体が消費される目的，すなわち商品に

なりうる[2)]。

　第三に，ブランドが，企業の技術力や商品の信頼性といった"体力"や"能力"の象徴であるのに対して，キャラクターは"魅力"の象徴である。"魅力"とは，短所や弱点も含めた総合力である。完全無欠な人物が必ずしも魅力的な人物とは限らず，逆に，弱さや抜けたところを併せもった人のほうが慕われたりする。こうした人間的な幅の広さのようなものが，企業や商品の"人格"にも求められるのである。人の心を和ませる「マヌケ感」や「親密感」といった人格は，キャラクターでしか体現できない。

日本産キャラクターの魅力

　キャラクターの分類に入る前に，なぜ日本産キャラクターが世界中でもてはやされるのか，ということについて，考えるところを記しておきたい。

　現在，世界を席巻する日本産キャラクターの多くは，「ハローキティ」などの例外を除けば，「ポケットモンスター」も，「ドラゴンボール」も，「キャンディ・キャンディ」も，みなアニメや漫画の登場人物である。

　日本のアニメ関連産業は，戦後，ウォルト・ディズニー社などの影響を受けながら本格的に開始されたが，2000年を迎えた時点で，全世界のTVアニメ生産本数の60%を超えるまでになった。国内消費は，そのうちわずか10%ほどであり，残りの90%は輸出用である。日本貿易振興機構の調査によれば，2002年にアメリカで放送された日本製テレビアニメの市場規模は約5200億円で，日本からアメリカに輸出された鉄鋼製品の3.2倍に達している。

　アニメに後押しされるように，日本の漫画の各国語への翻訳もますます盛んである。高橋留美子の『めぞん一刻』や『犬夜叉』がフランスやアメリカで翻訳されブームになったり，『少年ジャンプ』が英訳されて何十万部も売れたり，その勢いは留まるところを知らない。

　このように，アニメや漫画を量産し，かわいいビジュアルを世界に発信する日本という国には，昔から，子どもと大人の文化に明瞭な区別がない。欧

米では未成熟であることは，即，否定されるべきことである。未成熟は成熟への階梯であり，一人前とはみなされない。ところが日本では，永遠に子どもであり続けることに，公的な物語的価値を認める文化がある。宮崎駿のアニメーションひとつ取り上げても，子どもの主人公に複雑な心理の綾を織り込んでいる。欧米のアニメはもっと単純で，勧善懲悪的なキャラクターが，荒唐無稽なドタバタを演じるだけであることが多い。

　このように子ども向けのアニメや漫画にも手を抜かない姿勢は，日本の大人たちが，基本的に子どもの理性を信じ，子供の"放埓"を"天衣無縫"と許してしまう伝統に帰因するのかもしれない。欧米では，フィリップ・アリエス（Philippe Ariès：1914–1984）の言を俟つまでもなく，子どもは，大人未満の未熟な存在で，管理と矯正の対象である。子どもから大人への道筋は不可逆的であり，子どもはあくまでもイニシエーション（訓育）を経て完成される"素材"に過ぎない。だから，親が子どもに小遣いを与えて，子どもに好きなものを買わせる習慣など，欧米はもとより，比較的文化が近い東アジアの国々にもない。しかし，日本では子どもにも人格を認め，一定のパワーを行使することを認めている。そのため，逆に日本は子どもから大人への境界が曖昧であり，欧米では当たり前に語られる若者の成長物語が劇的には描かれにくい。

　ともあれ，日本では，もっぱら子どもの享受するアニメや漫画にも，一等価値をおいて，大人の鑑賞にも堪えうる作品に仕上げる傾向がある。この傾向が，世界中の大人をも夢中にさせる魅力的なかわいいキャラクターを生み出し，また日本のポップカルチャーをクールと言わしめている1つの要因であろう。

5　キャラクターの分類

　第2節では，読者との共通理解を築くために，キャラクターの辞書的定義を確認してきた。また，第3節では，キャラクター同様，企業や商品のイ

メージ形成に大きく与る「ブランド」との比較を行い，その違いを明確にした。さらに，前節では，日本産キャラクターが世界中で愛好される理由についても考えてみた。

本節では，世界中にあまた存在するキャラクターを，系譜，類型，規格の3つの観点から分類し，その多様な成り立ちや役どころを整理してみたいと思う。

1 系譜分類

まず，キャラクターの種類を発生系統で分類してみる。この分類は，後述するように，メディアの歴史と重なる部分が多い。

① 児童文学の挿絵を母体にしたキャラクター

世界最初のキャラクターが，いつ，どこで生声をあげたかは，はっきりわからない。ただ，キャラクターの成り立ちからして，大量生産を可能にする近代工業の発達，印刷技術の進歩，商品流通システムの確立，購買力をもった中産階級の出現，近代的な教育制度の整備などが，時代背景として用意されていなければならない。すなわち，キャラクターの輩出母体として，大量に印刷・製本された出版物が，市場に出回り，それを購入して享受できる大量の中間所得層が存在しなければならない。となると，時代は遅くとも19世紀の半ばごろまで遡ることになるだろう。

1865年には，ルイス・キャロル（Lewis Carroll：1832－1898）原作の『不思議の国のアリス』が発刊され，ジョン・テニエル（John Tenniel：1820－1914）の銅版画が挿絵に使われている。テニエルの筆になるアリス像は，よく知られているように，ウォルト・ディズニーの「白雪姫」や，ディズニーの影響を色濃く受け継いだ手塚治虫の漫画のキャラクターに援用されて，おとぎ話に登場する，健気で前向きな少女像のプロトタイプとなった。現代でもいわゆる「アキバ系」のフィギュアの造形にその残滓を見ることができる。

1902年には，ヘレン・ビアトリクス・ポター（Helen Beatrix Potter：1866－1943）の『ピーターラビットのお話』が発刊され，ポター自身の手で牧歌的なうさぎの挿絵が描かれた。その後も，『クマのプーさん』（1926年，原作：A・A・ミルン，挿絵：アーネスト・シェパード），『星の王子さま』（1943年，原作・挿絵：A・サン＝テグジュペリ）などの絵本の登場人物が人気を集め，アニメーションに取り上げられたり，紅茶のパッケージを彩ったり，紙幣に使われたりした。

　これらはいずれも児童文学の挿絵から生まれたキャラクターである。キャラクターのはじまりが，子どもの物語理解を助ける絵解き（補助的手段）だったことは記憶しておくべき事柄である。

② 新聞や雑誌を母体にしたキャラクター

　次に派生したキャラクターは，子どもの領域を離れて，新聞や雑誌に登場したビジュアルである。

　その端緒になったのが「テディ・ベア」である。1903年，テオドール・ルーズベルト大統領が，狩りの途中に小熊をかわいそうに思って見逃してやったことが『ワシントン・ポスト』紙の記事となり，大統領の背中をじっと見つめる子熊の挿絵が付された。ある玩具メーカーは，この挿絵をもとに子熊のぬいぐるみを作って，「テディ（テオドールの愛称）・ベア」と名づけて売り出した。この「テディ・ベア」は，現在もバーモント州の「テディベア・カンパニー」で，一体一体，手作り製造されている。

　また，1909年に，画家兼詩人のローズ・オニールが，『レディース・ホーム・ジャーナル』という婦人誌に掲載した自作の詩に，「キューピー（kewpie）」と名づけた可愛い赤ん坊の挿絵を添えた。この挿絵の愛くるしさが評判になり，ドイツの磁器メーカーによって素焼きの人形として商品化された。キューピー人形はたいへん人気を博し，1913年までに500万個を売ったといわれる。日本でもセルロイドの人形として大量に製造され，マヨネーズの登録商標（キユーピー）にもなっている。

新聞の４コマ漫画からもキャラクターが生まれた。なかでも，「フィリックス・ザ・キャット」は，コミックやグッズに仕立てられ，1919年には世界最初のアニメーション映画「Feline Follies」の主人公にもなった。ちなみに，かの田河水泡の「のらくろ」キャラクターは，「フィリックス」の影響下で造形されたものである。

　また，新聞から生まれたキャラクターで有名なものは，1950年にチャールズ・M・シュルツが生み出した「スヌーピー」である。1969年には，アポロ10号の月面着陸船が「スヌーピー」と命名され，アメリカでの国民的人気のほどがうかがわれた。日本でも，「ピーナッツ」の登場人物の中で，スヌーピーだけが図抜けた人気を保っており，さまざまなグッズにひとり歩きしてきた。

③　映画やテレビを母体としたキャラクター

　児童文学の挿絵，新聞・雑誌の挿絵や漫画に続いて，キャラクターの中心舞台となったのは映画やテレビである。

　なかでも，特筆すべきは1928年，ミッキーマウス主演のディズニー映画，「蒸気船ウィリー」で，その後，ミッキーマウスが世界最強のキャラクターとして成長していく足がかりとなった。

　また，1969年から現在まで続いている「セサミストリート」からは，「ビッグバード」や「クッキーモンスター」というキャラクターが生まれ，玩具や文房具に貼りついている。

　映画やテレビから生まれたキャラクターは，戦後の日本でも数多い。

　1954年「ゴジラ」，1963年「鉄腕アトム」，1966年「魔法使いサリー」，1968年「巨人の星」，1971年「天才バカボン」「ルパン三世」「仮面ライダー」，1973年「ドラえもん」，1974年「アルプスの少女ハイジ」，1979年「機動戦士ガンダム」，1986年「ドラゴンボール」，1988年「となりのトトロ」など，特撮物やアニメのキャラクターは，菓子の景品になったり，玩具に仕立てられたり，文房具にあしらわれたりして，販売促進に絶大な威力を発揮してきた。

番組だけでなく，CMからも魅力的なキャラクターが登場した。1958年，サントリーは「アンクルトリス」と命名した国籍不明の太めのおじさんをキャラクターに採用した。ウイスキーを飲むと下から赤みがせりあがってくる，柳原良平の絵で親しまれたキャラクターである。また，1983年，同じくサントリーの缶ビールのCMから誕生した，ひこねのりお作のペンギン・キャラクターが，そのストーリー性や松田聖子のヒット曲（スウィート・メモリー）とあいまって人気を呼び，ついに映画化（「ペンギンズ・メモリー 幸福物語」）されるまでになった。

④　ゲームやウェブサイトを母体としたキャラクター

そして，近年では，キャラクターが生まれる舞台は，玩具やゲーム，ウェッブサイト，現代アートにまで及んでいる。

たとえば，1985年，任天堂のファミコンのソフトから「マリオ」が生まれ（1993年にはハリウッドで映画化），1994年，コナミから発売された恋愛シミュレーションゲームソフト「ときめきメモリアル」から「藤崎詩織」というスーパーヒロインが登場した。「藤崎詩織」は架空の存在にもかかわらず，"CDデビュー"を果たし，1997年に発売されたデビュー・アルバム「My Sweet Valentine」は，オリコン初登場9位という快挙を成し遂げる。

また，1997年には，メディア・アーティストの八谷和彦が開発した愛玩メールソフト「Post Pet」から，メール配信を請け負うピンクの熊の縫いぐるみ（通称「モモ」）がキャラクターとしてひとり立ちする。「モモ」は縫いぐるみになり，携帯電話のストラップになり，バスタオルになり，店頭やウェッブショップで販売されている。

また，最近では，パソコンのウェブサイト上だけで上映されるネットアニメからも，キャラクターが生まれている。たとえば，アニメーション作家・ラレコの「やわらか戦車」というキャラクターは，2007年の文化庁メディア芸術100選に選ばれるほど完成度が高く，玩具，雑貨，映像，書籍など，多岐にわたるジャンルに商品化されている。

さらに，現代アートの世界でも，キャラクターの訴求力に注目したアーティストが，作品としてキャラクターを創出するケースがある。先の八谷和彦もPost Petの「モモ」を開発したが，村上隆は「DOBくん」や「カイカイ・キキ」を，野田凪は「ハンパンダ」を，会田誠は「おにぎり仮面」を，奈良美智は，かわいさの中に毒気を含んだ「子どもキャラクター」を生み出し，オーディアンス[3]とのコミュニケーションのツールとして活用している。

⑤ 流行を母体にしたキャラクター

そのほかに，流行のかわいいアイテムが，商品の絵柄やデザインに取り立てられることがある。

たとえば，1960年代から1970年代にかけて，「ポーズ人形」という飾り人形が大流行したことがあった。ブロンドの豊かな髪，黒目がちのつぶらな瞳，すらりと伸びたまっすぐな足で木製の台の上に立ってポーズをとっている。衣装はフランス人形ほどあでやかではなく，当時流行したよそ行き服を上品に身にまとっていることが多い。このポーズ人形が流行するにつれて，当時の幼児向け絵本やレコード（ソノシート）のジャケットに写真が使われることが多くなった。また，子ども用の水筒やお弁当箱の柄にも，ポーズ人形があしらわれた。

このころには，イラストではなく実写の人形が，キャラクターとして商品の外観を飾ることがよくあった。1960年代までは，アニメーションが現代ほど多くはなく，「トッポ・ジージョ」や「ひょっこりひょうたん島」をはじめとする「人形劇」が，子ども番組の主流だった。つまり，キャラクターの多くが，テレビの「人形劇」の実写から輩出される時代だったのである。

2 類型分類１：キャラクター媒体による分類

本節の類型分類では，媒体，汎用性，ブランド活用，物語の有無など，さまざまな基準や観点でキャラクターを種類分けしていく。

先の系譜分類では，キャラクターの歴史を，通時的にたどってきたが，本

節では，共時的な視点から，百花繚乱の感のある現代メディアごとに，どんなキャラクターが生まれているかを見てみたい。すなわち，キャラクターが便乗するヴィークルを機軸に据えて，それぞれのメディア環境に合致したキャラクターの様相を概観してみたいと思う（以下の記述は，陸川和男他，2002年を参考にした）。

キャラクター活用には，大きく以下の5つが考えられる。

① エンターテインメントソフト活用
② マーチャンダイジング活用
③ 広告活用
④ プロモーション活用
⑤ 空間活用

① エンターテインメントソフト活用

エンターテインメントソフト活用とは，具体的には，漫画，テレビ番組，映画，オリジナルビデオ，ゲームなどのメディア・テキストを舞台として，キャラクターが活用されているケースを指す。これらのメディア・テキストは，昔も今も，キャラクターが生まれる基本的な土壌である。ソフトの中のキャラクターは，単行本の売上げや，番組の視聴率や，映画の興行収入に結びつく魅力的なパーソナリティでなければならず，漫画家やソフト開発者やアニメーターといった制作者側の力量が成否を分ける。また，読者や視聴者から人気を博したキャラクターは，再版や再放送という形で，時を超えて命脈を保ち，安定的な収入をもたらすし，また，次に述べるように，商品や広告やプロモーションに活用されることによって，ライセンス収入をも稼ぎだす"打出の小槌"となる。ソフトを媒体として育ったキャラクターは資産的な価値を帯び始めるのである。

② マーチャンダイジング活用

マーチャンダイジング活用とは，具体的には，パッケージ，ブランドネー

ム，子ども向け商品，食玩などを舞台として，キャラクターが活用されているケースを指す。これらの媒体をヴィークルとするキャラクターは，大きく分けて二通りある。

　1つは，商品開発と並行的に創造されるキャラクターである。たとえば，企業ブランドネームなら，不二家の「ペコちゃん」や日本ミシュランタイヤの「ムッシュ・ビバンダム」，商品ブランドネームなら，日本コカコーラの「Qoo」やサントリーの「なっちゃん」，パッケージなら明治製菓のカールの「カールおじさん」や日清食品の出前一丁の「出前坊や」などがあげられる。

　もう1つは，①のエンターテインメントソフトから借用したキャラクターである。映画や漫画の中のキャラクターには，物語の登場人物として，役柄，性格，能力などの世界観があらかじめ付与されており，キャラクター利用は，基本的にその世界観にあやかる形式をとる。たとえば，キユーピーマヨネーズの「キユーピー」などが代表的だが，ライセンシーとして映画や漫画やアニメの登場人物を借用し，商品に貼り付けている例は数え切れないほどある。

③　広告活用

　広告活用とは，具体的には，テレビCMやグラフィック広告やウェブ広告でのアイキャッチとして，またはメッセンジャーとして，キャラクターが活用されることである。マーチャンダイジングに活用されるキャラクターは，そのほとんどが広告をも舞台にしている。

④　プロモーション活用

　プロモーション活用とは，具体的には，キャンペーンやイベントなどにキャラクターが活用されることである。店頭の商品展示にキャラクターのPOPがあしらわれたり，商品本体とは別に，キャラクターのフィギュアが景品としてついていたり，催し物に人々の関心を惹くためにキャラクターが採用さ

れたりすることが多い。

　たとえば，NECの販売促進キャンペーンで今も使われている「バザール・デ・ゴザール」，プレミアム景品の「ボス電」や「ボスジャン」にデザインされた「BOSS」などが代表的である。また，オリンピックや万国博覧会のたびにお目見えするマスコットも，キャラクターのプロモーション活用の例である。

⑤　空間活用

　空間活用とは，具体的には，テーマパーク，キャラクター・ショップなどにおけるキャラクター活用のことである。真っ先に思い浮かぶ空間は，千葉・舞浜の「東京ディズニーランド」や東京・多摩市の「サンリオ・ピューロランド」，大阪・此花区の「ユニバーサル・スタジオ」だろう。そこでは，映画や童話のキャラクターが，等身大の着ぐるみになって，踊ったり歌ったりしてくれる。

3　類型分類２：汎用性による分類

　汎用性という観点から，あまたあるキャラクターを眺めた場合，大きく２つの種類のキャラクターに分類できる。それは，世界的に通用する「グローバル・キャラクター」と，地域限定の「リージョナル・キャラクター」とでも呼ぶべきものである。

　「グローバル・キャラクター」は，「ミッキーマウス」や「ミッフィー」のような，カラフルな色使いと単純な線による外観をもち，平和で明るい性向をもったキャラクターである。または，人格的存在を備えてはいないものの，アップルコンピュータやNIKEやコカコーラにみるような「都会的で洗練されたカッコよさ」であろう。これらは，日本人も欧米人も開発途上国の国民も，一様にあこがれるキャラクター的要素を備えている。マクドナルドが世界中で受容されているのも，「ドナルド」に代表されるキャラクターのトーンが優れた汎用性をもっているからだろう。

それに対して「リージョナル・キャラクター」は，国や地域で異なる。

　たとえば，アメリカのタバコ会社は，「マルボロ」にしても「ラッキー・ストライク」にしても，パイオニア精神を体現した「カウボーイ」をキャラクターに選ぶ傾向がある。また，日本の企業は，かわいらしく，幼げで，性的な未熟さを多分に残したキャラクター，または小さくて，けなげで，はかなげで，従順なキャラクターに傾きがちである。また，ヨーロッパなら，歴史性，大人性，エスプリ，ユーモアといった，長い歴史と伝統に裏打ちされたシックでお洒落でウィットに富んだキャラクターが好まれるだろう。

　昨今，日本の漫画，アニメ，ゲームなどが世界中でもてはやされている。日本のソフト・パワーは「クール」であり，「かわいい」は今や世界共通語だとも言われる。ポケモンやマリオはそういう意味で「グローバル・キャラクター」といっていいかもしれない。しかし，日本発の「かわいい」キャラクターが，もれなく受け入れられているわけではない。また，世界のすべての地域で受けているわけでもない。たとえば，「ちびまる子ちゃん」と「ドラえもん」は，東アジアの国々では絶大な支持を集めているのに，欧米ではさっぱり不振である。「ハローキティ」や「キャンディ・キャンディ」は「グローバル・キャラクター」に成長したが，「ルパン三世」や「仮面ライダー」の「かっこよさ」は，欧米では「クール」とみなされない。

　また，「グローバル・キャラクター」とはいっても，その受容のあり方はさまざまである。たとえば，チャールズ・M・シュルツの「ピーナッツ」のキャラクターは，日本でもアメリカでも人気がある「グローバル・キャラクター」だが，日本人が「スヌーピー」や「チャーリー・ブラウン」の容姿の可愛らしさに，いわゆる"癒し"を求めているのに対して，アメリカ人は「ピーナッツ」の登場人物が醸し出す"世界観"に共鳴しているらしい。実際，「ピーナッツ」の登場人物は，いずれもひとくせある大人の集まりといっていいくらい個性的で，子ども同士が人生の機微を語ったり，ひねこびた大人批判をしたりすることが多い。単行本を読んでいくと，大人でないと味わえないウィットやユーモアが横溢しているのがわかる。たぶん「ピーナッ

ツ」を読んでも，日本の子どもには少しも面白くないだろう。だから，日本ではスヌーピーの縫いぐるみや文房具はよく売れるが，翻訳本は，1巻当たりわずか数千単位しか売れていないという。

このように，キャラクターには，民族や人種を超えて，広く憧れや支持を集めるグローバル・キャラクターと，特定の文化圏だけに受け入れられるリージョナル・キャラクターがある。また，たとえ汎用性の高いキャラクターであっても，その受容のあり方には，地域差やお国柄といったものが反映されることがわかる。

4　類型分類３：ブランド活用による分類

先にも述べたように，キャラクターには，技術力や信頼性から醸し出されるブランドに，人格的要素を加味する効用がある。キャラクターの立ち居振る舞いが，企業や商品に対する親近感や友愛感情を育てる。言い換えれば，キャラクターは，企業や団体が，ステークホルダー（顧客，取引相手，地域住民，株主など）との関係を円滑にするために活用されるものである。したがって，キャラクターは，もともと広告的性格（buy me）より PR 的性格（love me）が強いものである。

さまざまな企業や団体が，自らのブランドに人格的な美点を添えようとキャラクターを活用している。本節では，その様相を整理してみよう。

ブランド戦略におけるキャラクターには，以下のようなものがある（以下の記述は，陸川和男他2002年，を参考にした）。

① パブリック・ブランド・キャラクター
② イベント・ブランド・キャラクター
③ コーポレート・ブランド・キャラクター
④ サービス・ブランド・キャラクター
⑤ リテール・ブランド・キャラクター
⑥ キャンペーン・ブランド・キャラクター
⑦ アド・キャラクター

① パブリック・ブランド・キャラクター

　パブリック・ブランド・キャラクターとは，公共機関や非営利機関や地方公共団体などのサービス・キャラクターで，公共サービスの受益者に親しんでもらうことを目的としたパブリック・サービスのひとつである。NHKの「どーもくん」や警視庁の「ピーポくん」，野生動物保護団体「WWF」のパンダのキャラクターなどが代表的だ。また，警察や裁判所が，防犯や市民参加を呼びかけるポスターに採用するアイドルも，このキャラクターの一種である。先にも述べたように，非営利の公共広告にまでアイドルを起用するのは本邦独特のもので，欧米諸国はもとより，近隣の東アジアの国々でも一般的ではない。

② イベント・ブランド・キャラクター

　イベント・ブランド・キャラクターとは，協会・団体が開催するスポーツ・イベントや博覧会などに活用されるキャラクターのことである。オリンピックのマスコット・キャラクターやJリーグキャラクター，先の愛知万博の「モリゾー」と「キッコロ」などが代表的だ。また，地方自治体主催のイベントや村おこし，名産品のPRなどのために作られた，いわゆる「ゆるキャラ」[4]も多くこのキャラクターに該当する。

③ コーポレート・ブランド・キャラクター

　コーポレート・ブランド・キャラクターとは，企業のアイデンティティを人格的形象にまで昇華させたキャラクターで，いわゆる企業キャラクターと通称されるものである。たとえば，かつて日本航空の尾翼を飾っていた「鶴丸」，エスエス製薬の「ピョンちゃん」や佐藤製薬の「サトちゃん」，1959年から天気予報を続けているヤンマーディーゼルの「ヤン坊マー坊」など，枚挙にいとまないほど存在する。

④　サービス・ブランド・キャラクター

　サービス・ブランド・キャラクターとは，おもにサービス業務の理想的なあり方を，人格的なシンボルで表象したキャラクターのことである。運輸業であれば"安心"や"確実"を，金融業なら"信用"や"安全"を，エンターテイメント業なら"幸せ"や"笑顔"を，それぞれ体現するような人格的存在が選ばれる。たとえば，ヤマト運輸の「クロネコマーク」や，日本通運の「ペリカンマーク」，ディズニーの「ミッキーマウス」，アート引越しセンターの「ドラえもん」などが思い浮かぶ。

⑤　リテール・ブランド・キャラクター

　リテール・ブランド・キャラクターとは，店舗などのシンボルとして活用されるキャラクターである。たとえば，マクドナルドの「ドナルド」や，創業者を等身大でかたどったケンタッキー・フライドチキンの「カーネル・サンダース」，また，不二家の店舗前に立っている「ペコちゃん」などは，コーポレート・ブランド・キャラクターがリテール・ブランド・キャラクターとしても活用された例である。先のエスエス製薬の「ピョンちゃん」や佐藤製薬の「サトちゃん」も同様だ。

⑥　キャンペーン・ブランド・キャラクター

　キャンペーン・ブランド・キャラクターとは，プレミアム・キャンペーンなどの販売促進のために使用されるキャラクターのことである。NECの「お店に行こう」キャンペーンのために作られた「バザール・デ・ゴザール」，旧住友銀行の預金者獲得キャンペーンのときに作られた「バンクー」，新潮社Yonda？CLUBの「読めば必ずもらえる」キャンペーンで活躍した「Yonda？君」などがあげられる。

⑦　アド・キャラクター

　アド・キャラクターとは，グラフィック広告やCMでのアイ・キャッチ

のために使われるキャラクターである。アド・キャラクターは，他のブランド・キャラクターを兼ねていることが多く，広告媒体（放送メディア，プリントメディア，インターネット，SPメディアなど）の中だけに留まっていることは珍しい。たとえば，明治製菓の「カールおじさん」はCMで名を馳せた例だが，同時にカールのパッケージを飾り，さまざまなグッズにもなっている。富士通の「タッチおじさん」も，CMで人気者になったが，「来て，見て，触って，富士通のお店」キャンペーンのブランド・キャラクターでもあった。

5　類型分類4：物語の有無による分類

①　物語を背負ったキャラクター

　系譜分類の節でも述べたように，そもそもキャラクターは，児童文学や小説の挿絵，漫画やアニメーションなどの登場人物，擬人化された動植物が，商品やサービスに活用されたものが中心だった。いわゆる，キャラクター・ブランド・プロダクトと呼ばれるものは，そのほとんどがエンターテインメント・ソフトのキャラクターを商品に貼り付けて，主に子どもをターゲットに商品展開したものである。

　たとえば，キャラクターをあしらったシールやカードを景品にした商品（例：カルビーの「仮面ライダースナック」），また，人気キャラクターをパッケージに印刷した商品（例：永谷園の「ポケモンカレー」や「アンパンマンふりかけ」）などである。

　これらの商品に貼り付けられたキャラクターは，いずれもアニメーションや漫画の物語を背負っており，商品化するライセンシーの側からすれば，それがメリットでもあり制約でもある。エンターテインメント・ソフトのキャラクターは「物語を背負ったキャラクター」と名づけることができるだろう。

② 物語を背負わないキャラクター

　一方，こうしたしがらみから一切自由なキャラクターも数多い。いわば「物語を背負わないキャラクター」である。このタイプのキャラクターは，小説や漫画やアニメの登場人物ではない。ぼんやりとした世界観はもっているものの，物語の中の具体的な役どころや性格は賦与されていない。

　たとえば，サンリオが開発した「ハローキティ」がその典型である。キティは，最初からキャラクター商品に貼り付けられることを目的に造形されていて，「かわいい」だけを唯一の属性にして，他の性格付けは慎重に排除されている。性別さえも曖昧としている。語るに落ちないように，口は描かれていないし，表情の変化にも乏しい。手足は短くボディランゲージも苦手なようだ。キティは，語るべき世界，内包する意味をまるでもたない[5]。キティはシンボルでもピクトグラフ（pictograph：交通標識に描かれるような人型の記号）でもない。あえていえば，かわいい"フォント"に近い。そういう意味で類まれなキャラクターである。この点は後に詳しく論じたいと思う。

　また，「リラックマ」や「たれパンダ」も，「ハローキティ」と同じように，背景に物語を背負っていない。すなわち，特定の出自や文脈からきっぱり切り離されている。だから，そのキャラクターが人に与える情緒的便益や自己表現的便益は，即時的・即物的なものであって，何ら物語の想起を伴わない。

　逆にいえば，特定の物語に依拠しないがゆえに，「ハローキティ」や「リラックマ」や「たれパンダ」は，最低限の世界観を損なわないかぎり，あらゆる製品やサービスに神出鬼没に適用できる。つまり，汎用性に優れているともいえる。

6　規格分類

　規格分類とは，普通，ある事象や出来事の外枠，すなわち，サイズやタイムや金額やフォーマットを基準にして分類することをいう。

　キャラクターは，その外観の特徴から，大まかに2つに分けられる。それ

は、「内向的キャラクター」と「外向的キャラクター」である。

「内向的キャラクター」は、かわいい系キャラクターと言い換えてもいい。たとえば、「ドラえもん」や「トトロ」が代表的だ。彼らはいずれも手足が短く、丸っこく、ふんわりしていて、身体に突起物がなく、口数少なくヌーボーとしている。「ハローキティ」もこの系統である。

一方、「外向的キャラクター」は、かっこいい系キャラクターと言い換えることができる。たとえば、「ミッキーマウス」や「トムとジェリー」や「バッグスバニー」などが典型的だ。彼らはいずれも手足が長く、よくしゃべり、俊敏に動き回り、失敗もするが人並みはずれた活躍もする。「ルパン三世」の登場人物もこの系統である。

「内向的キャラクター」は日本人が愛好するかわいいキャラクターの特徴を備えている。反対に「外向的キャラクター」はウォルト・ディズニーのアニメーションに代表されるバタ臭さをもっていて、日本人の心性には、ややそぐわないものがある。

❻ 日本産キャラクターの多様性

前節までは、キャラクターの定義の確認と、キャラクターの分類を中心に行ってきた。本節では、その議論をさらにおしすすめて、日本社会の中で、今も次々に生まれるキャラクターの様相を多面的に分析してみたい。

分析にあたっては、次の5つの命題を最初に提示しておく。本文ではその命題を1つ1つ説明していくというスタイルをとりたいと思う。

5つの命題とは、次のとおりである。（（　）の中の語句はキーワード）

1. キャラクターはプロパティである（商業主義、マーケティング、ライセンス）
2. キャラクターはオブジェである（極小化、かわいい、フェティシズム）
3. キャラクターはアートである（アーティスト、体験、萌え）

4．キャラクターはメディアである（コミュニケーション，交換，情報）
5．キャラクターはフォントである（記号，イコン，シンボル，フォーマット）

1　キャラクターはプロパティである

　まずは，キャラクターをコマーシャリズムの視点から眺めてみよう。
　先述のアメリカ・マーケティング協会（AMA）は2004年に，次のようにマーケティングの定義を改定している。

> Marketing is the process of planning and executing conception, pricing, promotion, and distribution of goods, ideas, and services to create exchanges that satisfy individual and organizational objectives.
> （「マーケティングとは，個人や組織の目標を満たす交換を創り出すために，アイデアや商品，サービスについて，それらの創案，価格，プロモーション，そして流通を計画し遂行するプロセスである。」）

　すなわち，マーケティングとは，市場での交換の促進を目的に，企業や個人が，製品・サービス・アイデアに関する創案，価格設定，プロモーション，流通の4つの活動をすることと言い換えることができる。さらにつづめていうと「売るための仕掛け」をさまざまに施すことがマーケティングといっていいだろう。
　映画やアニメや漫画の魅力的なキャラクターは，まさに商品やサービスやアイデアを「売るための仕掛け」に違いない。多くの企業は，既存のキャラクターを，広告やPRの小道具に活用したり，商品やサービスの外観を装うのに利用したりして，販売促進に役立てている。
　また，キャラクターそのものが"商品"になることもある。映画やアニメのプロダクションにとって，ソフトの中で躍動する仮想のヒーローやヒロインは，興行収入を稼ぎ出す"商品"でもある。

つまり，キャラクターは，ヤヌスの神のように，それ自身が目的である場合（キャラクターを売る）と，手段である場合（キャラクターで売る）との，2つの顔をもっている。すなわち，キャラクターそのものを商品化して販売する場合は"目的"で，キャラクターをプロモーションやライセンス稼ぎに利用する場合は"手段"である。

このことを，ライセンス・ビジネスの立場から整理すると，次の3点にまとめることができるだろう。

第一は，キャラクターがライセンサー側のマーケティングに活用される場合だ。すなわち，従来から行われてきたキャラクター・マーチャンダイジングといわれるもので，新キャラクターの開発にはじまり，メディアや商品としてキャラクターそのものの価値を売り込むという活動である。

第二は，ライセンシー側にとってのキャラクター・マーケティング戦略である。エンターテインメント・ソフトの登場人物など，他社が権利を保有しているキャラクターを借り受けて，コミュニケーションやプロモーションに利用するという場合である。

第三は，ライセンサーとライセンシーが一体になっている場合である。すなわち，自社の商品や企業のシンボルとして，オリジナル・キャラクターを開発し，商品とともに売り込む，開発・活用一貫型のキャラクター・マーケティングである。この場合，キャラクターの使用権は自社で保有しているので，ロイヤルティ（royalty：特許権・著作権の使用料）を払う必要がない。

このように，キャラクターは，第三のオリジナル・キャラクターを保有する企業や，第一のライセンス・ビジネスの立場に立つと，土地や建物や設備と同様，いや，それ以上に大切な"資産"の様相を帯びてくる。

ライセンス業界で，キャラクターのことを「プロパティ（財産）」と呼び慣わすのは，そのためである。最近では，ライセンス業界以外の企業人も，キャラクターをブランド構築のための重要な「プロパティ」と認識する動きが広まっている。

2　キャラクターはオブジェである

① 健やかな商業美術

かつて三島由紀夫は，北米大陸を訪れて，次のような手記を残している。

> 北米合衆国はすべて美しい。感心するのは極度の商業主義がどこもかしこも支配してゐるのに，売笑的な美のないことである。これに比べたら，イタリーのヴェニスは，歯の抜けた，老いさらばへた娼婦で，ぼろぼろのレエスを身にまとひ，湿つた毒気に浸されてゐる。いい例がカルフォルニヤのディズニイ・ランドである。ここの色彩も意匠も，いささかの見世物的侘びしさを持たず，いい趣味の商業美術の平均的気品に充ち，どんな感受性にも素直に受け入れられるようにできてゐる。アメリカの商業美術が，超現実主義や抽象主義にいかに口ざはりのいい糖衣をかぶせてしまふか，その好例は大雑誌の広告欄にふんだんに見られる。かくて現代的な美の普遍的な様式が，とにもかくにも生活全般の中に生きてゐると感じられるのはアメリカだけで，生きた様式といふに足るものをもってゐるのは，世界中でアメリカの商業美術だけかもしれないのである。（三島由紀夫「美に逆らふもの〜香港のタイガー・バーム・ガーデン」『新潮』第58巻第4号，1961年，p.21）

市ヶ谷の陸上自衛隊で国軍決起を呼びかけたのち，自刃して果てるという三島由紀夫の死に様を知っている者は，だれもがこの文章に少なからぬ違和感をおぼえるのではないだろうか。三島由紀夫は，日本人の"至誠"を骨抜きにしたアメリカ流の商業主義を快く思っていなかったのではないか，私たちはそんな先入観を抱いている。

ところが，三島はこの手記の中で，アメリカ流商業主義が実現した「色彩や意匠」を手放しで絶賛している。ディズニーランドを「いい趣味の商業美術の平均的気品に充ち」ているとまで言い切っている。三島は，ディズニー

ランドに，健全な商業美術のお手本を見いだして，「骨の髄まで美に犯されてゐる」（同論文，p. 22）と反語的に表現している。

ところで，この手記の中で，三島は，万人受けするアメリカ的商業美術の対極に，ヴェニスの「売笑的な美」を引き合いに出している。また，標記の引用に続けて，香港のタイガー・バーム・ガーデンに対して，「細部にいたるまで精妙に美に逆らふ」（同論文，p. 26）悪趣味の集大成を発見しているが，彼の脳裏には，同じように「湿つた毒気に侵され」た極東の日本の街区の風景がよぎっていたに違いない。幸か不幸か，三島は故国の巷については，なんの印象も書き記していないが，日本の商業美術に対して，アメリカの健やかな商業美術とはまったく違う，内向きで土着的な商業美術のにおいを嗅ぎつけていたに違いない。そして，現在の日本に三島が生きていたら，きっと彼の感受性は，キャラクターに満ち満ちる日本の商業美術に，同じような「湿つた毒気」を感じ取るにちがいない。

② 美に逆らうもの

外国人，とくに，欧米の旅行者が眺めた日本の都市の風景にも，存命であればきっと三島が見出したであろう，病的な商業主義の描写がある。それらの最大公約数的なイメージは，ウィリアム・ギブスン（William Ford Gibson：1948－）やフィリップ・K・ディック（Philip Kindred Dick：1928－1982）が描き出したような，猥雑な都市の表象である。すなわち，どことなく「ニューロマンサー」や「ブレードランナー」ふうの，アジア的混沌と最先端の機械文明がごちゃまぜになった，暗い美しさに充ちたアンダーグラウンド的未来世界の風景である。こうした日本の都市イメージは，1988年の「AKIRA」や，1995年の「GHOST IN THE SHELL／攻殻機動隊」を通じて，さらに強められたと思われる。さらに，ソフィア・コッポラ（Sofia Coppola：1971－）監督の「ロスト・イン・トランスレーション」（2003年）や，クエンティン・タランティーノ（Quentin Tarantino：1963－）監督の「キル・ビル」（2004年）の中にも，日本の都会の陋巷的なイメージは繰り返

し現れる。とくに「ロスト・イン・トランスレーション」の中には，ネオンサインが点滅する秋葉原のようなバザールが，迷宮のようにうねうねと続き，いわゆる「オタク」を思わせる人々が，ゲームセンターの最新のガジェットを憑かれたような眼差しで見つめている，異様な風景が描き出されている。

③ フェティシズムの商業美術

　日本人の多くは，新宿や梅田の雑踏にあって，アイドルが商品を推奨する巨大なビルボードを見ても，キャラクターが跳梁する電子ボードを眺めても，格別，不思議とも珍しいとも思わない。また，官庁や金融機関のような堅い業種が，美少女タレントを告知ポスターに使い，漫画仕立てのPR冊子を配付していても，当たり前だと思っている。また，国体（国民体育大会）や博覧会が開かれるたびに，日本中の地方自治体がマスコット・キャラクター，いわゆる「ゆるキャラ」を作っても奇妙と思わない。

　しかし，三島由紀夫のように外部から現代日本を見据える視点をもてた日本人や，異文化から日本の都市に踏み入った外国人の目には，今の日本の商業主義が生み出したアイコンの数々が，きわめて不可思議な民族的奇習と映るのだろう。

　筆者は，異邦人の眼差しで，日本のキャラクターを眺めなおしたとき，そこにきわめて内向きなフェティシズムが潜んでいることを指摘したい。

　フェティシズム（fetishism）は，もともと物神崇拝，拝物愛，異物嗜愛などと訳されるが，俗語としての「フェチ」は，足や髪などの身体の一部や，ハイヒールやストッキングなどの衣類，その他，ゴムや皮革など，記号化されたさまざまな物品・現象に，性的興奮を覚える傾向を指す。「フェチ」は明治時代からすでに「変態的性欲」のひとつとして文学作品の中に描かれるようになった。たとえば，田山花袋の『蒲団』では，愛する女性を蒲団に仮託して煩悶する男が描かれ，谷崎潤一郎の『瘋癲老人日記』では，息子の嫁の足型で仏足石を作り，その下に自分の遺骨を埋めてほしいとこいねがう老

人の姿が描かれる。

④ 日本人の極小化志向

モノに偏執するフェティシズムの表れは「変態的性欲」として蔑みの対象となることが多い。しかし，反対に，日本人の民族的特性として称揚されることもある。たとえば，文学の世界では，日本人は短歌や俳句という，世界一短い短詩型を考案した。趣味の世界でも，ご隠居が縁側で盆栽にちょきちょき鋏を入れたり，坪庭に玉砂利を敷き詰めて枯山水を作ったりといった，マニアックで自閉的な"手慰み"が伝統文化として尊ばれる傾向がある。伝統工芸の分野でも，帯止めや根付に見られる気の遠くなるような細密工芸や，筆先で米粒に千文字書いてみせる器用さを称える風土がある。

また，工業製品の分野では，トランジスタ・ラジオ，電卓，ウォークマン，電子辞書といった携帯電子商品を次々と開発し，最近は，携帯端末に，いかに多くの機能を満載するかに腐心している。

エンターテイメントのコンテンツの分野でも，日本人の極小化志向は存分に発揮されている。1993年，ハリウッドが「ジュラシック・パーク」を制作して，巨大なティラノサウルスを大スクリーンで躍動させていたとき，任天堂はポケットに入るほど小さなモンスター（ポケモン）を考案し，ゲームソフトに収納して全世界の市場に送り出していた。

日本人の箱庭的世界への偏執には，実に抜きがたいものがある。

こうした日本文化の背後には，伝統的に一貫した極小化の原理が働いているに違いない。そして，八百万の神々のように，次から次に生まれ出るキャラクターも，この原理の別な表れだと筆者には思われるのである。

⑤ 物体（オブジェ）に対する嗜好

あらゆるものを極小化する作業は，大いなるものや偉大なるものを無力化し，わが手の内に包み込み，掌中の珠のように愛玩することを可能にする。極小化され，力を奪われたものは，所有者の意のままに鑑賞され，コレクシ

ョンの対象となる。

　コレクションに対する情熱とは，澁澤龍彦も指摘するように，物体(オブジェ)に対する嗜好である。生きた昆虫や鳥を集めても，それは一般にコレクションとは呼ばれない。すでに体温のない冷たい物体，たとえば，展翅板に止められた蝶や甲虫，あるいは眼窩にガラスの目玉をはめ込まれた剥製でなければ，それらは蒐集の対象とはなりえない。すなわち，「生の記憶から出来るだけ遠ざかった，乾燥した標本となって初めてコレクションの対象となる」（澁澤龍彦，1972年）。

　こうして，生命あるものをオブジェ化し，手に取れるようにミニアチュール化し，意のままにすることに対して，日本人はフェティッシュな性向を抱いているように思える。

　個人が手に携えることのできるサイズの物品にかぎらない。動物園も，水族館も，テーマパークも，ある見方からすれば拝物愛の別の表れである。サバンナや海洋を，動物園や水族館に押し込めて，標本を弄ぶように一覧できる。とりわけ日本人は，こうした趣向の見世物が好きである。

　また，極小化において忘れてはならないことは，それが生々しい現実を標本化し，ガラスで隔離し愛玩の対象とするだけではないということだ。それは同時に，流れ行く時間をも凍結させる。たとえば，食玩のフィギュアなどは，映画のワンシーンや登場人物の一瞬の表情を固定化し，切れ目なく流れていく時間を手のひらサイズに凝縮しているということができる。

⑥　内向した極小化志向

　こうした日本人のフェティッシュな"極小化志向"は，優秀な工業製品の産出とあいまって，特筆すべき民族的独自性，世界に誇るべき国民性というように，プラスに論じられることが多かった。しかし，この"極小化志向"が内向し，偏執的な嗜好を先鋭化させると，それは容易に変態性に転じてしまう。

　たとえば，近年，電化の街からバーチャルな性風俗の巣窟と化した秋葉原

がそうである。そこでは抑圧された性欲が，セーラー服やメイド服の美少女フィギュアとなって，すさまじい物量で迫ってくる。「オタク」と呼ばれる青少年は，そうしたフィギュアを構成する微細な要素——リボンや眼鏡や猫耳など——に対し，性的興奮を覚え，心奪われる。このような微細な項目に対する記号的消費は，まさに"極小化志向"が現代の日本の若者にもたらしたフェティシズムである。

また，食玩などのフィギュアに対する物神崇拝的愛好は，古代ギリシアのピュグマリオン以来の人形愛[6]にも一脈通じる。人形愛とは，血の通った美少女の代わりに，くぐつに過ぎないものに倒錯した感情移入を行う病的傾向を指す。たとえば，リカちゃん人形に偏執的な嗜好を寄せる中年男性は，リカちゃんがあくまでも合成樹脂でできた物体であることを知悉しながら，リカちゃんの愁いを帯びた表情と華奢な体つきに頬ずりしたい衝動を禁じえない。人形愛に没入することのできる人間は，自分が仮想の遊びに興じていることに十分自覚的である。だからこそ，フェティシズムに留まり得，狂気とはいわれないのである。

⑦　オブジェ化による取り込み

日本人のブランド好きにも，"極小化志向"は顕著である。

欧州におけるブランド品とは，そもそも「社会階層」のようなのっぴきならない属性を象徴するものだ。そして，ブランド品を所有することは，その「社会階層」に随伴する芸術的感性や文学的素養などの「文化資本」の多寡を示すことでもある。しかし，日本におけるブランド品にそのような差別化機能はまったくない。それは内田樹（2005年）も言うように，「一時的に可処分所得が潤沢なので，（ファッション誌にカタログ化された）『おしゃれ』に気を使う程度の余裕がある」という程度の社会的記号にすぎない。「社会階層」や「文化資本」といったコンテキストがごっそり抜け落ちて，ブランド品が，単なるおしゃれでかわいい愛玩物になってしまうのである。

若者の音楽や社会現象もそうである。日本のストリート・ファッションに

強い影響を与えているロンドン・パンクやモッズは，もともと強烈な政治的な主張を含んでいた。ところが，東京のファッション・ムーブメントには，まったく政治的な匂いがしない。パンク・ファッションも，目に見える表面的な部分を取り入れただけだし，ヒップホップ・ブームも反抗とは何の関係もなかった。ボーイッシュな女性ファッションも，フェミニズムとはまったく交渉をもたない。「どうしてそれを着ているの」，と日本の若い女性に聞いても，答えは「カワイイから，おしゃれだから」としか返ってこない。

このように，本邦では，骨太な男性原理とともに，海外からその時代その時代のマッチョな文化の移入があるのに，いつもそれらを極小化し，身の丈に合わせて取り込んでしまう傾向がある。ファッションでも政治思想でも科学技術でも，すべて取り込みやすいようにオブジェ化してしまう。エンターテインメントソフトのヒーローやヒロインをフィギュアに仕立てて，携帯のストラップにしたり，机の上に並べたりするのは，その端的な現れではないだろうか。

3　キャラクターはアートである

①　アーティストのキャラクター活用

デザインや広告の仕事は，人間の創造性と深く関わる。しかし，商業美術は，純文学やハイ・アートのような自己表現の場ではない。商業美術の原点は，企業やメーカーのメッセージを，消費者の論理や感覚に合致した色や形に仕上げることである。したがって，広告主や消費者が理解できないような，独りよがりな"作品"は，商業美術とはみなされない。

一方，純粋美術のアーティストの仕事は，彼（女）以外の誰の関与も指図も受けない。アーティストは，世の凡庸な感性に迎合することなく，天稟の才能をキャンバスや粘土の上に存分に発揮すればよいのであって，響きあう一部のオーディアンスだけにメッセージが届けばよい。こうした「100年後に知己を求める」かのような創作態度が，クリエイティブのあるべき姿と永らくみなされてきた。

しかし，近年，商業美術とハイ・アートの境界は限りなく曖昧になってきている。かつて絵画や彫刻は，美術館などの公共の空間で恭しく鑑賞されるものだった。そして，文化財的価値をもって美術館に収蔵されるものだった。ところが，ポップ・アート以来，ハイ・アートは，アーティストがオーディアンスに向けて，自分のメッセージを載せる"メディア""ヴィークル"とみなされることが多くなった。それは，商業美術家が，広告主の意図や思いを，製品やグラフィックの色や形におとしこむ作業とあまりかわらない。ただ，現代アーティストのほうが，若干，制約が少ないだけだ。なにしろ商業美術家は，顧客の注文に応じることで糧を得ている。芸術家気どりは許されない。

かつてマーシャル・マクルーハン（Marshall McLuhan：1911 – 1980）の高弟であったジョン・M・カルキン（John M. Culkin）は，マクルーハン理論を解説して次のように述べた。

> 効果的なコミュニケーションとは相手の言葉でしゃべることである。うまいコミュニケーター（伝達者）はみな相手の言葉を使う。最高の作家，映画製作者，アドマン，恋人，説教者，教師はみな相手の望み，恐怖，能力をつかむ勘をもち，自分のいいたいことを相手に"通じる"言葉に翻訳することができる人たちである。（M・マクルーハン，E・カーペンター編，大前正臣・後藤和彦訳『マクルーハン理論―電子メディアの可能性―』2003年）

「うまいコミュニケーター」のように，現代アーティストは，大衆に目線を合わせ，大衆のパロールで語り，大衆の興味や関心を惹くトリガーを作品の中に込めるようになってきた。すなわち，現代アーティストは，自らのメッセージを，大衆が共有する魅力的なイメジャリー（imagery：集合的心象）に"翻案"して，積極的にコミュニケーションを図ってくるのである。

そうしたイメジャリーの中で，もっとも効果的に，観る者に好みや親しみ

を抱かせる図像がキャラクターに他ならない。現代アーティストは，オリジナル・キャラクターを開発して作品の一部に登場させたり，キャラクターをオーディアンスとの意思疎通のツールに利用したりしている。

たとえば，先に紹介した八谷和彦の「モモ」，村上隆の「DOBくん」，野田凪の「ハンパンダ」，グルーヴィジョンズの「チャッピー」などのキャラクターである。

なかでも，チャッピーはグルーヴィジョンズのスターシステムの一種で，自分たちの作品に登場させるだけでなく，チャッピーをマネジメントして，架空のタレントに仕立てて"CD デビュー"までさせている。キャラクターを単なるアイコンに留まらせず，命あるもののようにメディアに登場させ，歌わせたり語らせたりしている。つまり，芸能プロダクションやプロレス興行のようなマネジメントを，架空のキャラクターに適用しているのである。

また，食玩の原型師の中にも，「新横浜ありな」を生み出した大嶋優木のように，「アニメーションやコミックのキャラクターを忠実に立体化する職人」という原型師の立場をこえて，キャラクターの開発から造形まで一貫して請け負うマイスターも現れてきた。

また，明和電機は，「アート」のコードを「製造業」のアナロジーで換骨奪胎することにより，実生活に役立たない「ナンセンス・マシーン」を数々発表しているが，そうした「製品」の中に，「Knock Man」「SAVA・O」「ケロタマ」「ポロロン」といったかわいいキャラクターが含まれている。

こうした現代アーティストのキャラクター活用は，企業が商品に付加価値をつけるために，人気のあるキャラクターを借用したり開発したりするのと酷似している。アーティストは，確信犯的に，現代のコマーシャリズムの手法を，アートにシミュレートしているのである。

② アーティストのかわいいキャラクター

ところで，現代アーティストが作り上げるキャラクターは，単にかわいいだけではない，一筋縄ではいかない毒を含んでいるものも多い。普通，人や

ものに対して「かわいい」という場合，対象が自分より弱いもの，力のないものである場合が多い。言い換えれば，「かわいい」という感情は，相対化された自分への矜持や賞賛，小さいものや弱々しい物に対する優越感の表れということもできる。しかし，アーティストが作り上げるキャラクターは，かわいいと思って近づくとかみつかれるような，または，いとしいと思って抱き上げるとにらみつけられるような，"油断のならなさ"が感じられる。また，そこが魅力で愛好するという倒錯的な感情をひき出す力が潜んでいるような気がする。

　アーティストが作り上げたキャラクターに接していると，「かわいい」という言葉で一括されがちなキャラクターが，実はきわめて奇怪で，グロテスクな畸形であることを再認識させられる。たとえば，タカラ社の「リカちゃん人形」の顔を思い描いてほしい。小学校5年生なのに，リカちゃんの頭蓋は異様に大きい。目は大きく見開かれ，鼻と口は接近し，鼻梁の線は額より低い。もし現実にこのような少女に出会ったら，誰でも卒倒するだろう。キャラクターのかわいさというものは，キャラクターそのものに備わっているのではなく，見る人が「かわいい」と思って接するからかわいいのである。つまり，「かわいさ」はキャラクターに宿った本質などではなく，見る者が畸形の一種に"いつくしみ"や"同情"を投影したとき醸成される間主観性である。写真家のダイアン・アーバス（Diane Arbus：1923-1971）は，赤ん坊を醜い肉の塊のように，双生児の女の子をふたごの化け物のように撮影して，このことを酷薄に暴いている。アーティストの作り出す毒を含んだキャラクターは，かわいいと同時に奇怪でもあるキャラクターの両義性を，図らずも突いているのである。

③　アートのコミュニケーション

　キャラクターをアートに応用している現代アーティストには，共通する傾向がある。それは，自分が開発したキャラクターを一点物の作品に登場させるだけでなく，アート商品やマルチプルとして売り出そうという商業的な発

想をもっていることだ。そうした現代アーティストの発想を後押しする，CUBEのような新しいメーカーも現れてきている[7]。

　現代アーティストは，ギャラリーに訪れる人々に作品を鑑賞してもらうだけでは満足しない。キャラクターグッズの売買を通じて，もっと多くのオーディアンスとつながりをもち，コミュニケートすることを企図している。美術館やギャラリーを訪れる美術愛好者だけを相手にして作品を発表するよりも，商品棚やパソコンのサイト上で，売り買いというチャンネルを通じてコミュニケーションしたほうが，大勢のオーディアンスに，一気に自分をアピールすることができる。また，反響も多方面から寄せられることになる。自分の作品が美術館やギャラリーのような非日常空間を越えて，人々の生活の中にどんどん浸透していくのが実感できるのである。

　このようにキャラクターは，オーディアンスとの意思疎通の手段として，現代アートの世界でも縦横に活用されている。

　キャラクターという人格的存在は，それを観る者や手にとる者の情動に強い揺さぶりをかける。つぶらな瞳や短い手足を見た買い手に，深い感情移入を催させる。いたいけな赤ん坊に生まれつき備わったかわいいパフォーマンスが，どんな仏頂面の大人をも和ませるように，キャラクターの姿形は強烈な感化力で観る者を圧倒する。企業がキャラクターを利用して商品にパーソナリティを醸し出そうとするのも，キャラクターが顧客に強い親しみや好感を抱かせるからだ。

④　耐久経験消費財としてのキャラクター

　荒木長照（2004年）は，キャラクター商品のことを「耐久経験消費財」と位置づけている。

　　キャラクタ商品は，物理的な接触が引き金となって，過去の心地よい感情経験を回想させ感情移入や空想世界に引き込んでくれたり，あるいは心地よい感情を運んできてくれたりする一種のメディアであるという

ことができる。このメディアは，それ自身の物理的廃棄や所有者の経験循環上の忘却が訪れるまで存続する耐久消費財であると考えることができる。消費の目的がキャラクタ消費であり，その内容が接触による感情経験であるので，キャラクタ商品は耐久経験消費財ということができるだろう。（荒木長照『耐久経験消費財としてのキャラクタ商品に対する消費行動の分析』2004年，p.3）

　荒木の見解は，キャラクターが商品化され，目に見え，手に触れうる物理的存在になったとき，廃棄や忘却のときまで，パーソナルな接触を通した感情経験が蓄積されていく，というものだが，キャラクターとの接触は，別段，商品化されずともすでに始まっていると考えるのが自然だろう。
　たとえば，われわれがどれほどアニメやマンガの架空のキャラクターに感情移入しているかは，静止画として長年なじんできた漫画の主人公が，アニメ化され動き出したとき，また声を発し始めたその瞬間に明らかになる。声優の声の質や抑揚やスピードが「私のドラえもんはこんな声じゃない」という，そぐわなさを引き起こすことが圧倒的に多いのではないだろうか。
　このように，キャラクターは，商品化される，されないを問わず，ある日ある時ある出来事として体験されるものである。
　キャラクターの「耐久経験消費財」という享受のされ方は，現代の硬直したアート観に一石を投ずるものである。だれもがアートは美術館で鑑賞するものだと思っている。博物館の収蔵庫で大事に保管されるものだと信じて疑わない。もちろん，鑑賞されてかまわないし，大切に保管されなければならない。しかし，それ以前に，ちょうど人生が１つの出来事であるように，アートは生きた身体で体験されなければ価値がない。音楽や舞踊はもとより，絵でも彫刻でも，ラスコーの洞窟から寺院の壁画や仏像にいたるまで，美術品は決して抽象的なものとして鑑賞されてきたわけではない。太古の昔から出来事として体験されてきたものなのだ。
　このことをもう少し，具体的な例を挙げて説明してみる。

グラフィックや写真を含めた平面絵画やフィギュアを含めた立体作品，つまり視覚芸術に比べて，時間の流れの中で刻々と変化し，瞬時に消え去っていくタイプの舞台芸術——音楽演奏や舞踊（踏）——は，演者が奏でる音や身体の動き，その息遣いや気脈に，聴衆や観衆が，同一空間で直接その波動を感じ取りながら展開するアートである。力のある演奏や洗練された身体運動は，そこにいる他者の肉体をも揺り動かす力をもつ。演奏や舞踊（踏）に限らない。演説でも講演でも，訴える力の強い話し手の身体から繰り出される言葉は，単に聞き手の鼓膜を響かせるだけではなく，聞き手の身体を同調させる。したがって，演奏や舞踊（踏）の観衆や，講演の聴衆は，決して単にそこに座を占めて受身的に音楽やダンスを楽しんでいるのではなく，自らも奏者の声帯や弦の動きに筋肉を震わせ，演者とともに舞い踊り，講演者とともに語っているのである。

　ところで，この表現する者と享受する者との相互同調とは，時間とともに展開する音楽や舞踊（踏）や講演といったパフォーマンスにだけ生じているのではない。厚塗りの油画にも，枯淡な水墨画にも，鋭利な線のグラフィックにも，観る者は作品が生成した時の絵筆の動きを再召喚して，それに同調しているのである。

　たとえば書家の筆の動きを紙に留めた書は，まさに動きのダイナミズムを直に感じ取れるアートである。書家の筆の跡を目で追う者は，その線の濃淡やかすれから，「不在の手」の書きぶりを堪能できる。目で墨の痕跡を追うことによって，その書が生成された時間が取り戻され，作者の意図を読み取ることが可能になる。時には書家の息遣いまで聞くことになるのである。

　写真でも，そこには印画紙に刻印された写真家の目と，その一瞬を留めたシャッターの機械音が，同時に写し出されていると考えるべきなのである。絵画や書が，いったん図版として印刷されると，たちまちそのアウラ[8]を失ってしまうのは，画家の筆跡や書家の息遣いが，印刷という近代の技術によって，独自の肌理を失い，観る者に伝わる波動を殺いでしまうからである。

　多くの企業キャラクターや商品キャラクターと，アーティストが生みだす

キャラクターの間に，何か違いがあるとすれば，それはその波動の力の差であるに違いない。アーティストの創生したキャラクターに潜む禍々しさ，不気味さ，インパクトの強さといったものには，マス・プロダクトになっても，なお消え去らない"リアル"があるのである。"リアル"とは，過去に製品化され，市場に広く出回っていながら，まるでアーティストその人と直に向き合っているような現実感，生身の人間と相対しているような臨場感のことである。それは，観る者をアーティストのリズムに引きこむような，影響力の強い個性，あるいは説得力のある個性である。

　現代アーティストが，自分のアートにキャラクターを取り込んだり，グッズにして販売しているのは，キャラクターが強烈な"経験の磁場"を観る者に引き起こすことを直感しているからなのだ。それは，1960年代に，アンディ・ウォーホルやロイ・リキテンシュタインがポップアートを創始したときに，キャンベルスープの缶やアメコミの図像に目をつけたのとまったく同じ理屈である。彼らにとって，高い伝達力で観る者をゆさぶり，"経験の磁場"をもたらすのは，消費社会の表象であるパッケージやサブカルチャーの図像だった。それが現代日本においては，八百万のキャラクターなのではないだろうか。

⑤　「萌え」の再評価

　こうしてみると，昨今，話題になることの多い「萌え」というキャラクター体験も，擬似アート体験の一種として，再評価することができるだろう。

　「萌え」とは，本来は「芽が出る」という意味だが，最近のアニメやゲームを中心とする「オタク」の世界では，特定のキャラクター，または制服や眼鏡，関西弁などキャラクターの一部分の要素に対し，深い思い入れを抱いて心が奪われる状態を指す言葉として使われる。漫画的な表現は，不特定多数の人々の欲望を鋳かためた造形であり，それゆえに現実の人物を凌駕するほどの魅力をもつ。こうした「この世のものならざる形象」に対する恋情に

も似た気持ちを「萌え」と呼ぶのである。したがって,「萌え」の対象はたいてい,記号的存在であることが特徴だ。

記号的存在とは,たとえば,上述の眼鏡や関西弁のほかに,制服,ドジさ加減,ネコ耳,メイド服,スクール水着,妹,双子,「にょ」「にゅ」といった特殊な語尾などのことである。さらに具体的になると,「しっかりものの妹」「どじだけど一生懸命なメイドさん」「秀才でお嬢様でピアノを弾く委員長」「けんかばかりしているけれど,本当は強く惹かれあっている幼馴染」など,コミックやアニメの文脈を背景化した仮想のキャラクターになる。

こうした記号的キャラクターに"萌えている"人々は,キャラクターを鑑賞するだけでは満足しない。漫画同人誌に自作を投稿し,コミケ[9]で売りさばき,キャラクターのコスチュームを身にまとい,キャラクターの抱き枕で眠る。まさに,キャラクターを全身で"体験"している。

漫画やコミックの仮想空間に遊んで,そこに登場するヴァーチャルな登場人物に初恋にも似た感情を抱いている自閉的な人々は,フィギュアやアニメに惑溺する駄目な人たちと蔑まれることが多い。しかし,じつは,キャラクターを通して,アートの原点を体験している選ばれた人たちなのかもしれないのである。

4　キャラクターはメディアである

① 交換という愉楽

現生人類を,遠い祖先や人間以外の動物と隔てる特徴の1つは,「メディアの戦略的活用」の有無である。

肉体が新陳代謝を繰り返し,細胞内の原形質を日々新たにしているのと同じように,人間は常に外部と情報の交換を行っている。言葉やゼスチャーだけではない。情報の交換は,物の交換に形を変えて行われることも多い。だから,貨幣,装飾品,呪物,貢物など,人と人の間で取り交わされる物にはメッセージが込められている。人間は情報を物理的な記号に託して,親愛,約束,感謝,敵意など,さまざまなメッセージを伝達しているのである。花

束を差し出せば友愛を，生首を差し出せば服従を，というように，人類はモノ（メディア）を戦略的に使いわけることができる。

経済人類学では，人間を「絶え間なく情報を交換する生き物」と位置づけた。三浦雅士（1999年）は，この知見を，大略次のように敷衍して述べている。

「経済活動は，農作物や狩猟の獲物に余剰が生じたから始まったのではない。最初にまず交換することへの渇きがあって，その渇きを癒すため，余剰を作るように努力したのだ。言い換えれば，農業も漁業も，あらゆる労働は，他者と交換する物資を生産するために始まり，その交換の場として，まず市場（＝都市）が成立し，次にその周りに集落（＝農村や漁村）が形成された。つまり，農村や漁村が発展して都市になったのではなく，逆に都市が農村や漁村を生み出したのだ」と。

交換するために必要以上に生産するなどという発想は，他の生物の本能には，はじめからプログラミングされていない。ライオンは飢えを満たす目的以上の獲物は獲らないし，蚕は自分の繭をつむぐ目的以上の生糸を吐き出したりはしない。一見，物に託して求愛情報を交換しているように見えるアズマヤ鳥のオスも，「メスの歓心を買う」という目的以上の物を集めたりはしないのである。交換のために必要以上のものを生産するという，経済合理性を逸脱した余剰生産を，有史以前からあくことなく繰り返してきたのは人間だけである。それというのも，人類にとって物の交換がこの上ない愉楽だったからに他ならない。

② メディアの戦略的活用

交換において，人類が気持ちや意思を託す余剰（＝モノ）は，メディアそのものだといっていい。なにもマス・メディアや双方向メディアだけがメディアではない。人と人が接触して情報が取り交わされる場では，必ず物理的な何かが間を取り持つ。

たとえば，「女性」という貢物を媒介にして，いっときの共存共栄のメッ

セージを伝え合う部族もある。また，語り合う2人の間には，「音声」という物理的振動が，意思を媒介する。声もなく愛し合う恋人同士には，「愛撫」や「潤んだ瞳」が，熱い思いを仲立ちする。

他の生物と違うのは，人類はその物理的なメディアを合目的的に使いこなすことができるということである。このことを先に「メディアの戦略的活用」と呼んだのである。

人間同士というものは，間に何か介在させないと緊張感がいや増す傾向がある。間に何か置くことでメッセージを伝えやすくする。とくに日本社会のような高コンテキスト文化においては，面と向かって，単刀直入に物申すことは忌避される。腹芸とか以心伝心とかいわれるものも，思わせ振りな物言いやしぐさが，自分の本心を相手に媒介するメディアとして機能しているからこそできることなのである。

コマーシャリズムにおいて，交換を促すために行われるコミュニケーションは，広告やPRといわれるプロモーションである。なかでも，キャラクターは，顧客と企業，消費者と商品の間を取り持つ有効な人格的メディアである。

③ メディアとしてのキャラクター

キャラクターはコミュニケーションのツールとして，つねに仲介者や媒介者の役割を果たしている。

たとえば，ペットがメール送信の担い手として仮想されている「PostPet」は，そのことを象徴的に表している。「モモ」をはじめとするキャラクターは，まさにメールの運び手（＝メディア）である。企業のリテール・ブランド・キャラクターも，企業と顧客，商品と消費者の仲立ちをして，企業に代わって製品やサービスの魅力を訴え，商品と代価の交換を促している。

また，キャラクターは，教育産業でも，子どもと企業をつなぐ有効なメディアとして使われている。たとえば，ベネッセ・コーポレーションの早期幼児教育で，ナビゲーターを務める「しまじろう」は，幼児とベネッセの間に

立つメディアである。かわいいキャラクターは，大人の目からは，ただの「ぬいぐるみ」であるが，幼児にとってはかけがえのない愛着の対象であり，内的体験から外的世界への移行期の橋渡しの役割をする。

しかし，キャラクターというメディアは，ひとつ間違うと，情報の交換を促すどころか，交換を頓挫させることもある。それは，キャラクターが他のメディアと違って，人格的な存在であることによっている。メッセージを伝えるキャラクターが魅力的な人格を備えていれば，情報の内容が，多少，生彩に乏しくとも，交換は成立するだろう。しかし，キャラクターが魅力的でなければ，どんなにメッセージがすばらしくても，交換は成り立ちにくい。つまり，キャラクターというメディアの魅力の優劣によって，メッセージそのものが，好意的にも否定的にも受け取られる可能性があるのだ。

④ 日本人のメディア消費

思えば，日本人は日常生活や遊びの領域で，入り組んだメディアを開発し，そのメディアを解読することに楽しみを見出す，"1回半ひねり"のようなコミュニケーションが得意である。たとえば，和歌における本歌取りや歌枕は，有名な歌の一部や，古歌に読み込まれた名所・旧跡を，共有されたイメージを膨らませて新しい歌に取り込む技法である。ここでは，元歌に関する情報がメディアとなり，歌の交換を促進している。

また，ビジュアル面でも，日本人は自然の景物をたくみに図案化して，着物の絵柄や蒔絵の文様にすることが上手だ。とくに，琳派に見られるデザイン感覚はその典型で，「紅白梅図屏風」のように，流れる水を雛形に流水紋を考案したり，『伊勢物語』の世界を単純な線と色で表したり，波間に飛ぶ浜千鳥を見事な造形に切り取ったりする。写実から離れ図案化された景物というものは，いわば，自然と人間の中間領域＝メディアである。目に見える自然を，シンプルな色と形の記号に整えていくことに，日本人はとりわけ関心が強いのである。すなわち，交換される情報そのものより，交換を促進する物理的なメディアのほうに，とりわけ凝ってしまうのである。

この日本人のメディア好きが，先の高コンテキスト文化とあいまって，日本にキャラクターを，かくも多彩に，大量に生み出させる理由のひとつだと思われる。

5　キャラクターはフォントである

①　「イコン」から「シンボル」へ

　19世紀アメリカのプラグマティズムの記号論者，チャールズ・S・パース（Charles Sanders Pierce：1839－1914）は，記号を，対象との関係から，イコン的記号，インデックス的記号，シンボル的記号に分類した。

　パースの説くイコン的記号とは，写実的な肖像画や写真のように，ある側面での対象との単純な共通性において結びついた記号である。イコン的記号は，対象を忠実に写し取ってはいるが，対象そのものではない。

　インデックス的記号とは，対象と事実的に連結し，その対象から物理的に影響を受けることで記号となるものを指す。たとえば，天気予報の「雨傘」のアイコンは，降雨の可能性を予告し，妻の「物憂げな表情」は，彼女のなんらかの不安や倦怠を表すインデックス的記号である。

　そして，シンボル的記号とは，平和を表す鳩のように，文化的コードや心的連合の媒介によって対象と関連づけられた記号である。代表的なシンボル的記号は，いうまでもなく言語である。

　さて，パースの生きた19世紀から20世紀の初頭には，キャラクターのようなマーケティングの先兵は存在しなかったが，もし，パースが「キャラクター」という記号的存在を分類したならば，キャラクターのほとんどは「イコン的記号」に分類されてしまうであろう。「ゆるキャラ」のデザインが地方の特産品や名物から出来上がっているように，キャラクターは動植物や原材料の似姿であることが多いからだ。

　しかし，それは本当に正しいのだろうか。たとえば，「ミッキー」は，本当にネズミに似ているから「ミッキーマウス」なのだろうか。話はそう単純ではない。ネズミを正確にスケッチした絵であれば，それは「イコン」とい

いうるかもしれない。しかし「ミッキーマウス」の個々の形状は少しもネズミに似ていない。耳は丸くて大きいし，目はつぶらすぎる。手足は長くて二足歩行する。ミッキーマウスは，度重なる擬人化の果てに，ネズミよりも人によく似てきてしまったのである。したがって，ミッキーをネズミの記号としてとらえるとしたら，「イコン」ではなく，なんらかの「シンボル」としてとらえるべきである。

② 「ミッキーマウス」と「ドラえもん」

　このように，「ミッキーマウス」は，ディズニーのキャラクターとして縦横に活用され，かれこれ70年以上，享受され続けた結果，ネズミの姿を写した「イコン」から，人によく似た「シンボル」に昇格した例である。実際，1928年，ディズニー映画，「蒸気船ウィリー」に初めて登場した頃の「ミッキーマウス」は，今見る「ミッキーマウス」より，ずっとネズミの形象を備えていた。商品化され，キャンペーンやイベントに活用されるうちに，人格的に磨きがかかり，姿かたちが洗練されて，現在見るような，ディズニーのシンボルとして定着した。今では，顔に当たる大きめの円と，耳に当たる小さめの２つの円を重ね合わせるだけで，ミッキーマウスの世界が立ち現れるほど，強いシンボルキャラクターになっている。

　ミッキーマウスという記号の内実が豊かなのは，享受する側の価値が重層化されているからである。老人には若いころ観た映画の思い出や漫画本の記憶，青年には小さいころ食べたコーン・アイスクリームの味，子どもには両親に連れて行ってもらったディズニーランドの思い出というように，年齢や世代によってその想起するさまざまな情景が，ミッキーマウスとつながっている。ミッキーは耐久経験消費財としてこれからも命脈を保ち続けるだろう。

　ミッキーマウスだけではない。本邦の「ドラえもん」も，1969年に初めて漫画雑誌に登場して以来，「イコン」から「シンボル」に格上げになった例である。

よく知られるように,「ドラえもん」は,作者の藤子・F・不二雄氏の遺志により,商品化には極めて制限が多い。たとえば,危険性のあるものや粗悪なものには商品化が認められない。また,商品企画から開発,デザイン,素材,価格,流通にいたるまで,厳格なクオリティ・コントロールが行われている。このように愛情をもって大切に育てられた「ドラえもん」は,「のび太」や「ジャイアン」と同様,その世界観を確立している。だから,今ではスカイブルーの丸い体躯を見ただけで,ドラえもんの夢いっぱいの世界が現出するほど,強いシンボルになっている。猫を想起させるイコン的形象は,首もとの鈴ぐらいなもので,ドラえもんを猫の似姿だとはあまり意識させない。

　このように見てくると,キャラクターというものは,広く人口に膾炙されていくうちに,擬人化やデフォルメの操作を経て,何かを写した元の姿(イコン)を脱却して,より純粋な記号(シンボル)に変容していくものなのかもしれない。

　しかし,映画やアニメのキャラクターにも,また,企業による開発・活用一貫型のキャラクターにも,いまだ「イコン」に留まっているものが圧倒的に数多い。たとえば,地方自治体のイベントのたびに創られる,いわゆる「ゆるキャラ」の類はその典型である。「ゆるキャラ」は,お国自慢の特産品や文化財を,身体のどこかに,ぎこちなくくっつけているが,それを見て特定の地方自治体を想起するほど,物語が形成されていないのである。

　また,たとえ,企業や商品のブランドを形成する要素となり,顧客と企業をつなぐメディアの地位を確立しているキャラクターであっても,身体の一部から物語世界を彷彿とさせるような,歴史のある強いアイコンはそんなに多くはなかろう。世代や社会層によっても違うと思われるが,先の「ミッキーマウス」や「ドラえもん」のほかに,何があるだろうか。「スヌーピー」か「鉄腕アトム」ぐらいであろうか。

③ 「シンボル」を超えたキャラクター

「ミッキーマウス」や「ドラえもん」などは，自己の物語世界を確立し，顧客が，企業の商品やサービスをうかがい知るときのインターフェイス（接触面，中間領域）にまで育っているキャラクターである。彼らは，ネズミや猫の似姿を超越して，パースのいう「シンボル」に昇格している。

しかし，キャラクターの中には，「シンボル」を超えて，さらに進化を遂げた記号的存在があることを指摘しておかなければならない。

たとえば，「ハローキティ」である。

1974年に考案された当初，キティはそれほど人目を引かなかった。日本での爆発的なヒットは，1996年前後であり，ほどなくしてブームは東南アジアや東アジアへと波及していった。さらに2000年前後にはアメリカに及び，リザ・ロペスのような若い女性タレントが，風変わりなお人形としてCDジャケットに使ったりした。今では，「ハローキティ」は，財布，食品，洋服，文房具，ぬいぐるみ，電気機器など，約5万種類の商品に貼り付き，全世界60カ国以上で販売されている。日本国内外から，年商1000億円のロイヤルティを稼ぎ出すサンリオの大看板キャラクターである。

先述のように「ハローキティ」は，そもそも漫画やアニメのキャラクターから出発した「ミッキーマウス」や「ドラえもん」と異なり，最初からキャラクター商品のために考案されている。したがって，キティは特定の物語を背負っていない。また，物語を想像させる要素も少ない。面差しは平淡で，性格特性の見極めは難しい。ミッキーマウスのように，おおらかに，笑顔を振りまくわけでもない。ドラえもんのように夢をかなえてくれそうもない。ただ，ちょこなんとそこにあるだけで，暑苦しい体温を感じさせないキャラクターである。ただ，赤いリボンや白い身体といった意匠，切り取られた「形」的なイメージが先行している。

また，キティは漫画やアニメに仕立てられて，物語のヒロインになったこともない。ときに，簡略な吹き出しつきの漫画になったり，サンリオピューロランドで役を振られることはあっても，キティは概してたいへん寡黙で，

自分の素性をめったに明かさない。サンリオのデザイナーたちは，意図的にキティをめぐる物語を最小限に留めているように思われる。一部マニアの間で，注釈5）にも記したように，「キティはイギリス国籍のレディであり，住まいはロンドン郊外の赤い屋根の家であり，両親と双子の妹ミミィがいる云々」というような物語がまことしやかに語られたこともあるが，同じ頃，開発されたタカラの「リカちゃん」や円谷プロダクションの「ウルトラマン」などの，氏素性の穿った語り10）に比べたら，ほとんど何も言っていないに等しい。

　このように，キティが，キャラクターでありながら「格」を欠落させているのは，ライセンスを稼ぐスターシステムには欠かせない要素なのかもしれない。ストーリーを背負っていないために，キティは汎用性に富んでいる。どんなマーチャンダイジング（商品化計画）にも適応できるという強みがある。たとえば，全国的に流通する商品のみならず，地域限定の土産物などにもキティを貼り付けることができる。物語を背負っていないために，キティには，一匹何役も受けもってもらうことができる。

　物語を背景にもたないキャラクターは，もともとは上記のような，ライセンス・ビジネスの経営戦略から生まれたものにちがいない。しかし，そのようなキャラクターが，「ハローキティ」のように，世界中の市場を席巻し，あらゆる年代層に享受されるようになると，キャラクターは思わぬ変容を遂げる。それは，キャラクターを開発したデザイナーでさえ，予想もしない変化といっていい。すなわち，キャラクターは「シンボル」から「フォント」へ進化し始めるのである。

④　「フォント」としてのキャラクター
　「フォント」とは，文字の字体やデザインのことである。文字の羅列は，センテンスとなり，ディスコースを織り成し，思想を運ぶメディアとなる。しかし，単体の文字の"字体"そのものは，具体的な物事の「シンボル」となりえない。その代わり，「フォント」は文字というメディアの「格」を決

める。

　たとえば，明朝体は生真面目で折り目正しく，ゴシック体はスマートで若々しい。ポップ体ならレトロっぽく，行書体なら大人っぽい。和菓子の包装には毛筆体の江戸情緒が尊ばれるし，洋菓子にはitalics（イタリック）や製図文字が多用される。また，洋画の字幕には独特の丸文字が使われるし，相撲の番付には太くうねった相撲文字が使われる。そういえば，少し前の女子中高生はいわゆる変体少女文字で文通していた。「フォント」は，文（章）の内容とはべつに，独特の空気感を醸し出す。

　このように「フォント」は，単なる文字の装いを超えて，書き手や状況や世代やメディアを特定する「フォーマット」の一種である。あるいは，ロラン・バルト（Roland Barthes：1915-1980）の「エクリチュール」に近いかもしれない。

　あるキャラクターが世間に浸透し，1つの世界観を確立したとき，そのキャラクターはあたかも特殊な「フォント」のように，ある意味世界を内包した使いまわしのよいツールに昇格する。そして，「フォント」を形成する活字の一点一画が，明朝体やゴシック体の雰囲気をあやまたず伝えるように，キャラクターの色や形や線の断片が，キャラクター独自の世界観を創りだす。筆箱にキティが描かれているだけで，そこにはキティの可愛らしい世界が現出する。ドラえもんがプリントされているだけで，その商品はお子様限定になる。

　しかも，確立された「フォント」は著しく汎用性に富んでおり，オリジナルの基本的な輪郭さえ保っていれば，多少，色や大きさが変わっても，世界観を損なうことはない。「フォント」化したキャラクターも同様に，基本的な特徴を保持していれば，状況に応じて色や形のカスタマイズは比較的容易である。地域限定のキティが，あるときはチャイナドレスを身にまとい，あるときはセーラー服を身につけていても，まちがいなくキティのヴァリエーションと認識されるのは，「フォント」としての基本的な輪郭が揺るがないからである。

1つのキャラクターが，外部に物語を背負わず，世界中の商品に遍在するようになったとき，それは，あたかもアルファベットのように，キリスト教のクロスのように，コカコーラのロゴタイプのように，NIKEのスウッシュのように，組合せやカスタマイズしだいで新しい意匠や意味を生み出す「フォント」になるのである。

　もう1つ，「フォント」になったキャラクターの例を挙げよう。

　それは，グルーヴィジョンズの「チャッピー（chappie）」である。グルーヴィジョンズは，1993年に京都で設立されたデザイン集団である。「チャッピー」はグルーヴィジョンズが生み出したオリジナルキャラクターで，彼らのアート作品はもとより，映像，グラフィック，パッケージ，アパレル，雑貨など，あらゆるところに貼り付いている。先述したように，仮想の歌い手となって"CDデビュー"までしている。

　「チャッピー」は，曖昧な微笑を浮かべた顔のパーツは同じだが，髪型，服装，性別が変幻自在である。そして，いつも正面を向いた直立不動の立ち姿である。もちろん余計な物語は一切付与されていない。キャラクターといいながら，まったく個性や人格を感じさせない。

　そのうえ，「チャッピー」は単体で使われるときもあるが，多くの場合，画面や空間全体を埋め尽くす群像で描かれる。それはあたかも三十三間堂の千体千手観音立像を見るようで，ちょっと気味が悪い。

　「チャッピー」には，「ハローキティ」と同じように，記号化する前提となる対象がなにもない。「ミッキーマウス」や「ドラえもん」のような物語ももっていない。メディアとして何かを橋渡しするメッセージ性もない。つまり，「チャッピー」にはキャラクターが保持すべき意味世界がごっそり抜け落ちている。あるのは表現の枠組みとしての「フォント」の機能だけである。

　グルーヴィジョンズの代表・伊藤弘はあるインタビューに応えて次のよう発言している。

チャッピーというと，みんなこのキャラクターをチャッピーだと思っているんですが，僕らのなかでは，こういうシステムをチャッピーと呼んでいるんです。このキャラクターがどうこうではなく，ものをつくっていくプロセスの名前がチャッピー。だからチャッピーシステムなんですね。本当は。チャッピーの形はワンポーズで動かないので，それに合わせて服をつくるだけなんです。誰が服をつくってもいいし，つくったものを並べさえすればいいわけで，それだけでできているものなんです。基本フォーマットがあって，それをもとに複数の人間がつくる。べつに僕がつくらなくてもいい。そういうつくり方の典型がチャッピーなんですね。（祖父江慎他『太陽レクチャーブック001 グラフィック・デザイナーの仕事』，2003年，p. 86）

　「チャッピーはキャラクターではない。物を作る場合のフォーマットだ」という発言を伊藤はたびたびしている。すなわち，グルーヴィジョンズは確信犯的にキャラクターのフォント化を目指したわけだ。サンリオがライセンス・ビジネスを世界中に展開する過程で，期せずして，キティが「シンボル」から「フォント」に押し上げられたのに対して，グルーヴィジョンズは，自分たちのデザインの型紙，クリエイティブのフレーム，コンテンツを盛り込む器として，最初から戦略的に「チャッピー」という「フォント」を策定したのである。

　現在も，「チャッピー」は，文房具，映像コンテンツ，CDジャケットなど，さまざまなメディアに複製され，無限のヴァリエーションをもたらし続けている。通り一遍のキャラクター戦略では，ここまで縦横無尽に活用されることはありえなかっただろう。グルーヴィジョンズが仕掛けた「キャラクター＝フォント戦略」は，グルーヴィジョンズというデザイン集団の"格"を決定し，それを世間に広く行き渡らせ，クリエイティブの経済性をも実現したという意味で，見事な成功を収めたというべきである。

注釈

1）視覚偏重の時代形成には，視覚メディアの普及が大きく与っている。テレビや，グラビア満載の写真誌などが，新聞に代表される文字メディアやラジオに代表される聴覚メディアを圧倒している。それに加えて，日本人は，昔から絵画や工芸の手わざに長け，現代でもデザインやイラストレーションの才能に秀でているという特殊事情も関与しているかもしれない。

2）企業が開発し，企業と切っても切り離せない関係にある企業キャラクターの中には，その形状や個性があまりに魅力的であるため，世間の人気者になって，企業活動を離れて一人歩きを始めるキャラクターがまれにある。たとえば，一昔前のサントリービールの「ペンギン」，NECの「バザールでござーる」，ポストペットの「モモ」などがそうである。彼らはCMに使われた当初は，明らかに企業や製品のイメージキャラクターだった。ところが，やがてグッズに仕立てられ，巷のゲームセンターの景品になり，絵本の主人公に抜擢された。企業側はこれを勿怪の幸いと受け取って，ライセンス権はしっかり掌中にしたまま，容認する。彼らは，どんなに汎用性に富み，一人歩きしていったとしても，企業や製品のイメージキャラクターであることには変わりはない。すなわち企業の看板や暖簾を背負って遠方に出かけていって，広告塔になってくれているのである。消費者の口から口へと話題が広がり広告費用をかけずともどんどん世間に浸透していく。これほど安上がりで効率のよいキャラクターはない。

3）オーディアンスとは，テレビの場合は視聴者，映画・演劇の場合は観客，プリント・メディアの場合は読者を指す。さらに，オーディアンスは，メディア産業がその製品の消費者として想定する「ターゲット・オーディアンス」と，メディアに能動的にかかわり，その「意味」を主体的に解読しようとする「アクティブ・オーディアンス」に分けられる。

4）「ゆるキャラ」とは，"ゆるいキャラクター"を略したもので，国や地方公共団体，公共機関等が，イベント，各種キャンペーン，村おこし，名産品の紹介などのような地域全般のPR，当該団体のコーポレート・アイデンティティの確立などのために使用する，"かわいらしく，やさしい"キャラクターのこと。「ゆるキャラ」の名づけ親は，「いやげ物」（もらっても大して嬉しくもない土産），「ぼく宝」（自分だけが愛着を覚える宝物）などを命名した，マルチアーティスト・みうらじゅんである。

5）ハローキティは「イギリス国籍で，住まいはロンドン郊外の赤い屋根の家であり，両親と双子の妹ミミィがいる」という設定が語られたことがある。しかし，一部のマニアがまことしやかに交換する秘話にすぎず，広く普及した物語ではない。

6）神話の時代から現代に至るまで，人形に対する変態的色情の例は珍しくない。古代ギ

リシア神話には，自ら制作した象牙の人形に恋をするピュグマリオンの物語が語られるし，17世紀の大哲学者デカルトは，死んだ愛娘に似せた精巧な自動人形を作らせ，「わが娘フランシーヌ」と呼び，箱におさめてどこへ行くにも一緒に連れて行ったという。そのほかに，かのゲーテやユゴーの少女嗜好，マネキン人形の制作に熱中した20世紀のシュールレアリストたちなど，自らは語りださない受身の存在に対するフェティシズムの例は枚挙にいとまがない。

7) CUBEは1995年創業という新しい会社である。CUBEは，アーティストとの共同開発で，オリジナリティの高いキャラクター商品を世に送り出している。たとえば，「明和電機」は，「Knock Man」「SAVA・O」などをCUBEから出している。また，電通のCMプランナーとして一時代を築いた佐藤雅彦は「ポンチキ」を，NHK教育の幼児番組「でこぼこフレンズ」のキャラクターを創出したm&kは「ぜんまいざむらい」を，八谷和彦やグルーヴィジョンズは「Brockman」シリーズを，CUBE社に製造委託している。

8) アウラとは，ヴァルター・ベンヤミンの言い始めた言葉で，芸術作品のもつ「いま―ここ」的性質，つまりそれが存在する場所に，1回的に存在するという性質のことである。この性質は，複製されたマス・プロダクツには宿らない。20世紀に入ると写真や映画をはじめとする複製技術は，アウラなき芸術作品を次々に生み出すことに成功する。このことによって，ギリシア以降の芸術作品の価値であった，儀式に基づいた「礼拝価値」は，芸術作品を見せる「展示価値」へと移行した。ベンヤミンは，著書『複製技術時代の芸術作品』（佐々木基一訳，晶文社，1999年）においてこのように主張している。

9) コミケとは，「コミックマーケット」の略で，「コミケット」ともいう。夏と年末の2回，東京ビッグサイトで行われる日本最大規模の同人誌即売会のことである。21世紀の現在，コミケは，3万5000サークル，51万人もの人々を日本全国から集める世界最大のイベントとなり，経済活動として，1日に概算20億円もの金額が動く市場に成長した。

10) リカちゃんは11歳の5年生で，香山ピエールというフランス人で指揮者の長身の父親と，香山織江というファッションデザイナーでブティックオーナーの物静かな日本人母親の間に生まれ，マキとミキという双子の妹と，カコ，ゲン，ミクという三つ子の妹がいる。そのほか，わたるくん，まさとくん，いさむくんといったボーイフレンド，イズミちゃんやくるみちゃんといった女友達もいる。また，ウルトラマンは，身長40メートル，体重3万5000トン，年齢2万歳。職業は，宇宙大学の先生兼宇宙警備隊銀河系局長，父親は「ウルトラの父」と呼ばれ宇宙保安庁長官の要職にあり，母親

は「ウルトラの母」と呼ばれウルトラ学校の教師をしている……というように微に入り細を穿った記述が続く。

参考文献
会田誠他　『太陽レクチャーブック004　アートの仕事』平凡社，2005年
秋山孝　『キャラクター・コミュニケーション入門』角川書店，2002年
荒木長照　『耐久経験消費財としてのキャラクタ商品に対する消費行動の分析』
　　http : //www.chara-labo.com/schorar.html，2004年，p.3
上野俊哉・毛利嘉孝　『カルチュラル・スタディーズ入門』筑摩書房，2000年
内田樹　『知に働けば蔵が建つ』文藝春秋，2005年，p.112
海野弘　『セレブの現代史』文藝春秋，2006年
香山リカ　『87％の日本人がキャラクターを好きな理由―なぜ現代人はキャラクターなしで生きられないのだろう？―』学習研究社，2001年
キャラデパmia　『大ヒット！　企業キャラコレクション』小学館，2003年
後藤武他　『デザインの生態学―新しいデザインの教科書―』東京書籍，2004年
斎藤環　「メカフォリカル・ポップの誘惑」『広告批評』第281号，2004年，pp.130-135
佐々木正人　『レイアウトの法則―アートとアフォーダンス―』春秋社，2003年
澁澤龍彥　「少女コレクション序説」『澁澤龍彥全集』第12巻，河出書房新社，1994年，p.316
祖父江慎他『太陽レクチャーブック001　グラフィック・デザイナーの仕事』平凡社，2003年
電通キャラクター・ビジネス研究会　『キャラクタービジネス―親しみと共感のマーケティング―』電通，1994年
文化庁メディア芸術祭実行委員会　『メモリアルブック　日本の表現力』文化庁メディア芸術祭事務局，2007年
ポッププロジェクト　『新版　広告キャラクター大博物館―ニッポン消費文化の中の不思議なアイドルたち―』日本文芸社，2004年
堀田純司　『萌え萌えジャパン』講談社，2005年
みうらじゅん　『ゆるキャラの本』扶桑社サブカルPB，2006年
三浦雅士　『考える身体』NTT出版，1999年
三島由紀夫　「美に逆らふもの―香港のタイガー・バーム・ガーデン―」『新潮』第58巻第4号，1961年，pp.20-26
村上隆編　『リトルボーイ―爆発する日本のサブカルチャー・アート―』ジャパン・ソサ

エティー，2005年

四方田犬彦　『「かわいい」論』筑摩書房，2006年

陸川和男他　『図解でわかるキャラクターマーケティング』日本能率協会マネジメントセンター，2002年

Belson, K. and B. Bremner, 2004, *Hello Kitty : The Remarkable Story of Sanrio and the Billion Dollar Feline Phenomenon*, John Wiley & Sons (Asia) Pte Ltd.（酒井泰介訳『巨額を稼ぎ出すハローキティの生態』東洋経済新報社，2004年）

Mcluhan, M. and E. Carpenter Eds., 1960, *Explorations in Communication*, Beacon Press（大前正臣・後藤和彦訳『マクルーハン理論―電子メディアの可能性―』平凡社，2003年，p.40）

第2章

「ペコちゃん」の世論形成
~企業キャラクターはリスク・ヘッジとして機能しうるか~

1 はじめに
～インターフェイスとしてのキャラクター

　前章の第6節において，筆者は，企業キャラクターが，顧客と企業，消費者と商品との間を取り持つ有効な「人格的メディア」であることを指摘した。キャラクターは，企業に代わって，製品やサービスの魅力を訴え，商品と代価の交換を促している。現代のコマーシャリズムにおいて，キャラクターは，企業のプロモーション活動に欠かせないインターフェイス（接触面，中間領域）なのである。魅力的なキャラクターを受けだし，もしくは，創造して，顧客や消費者の心をつかむキャッチコピーを語らせたり，テレビやパソコンの液晶画面上で好ましいパフォーマンスを演じさせたりすれば，企業や商品のブランド・パーソナリティは向上する。逆に，顧客や消費者との仲立ちに失敗するようなキャラクターは，「いないほうがまし」ということになるだろう。つまり，キャラクターの優劣によって，企業が発するメッセージが，消費者に，好意的にも否定的にも受け取られる可能性があるのだ。

　ところで，インターフェイスとしてのキャラクターの真価が試されるのは，なにも企業や商品のプロモーションに対する寄与度だけではない。企業が予期しないリスクを抱え込んだとき，すなわち不祥事やリコールなどによって，業績悪化や株価下落といった経営危機に直面したとき，キャラクターがどのように振る舞うか，言い換えれば，企業が保有するキャラクターという人格的存在を，当面のリスクをヘッジ（回避）するために，どう活用しうるか，そのような観点からもキャラクターの価値を測ることができる。

　2007年は，不二家の「期限切れ原材料使用問題」，ミートホープの「ひき肉偽装事件」，石屋製菓の「『白い恋人』賞味期限改ざん事件」，赤福の「製造日改ざん事件」，比内鶏社の「秋田比内地鶏偽装事件」，ダスキンの「賞味期限切れシロップ使用事件」，船場吉兆の「消費期限・賞味期限偽装事件」など，食品業界の不祥事が相次いで明るみに出た年だった。しかし，マスコ

ミの報道姿勢や世間の反応には、微妙な温度差があったことは否めない。ミートホープや船場吉兆のように完膚無きまでに断罪されたケースもあるし、後に述べる不二家のように批判と同情が入り乱れた事件もある。それは、食品業界の不祥事がもたらす社会的な影響力や倫理性もさることながら、実在の人物も含めたキャラクターが醸し出す企業のパーソナリティの違いによるところがあったのではないだろうか。

　このことは、身近な人物のアナロジーからも容易に理解できるだろう。ある企業において、2人の社員が同じような不始末を仕出かしたと仮定する。組織にもたらした損失はともに大きい。しかし、両者の組織内における査定や評価は同一ではありえないだろう。極端な場合、Aには厳しい処罰や制裁が下るのに、Bにはまったくお咎めなしということもある。この違いは、両者の実績や社内における地位など、ソリッドな要素も大いに関係しているだろうが、根本的には社員の人柄やパーソナリティといった、数値に還元できない人間的な要素に起因するところが大きいのである。好ましいパーソナリティで良好な社内関係を築いてきた社員は、降格処分や減俸を免れるだろう。逆に、日頃から「いやな奴」「気にくわない奴」と思われていた社員は、不本意な処遇に甘んじなければならないだろう。

　世間から認知され、愛好されるキャラクターを保有する企業は、不祥事に際しても、キャラクターを顧客や消費者との間に立てて、詫びを入れさせたり、「二度としません」と誓いを立てさせたりすることができる。それは、あたかもキャラクターの口元から、漫画さながらに"吹き出し"が伸びて、謝罪や誓約を言わせているような効果をもたらす。"和み"や"癒し"のキャラクターを介在させることによって、顧客や消費者から受ける非難や不信感を、若干でも和らげることは可能だろう。

　国際関係論では、「危機」のことを「デインジャー（danger）」と「ハザード（hazard）」と「リスク（risk）」に分けて捉えるという。「デインジャー」は、効果的に対処するてだてが知られていない、統御不能の「危機」である。また、「ハザード」は、差し迫った「危機」というニュアンスで使

われる。それらに対して，「リスク」は，マネージしたりコントロールしたりして，「ヘッジ」できる種類の「危機」である。言い換えれば，「リスク」は，"虎子"を得るためについて回る危険性であり，勇気をもって"虎穴"に踏み入れば相応の報酬が期待できる種類の「危機」である。本章で扱う企業の「危機」とは，この「リスク」であって，企業の存立を危うくするような「デインジャー」ではない[1]。

2 本研究の目的
～不二家の不祥事における「ペコちゃん」

　2007年1月10日，企業キャラクターの上記の特性を検証するに，またとない事件が起きた。それは，不二家の「期限切れ原材料使用問題」である。そのあらましを，略述しておく。

　ことの発端は報道機関への内部告発だった。新座市にある不二家埼玉工場で，賞味期限が切れた牛乳を原材料にして，シュークリームが生産されていることが暴露された。不二家の上層部は，2006年11月の時点で，社内プロジェクトチームの調査から事実を把握していたが，「マスコミに知られたら雪印乳業（雪印集団食中毒事件）の二の舞になる」と隠蔽，商品の回収も行わなかった。当局のその後の調査で，賞味期限表示を偽った洋菓子生産や，工場内のずさんな衛生管理などが次々と明らかになり，全商品の製造・販売の差止め，藤井林太郎社長の辞任にまで発展した。2007年4月現在は，山崎製パンの業務支援を受け，品質管理基準を満たしたうえで，規模を縮小して製造・販売を再開している。

　いまだ記憶に新しいこの不二家の不祥事では，例によって，記者会見の席上，代表取締役が横一列に並び，経緯を説明し，深々と頭を下げ，陳謝するという，型どおりのお詫び会見が演じられた。

　さて，もし，ここで，不二家の藤井林太郎社長が「ペコちゃん」の"着ぐるみ"を身につけて記者会見に登場し，同じように頭を下げて詫びを入れていたら……と，ありえぬ想像をたくましくしてみよう。謝罪記者会見の空気

は一変しただろう。怒声も飛び交うだろう。しかし，同時におかしみや哀れみをも喚起したかもしれない。

　周知のように，「ペコちゃん」は，「ポコちゃん」と並ぶ不二家の看板キャラクターである。1951年の「ミルキー」の販売に併せて開発され，身長は1メートルで永遠の6歳。リテール・ブランド・キャラクターの「ペコちゃん人形」も同時期に店頭に置かれるようになった。「ペコちゃん」と不二家は一心同体であり，社長以上に顔の売れたキャラクターである。もちろん，"着ぐるみ"は，不謹慎のそしりを免れないだろう。しかし，企業や政治団体のサイン活用が盛んな昨今，記者会見の席に，社長と並んで「ペコちゃん」のアイコンが登場しても，さして違和感はないと思われる。

　事実，後述するように，山崎製パンの支援を受け，衛生管理体制が整った時点で，不二家は似たような発想で，謝罪と信頼回復のためのアピールを行っている。それは洋菓子販売再開後に放映されたCMだ。問題を起こした埼玉工場の正門に，工員の白いユニホームをまとった等身大の「ペコちゃん」を立たせ，「不二家で働く一人ひとりの顔つきが変わってきています」「自ら考え，自ら動く。そんな姿勢が生まれています」「とりわけ安全には厳しい目を向けています」「そうです。新しい不二家は厳しい目で作ります」「どうぞ厳しい目で不二家を見てください」と言わせている。ナレーションは桜井康文社長だそうだが，社長自身は現れず，あたかも腹話術師が人形（＝ペコちゃん）の口を借りてものを言っているような印象を与えた。

　また，後述するように，不二家は，不祥事の発覚から終息までに，マスメディアで報道されたいくつかの節目の出来事のたびごとに，あるときは「ペコちゃん」の首に謝罪のプラカードを掛けさせ，あるときは頭を下げる新社長の傍らに「ペコちゃん」を寄り添わせて，あたかも原罪を背負って処刑されたイエス・キリストのように，「ペコちゃん」に贖罪の役を担わせてきたのである。

　このように，今回の不祥事にあたって，不二家は，意図的にキャラクターを前景化して，あたかもキャラクターが全社の意向を代弁するかのように

シークエンスを設定し,「謝罪するペコちゃん」「免罪をせがむペコちゃん」「同情を惹こうとすねるペコちゃん」「けなげに再起を誓うペコちゃん」を登場させてきた。このように, 不祥事を起こして断罪された企業が, 地に落ちたブランドの回復を企図して, あたかもマンガの吹き出しに謝罪や誓いの言葉を埋め込むように, キャラクターをして陳謝や釈明を語らせることがある。これをキャラクターの「吹き出し効果」と呼ぼう。

　もう1つ重要な点を指摘しておかなければならない。今回の「期限切れ原材料使用問題」では, 不二家の経営者や工場長に対して, マスコミや消費者から猛烈なバッシングがあった。しかし, その反面,「ペコちゃんがかわいそうだ」「ペコちゃんは悪くない」という, 本気とも冗談ともとれない"「ペコちゃん」擁護論"が沸きあがった。2007年1月23日, TBSの人気情報番組「みのもんたの朝ズバッ！」で, 司会のみのもんた氏が「もうはっきり言って廃業してもらいたい」と宣言したことに対しても, ブログなどを中心に「ペコちゃんをいじめるな」という批判が多く寄せられた。果ては「ペコちゃんを守る会」のような有志団体まで立ち上がったと聞く[2]。こうした, 過去の不祥事には例を見ない世論形成は, 果たして先の「吹き出し効果」の覿面な成果と捉えていいものか。それとも,"ペコちゃん擁護論"は"不二家擁護論"と必ずしもイコールではないと考えるべきなのか。

　本章では, 顧客と企業の中間領域に立ち, 企業のメッセージを媒介するキャラクターが, 不祥事の回収という非常事態において, どのように振る舞ったか, そして, その振る舞いは, 企業のブランド価値の回復や業績向上にプラスに働いたのか, また, 不祥事のようなリスクに際して, 企業キャラクターがヘッジ機能を果たせるのかどうかを, 不二家の「期限切れ原材料使用問題」（以下「不二家事件」と略称）を事例にして検証してみたい。

3 研究方法
〜ディスコース分析について

　本研究では, 不二家事件の発端から終息までに取材した新聞記事[3]を素材

に，ディスコース分析（discourse analysis）の手法を用いて，「ペコちゃん」に仮託したジャーナリズムの言説が，どのような場所で，どのような形式をとり，どのように表現されるか，そして，発信者であるメディア側と受信者である読み手（オーディアンス）側が協働して，「ペコちゃん」の価値観を再構築，または強化する様相を明らかにしたい。

　ディスコースとは，「文より大きな言語単位」の総称であって，書き言葉か話し言葉かを問わない。そして，ディスコース分析とは，「文より大きな言語単位」を分析の対象にしているのであれば，目的や方法論とは関係なく使われている。

　ディスコース研究は，大きく2つに大別される。1つは「機能主義的アプローチ」，もう1つは「形式主義的アプローチ」である。

　現在，ディスコース分析といわれているものには，相互行為の社会言語学や，コミュニケーションの民族誌や，会話分析などが知られているが，これらはいずれも「機能主義的アプローチ」の産物である。「機能主義的アプローチ」とは，ディスコースの社会的機能の解明を目指すもので，言語行為を話し手（書き手）から聞き手（読み手）への一方的な受け渡しではなく，「相互作用の産物」と捉える言語観からのアプローチである。

　一方，もう1つのディスコース分析は，「形式主義的アプローチ」の産物で，従来の言語学的研究の延長にある。すなわち，「音素」「形態素」「文」そしてその先にある言語単位として「談話（ディスコース）」を設定し，文と文の結束性や卓立性の解明を目指している。

　いうまでもなく，現代のディスコース分析の主流は，前者の「機能主義的アプローチ」であり，本研究もこの流れに位置づけられる。

4　先行研究

　筆者は不二家事件の新聞記事を分析していくにあたって，橋本純一（1986年）の研究の中の「表現素分類」を参考にした。「表現素」とは「新聞記事

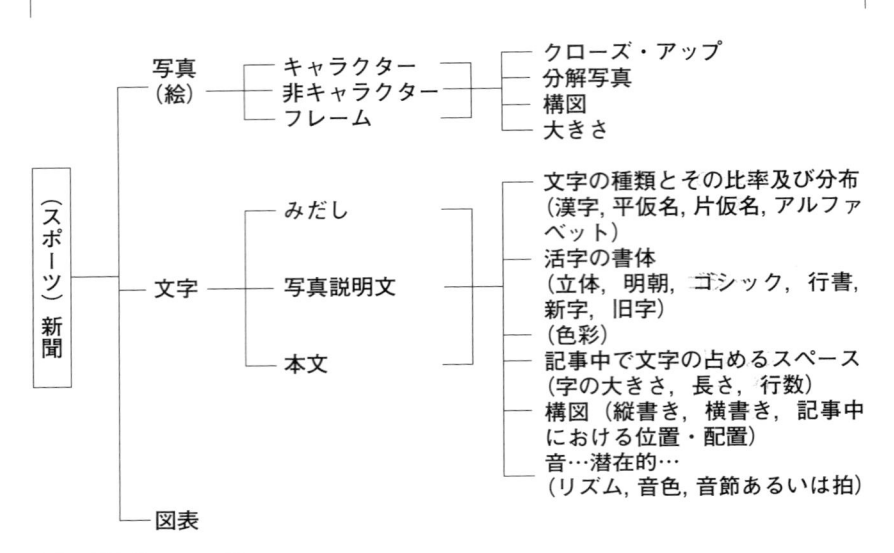

```
                              ((•))
        ┌───────────────────────┴───────────────────────┐
        │                                               │
        │         ┌─ キャラクター ──┬─ クローズ・アップ
        │   写真 ─┼─ 非キャラクター │  分解写真
        │  (絵)   └─ フレーム      ├─ 構図
        │                         └─ 大きさ
        │
        │                         ┌─ 文字の種類とその比率及び分布
        │                         │  (漢字, 平仮名, 片仮名, アルファ
        │                         │  ベット)
(スポ   │         ┌─ みだし       ├─ 活字の書体
 ー     │         │               │  (立体, 明朝, ゴシック, 行書,
 ツ ) ──┼─ 文字 ──┼─ 写真説明文   │  新字, 旧字)
 新     │         │               ├─ (色彩)
 聞     │         └─ 本文         ├─ 記事中で文字の占めるスペース
        │                         │  (字の大きさ, 長さ, 行数)
        │                         ├─ 構図(縦書き, 横書き, 記事中
        │                         │  における位置・配置)
        │                         └─ 音…潜在的…
        │                            (リズム, 音色, 音節あるいは拍)
        │
        └─ 図表
```

出典：橋本純一，1986年，p.46

図表2－1 (スポーツ)新聞におけるシンタックスレベルの表現素分類

やテレビ番組を成立させている有意味単位」のことである。新聞記事でもテレビ番組でも，およそメディア・テクストと呼ばれるものは，シンボルや記号のシステムであり，独自の様式，技法，約束事をもっている。メディア・テクストの分析・解読にあたっては，テクストを構成する諸記号とその特性を押さえておく必要がある。橋本（1986年）は新聞における表現素を図表2－1のように分類している[4]。

　さらに，橋本は，図表2－1のような新聞記事の骨組み（シンタックス）に，文体，語呂合わせ，隠喩，短縮形などの"レトリック"があいまって，新聞記事が，単なる事実の記述を超えた多彩な表現性，重層的な意味を獲得することを指摘している。

　表現素に着目した橋本の分析は，談話記号論（discourse semiotics）の1つの成果である。談話記号論は，広告，地図，写真，映画など，言語テクストに視角的モードや聴覚的モードが複合したマルチモーダル・テクスト（multi-modal text）を研究対象とする。すなわち，談話記号論では，言語テ

クストだけを切り離して解読するのではなく，言語テクストを取り巻くさまざまな表象をも同時に考察の対象とする。

本研究でも，不二家事件を扱った個々の新聞記事——コラム，社説，読者の投稿などを含む——を，"新聞"という大きなフレームの中に位置づけて，本文の記述のみならず，写真，活字，レイアウトなどの表現素，また，擬人化表現や「吹き出し効果」などのレトリックにも目配りして，情報の発信者（新聞社）が受信者（購読者）と一緒に，どんな　物語を作って，どこに落としどころを見出そうとしたのかを探りたい。

それは，一企業の不祥事が，メディアとオーディアンスの暗黙の合意のもとに，企業の思惑を離れて面白おかしく消費されていく，きわめて嗜虐的な現代社会の一面を照射する試みでもある。現代のマスメディアは，一方的な解釈の枠組みをオーディアンスへ押し付けたりはしない。また，"社会の木鐸"という大義名分も過去のものになりつつある。むしろ，視聴率や購読者数を横目に見ながら，大衆の嗜好や価値観とつかず離れず，最大公約数的な世論形成に与っているように見える。また，メディアのメッセージの受け手も，意識するとしないとにかかわらず，マスメディアが繰り出すディスコースを通して，主流の社会文化的価値観を再確認し，後押ししている面がある。

本研究は，「ペコちゃん」という強力なキャラクターに仮託して，新聞社と読者と不二家が，どのように世論形成を企図してせめぎあってきたのかを，新聞記事の表現素とレトリックに着目して，跡づけようとするものである。

5　ニュース報道の「タブロイド化」

なお，今回のディスコース分析を，新聞記事のフレームを形成する表現素に焦点を絞って行うについては，ニュース報道の「タブロイド化」（林香里，1999年）が大きく影響している。

ニュース報道の「タブロイド化」とは，「1980年代以降の情報技術の発展と重なり合って，新聞記事や放送番組のビジュアル化ならびに娯楽化が進行し，それと同時にいわゆる『真面目な』部分であるテキストやナレーションの部分が極端に短縮されたり，また軽視されてきている傾向」（林，1999年，p.52）のことである。この傾向はテレビの報道番組にとりわけ顕著である。とくに，テレビ朝日系列の「ニュースステーション」（現在の「報道ステーション」の前身）以来，この傾向は著しく，ニュースをバラエティ仕立てで面白おかしく伝えようという流れが強まっている。同様に，各種スポーツ新聞をはじめ，紙媒体のメディアも，カラー写真や扇情的な大見出しを使って，読者をひきつける紙面，購読料を稼げる紙面を作ろうという傾向が目立つ。とくに，スポーツ欄やいわゆる三面記事欄にはこの傾向が強い[5]。

　メディアの視聴態度や閲読方法も，このタブロイド化に大きな影響を受けているだろう。

　現代のテレビの報道番組は，わかりやすさを第一の眼目においている。そのために，複雑な事件や社会問題を，できるだけ簡略に，要点を押さえて伝えようとする。それだけならまだしも，視聴者の興味を引きつけておくために，故意に大事な経緯説明や背景事情を省略したり，逆にスキャンダラスな面を誇張して伝えたりすることもある。一方，視聴者は，自分たちの常識に逆らうような概念を見たがらない。事件のあらましと馴染みやすいコメントで満足してしまう傾向がある。

　同様に，新聞や雑誌の読者も，見出し文を目で追い，写真の説明文をなぞり，ヘッドラインやリードだけを読んでわかったようなつもりになる。社説もほとんど題目を読むだけで，論旨をじっくり噛み締めるような読み方はしない。紙面の表面をざっと流し読みするのが，むしろ普通の雑誌や新聞の閲読方法である。

　このような「ニュース報道のタブロイド化」が着々と進行している状況下では，ディスコース分析も，報道内容の微視的な詮索以前に，まず紙面を構成する大まかなフレームに着目し，表現素どうしの関係性（シンタックス）

をさぐり，情報の送り手の意思を反映したレトリックのあり方を考えたほうが意義深いのではないだろうか。

6　仮説

分析をすすめるに際して，作業の"ぶれ"を防ぐために，以下のような仮説を設定する。

> 「好感度の高いキャラクターを所有する企業は，不祥事にあたっても，キャラクターをリスク・ヘッジの先兵に用い，業績悪化を食い止めることができる。」

この仮説を，以下のディスコース分析によって検証してみたい。

7　分析

まず，2007年1月に発覚した「不二家事件」を，朝日，読売，毎日の3紙，いわゆる日本を代表する全国紙にあたり，新聞記事の掲載日，掲出紙面（総合，政治，経済，国際，文化，暮らしなど），記事の種類（一般，会見，コラム，社説，投稿，評論，論評など），見出し文，写真と説明文，図表の有無を，72ページから81ページまで，一覧表の形で時系列にたどってみた（図表2-2「不二家事件」の新聞報道の経緯）。分析対象とした記事は，事件が発覚し，最初の記者会見が開かれた1月11日から，山崎製パンとの業務提携が成立し，菓子販売を再開した3月23日までのすべての紙面である。ただし，夕刊は対象からはずし，朝刊のみから網羅的にデータを収集した[6]。

この一覧表（図表2-2）から最初に見て取れるのは，日本の全国紙が，いわゆる公正・中立・客観的なクオリティペーパーの体裁を保っており，私情を交えがちなキャラクターの露出が意図的に抑えられているということだ。つまり，「どう伝えるか」よりも「何を伝えるか」に重きを置いた報道姿勢が前面に出ている。

	朝　日　新　聞	読　売　新　聞	毎　日　新　聞
1・11 (夕刊)	①面（一般）期限切れ牛乳でシュークリーム [ゴシック・26・囲い] 不二家、洋菓子販売を休止 [ゴシック・48] ⑮面（一般）不二家 [ゴシック・17・横] 把握後も公表せず [明朝・37] 期限切れ牛乳使用 [ゴシック・14・2列] 社長「甘さあった」[明朝・23] 写真 (57×62) 張り紙を出してシャッターを降ろした梅田地下センター店 ⑮面（一般）不二家「甘かった」[ゴシック・51・灰抜き] 期限切れ牛乳使用 [ゴシック・11・2列] 11月発覚、公表せず [明朝・34] 写真 (90×62) 不二家銀座店では、ペコちゃん人形の隣におわびの紙が張り出された。奥のショーケースにはカバーがかぶせてあった=11日午後、東京・銀座で	①面（一般）不二家 販売を休止 [ゴシック・51・白抜き黒縁取り] 洋菓子 [ゴシック・17] / 期限切れ牛乳使う [明朝・28] ⑮面（一般）不二家販売休止 [ゴシック・23]「古い牛乳でとする」[ゴシック・80・黒抜き][明朝・23] 写真 (70×117) ペコちゃん大好きなのに… 休業を知らせる張り紙に見入る人たち（午後1時12分、大阪市北区の不二家梅田地下センター店で）	⑧面（一般）不二家 [ゴシック・17] / 洋菓子販売を休止 [ゴシック・28] 期限切れ牛乳使用など発覚 [明朝・17]
1・12	①面（一般）空っぽケース [明朝・17] / 不二家、商品を撤去 [ゴシック・9] 写真 (129×94)（コラム） ①面（一般）最近基準超え出荷 [明朝・80] / 不二家 [ゴシック・26] 連絡不徹底で廃棄せず [明朝・17] 写真 (40×74) 発覚すれば雪印の二の舞」会見した幹部の手元には「消費期限切れ原料の使用がマスコミの舞いとなれば、雪印の二の舞（い）」と記された文内部文書があった	①面（一般）落ちた不二家ブランド [ゴシック・51] 業績低迷 コスト優先 [明朝・40] ずさんな原材料管理体制 [明朝・26] / 図表2 ⑪面（会見）不二家社長会見 [明朝・20] [洋菓子 売却考えず] [ゴシック・40] 写真 (70×54) 会見する不二家の藤井林太郎社長（東京都内で） ㉟面（一般）期限切れ牛乳 公表検討せず [ゴシック・11]	①面（一般）不二家も出荷 [ゴシック・17] / 細菌検出 菓子を出荷 [ゴシック・11] / 「発覚すれば雪印に」[明朝・17] 内部文書 [明朝・26] 事実、把握しながら [明朝・26] 写真1 (68×80) シャッターに張られた「おわび」を見る客ら=大阪市北区で 11日午後6時20分 写真2 (139×100) 消費期限切れ原料の使用について謝罪する藤井林太郎・不二家社長=東京都中央区で11日午後11時39分 ⑨面（一般）不二家、再建険しく [ゴシック・]

		(一般)	43・黒抜き〕期限切れ牛乳使用［ゴシック・17〕洋菓子、赤字続き［明朝・40〕顧客離れ拡大のおそれも［明朝・20〕［写真（68×90）空のトレーが積まれたままの不二家銀座店京都中央区銀座〕11日
		(29面)(一般)	不二家、期限切れ牛乳使用 ペコちゃん消えた［明朝・31・下線］〔法令順守 根付いていない〕［明朝・17〕
		(2面)(論評)	不二家 洋菓子販売休止［ゴシック・20・反抜き〕内へ向く〈食の安全〉［ゴシック・11・横抜き〕雪印の教訓どこに［明朝・37〕少子化で市場縮小［ゴシック・11・2列〕コスト削減 背景か［明朝・20〕立ち入り検査で不備が次々判明［明朝・11〕
		(5面)(社説)	全国5工場［ゴシック・9〕図表不二家問題［ゴシック・14・黒抜き〕隠ぺいは安全の敵だ［明朝・23〕
		(26面)(一般)	不二家埼玉工場［ゴシック・14〕数年前も期限切れ卵［ゴシック・26〕［明朝・51〕ずさん管理 常態化［明朝・23〕小売31社が商品撤去［明朝・11〕腹ぺいや隠ぺいを訴える苦情数件［明朝・11〕
			51・灰抜き白縁取り〕昨年11月［明朝・14〕［雪印の二の舞］と警告［明朝・26〕写真（29×80）昨年11月、不二家の軽部らに配られた資料。期限切れの牛乳が使われた事実などが記されている〔写真（63×70）会見で頭を下げて謝罪する不二家の藤井林太郎社長（右）と三浦幸一常務〕
		(8面)(一般)	不二家が休業補償［明朝・28〕不祥事でフランチャイズ店対象［明朝・14〕
		(34面)(一般)	不二家株 3日続落［明朝・11〕札幌工場製造記録に不備［ゴシック・11〕材料仕入れ時期記載せず［明朝・11〕
		(3面)(社説)	不二家［ゴシック・11・囲い〕消費者の信頼を取り戻すには［明朝・17〕
		(7面)(一般)	不二家［ゴシック・9〕/HP、おわび以外閉鎖［明朝・17〕情報開示姿勢に批判も［明朝・11〕あす調査結果発表［明朝・11〕
1・13	(3面)(社説)		不二家［ゴシック・14〕ペコちゃんが泣いている［明朝・23〕
	(11面)(一般)		不二家［ゴシック・11〕経営再建途中に打撃［明朝・23〕販売休止［ゴシック・9・2列〕損失1日6000万〜1億円［明朝・14〕
	(27面)(評論)		不二家問題［ゴシック・14〕「お客様第一」ではまだ不十分［明朝・28〕
	(28面)(一般)		不二家の管理 甘くもく［ゴシック・46・黒抜き〕/チェック入荷時だけ［明朝・23〕/原料・製造記録も不十分［明朝・23〕［要旨〕
1・14	(30面)(一般)		不二家商品撤去の動き［明朝・14〕/スーパー・百貨店［ゴシック・9〕

日付	面	見出し
1・15	③4面（一般）	不二家製品 撤去広がる［ゴシック・26・灰抜き］／スーパーなど31社 加工菓子も［明朝・17］
		不二家 撤去広がる［ゴシック・9］〔朝・11〕問題発覚後［ゴシック・11〕
	②面（一般）	期限切れ牛乳 使い回し［ゴシック・11］／不二家社長 辞任表明［ゴシック・20・71・黒抜き］パートに押し付け［明朝・26］
1・16	①面（一般）	原料期限切れ更に18件［ゴシック・65・黒抜き］／不二家社長、辞任へ［明朝・37］／要旨
	②面（論評）	ずさん不二家 窮地［ゴシック・60］／期限切れ原料使用問題［ゴシック・26・黒抜き］不信拡大［明朝・37・黒抜き］同題］／公表遅れ［明朝・23］／社長ら［明朝・23］／撤去 質に重大な問題［明朝・37］／社長ら［明朝・23］／撤去次々と、西友も商品の販売中止［明朝・11］／する藤井林太郎社長 記者会見 写真（90×58）図表
	③面（一般）	不二家［ゴシック・17］／［明朝・31］／「組織ぐるみ」に憤り［明朝・14］／消費者「買う気になれない」［ゴシック・23］
	①面（一般）	期限切れ原料 別に18件［明朝・40］／不二家社長 引責表明［ゴシック・17・黒抜き］／新たに7年で18件［明朝・40］／不正表示［ゴシック・17］／工場長ら容認［明朝・26］スーパー 撤去相次ぐ［明朝・26］写真（直径26）辞任表明する藤井林太郎社長
	③面（論評）	期限切れ［ゴシック・11・2列］材料問題引責表明［ゴシック・17・2列］期限切れ 別に18件［明朝・40］販売見合わせ続出［明朝・23］大手スーパー［ゴシック・11・2列］／写真（100×74）辞任表明した不二家の藤井林太郎社長／会長会見の終わりで降壇する不二家の藤井林太郎社長
	③面（論評）	隠ぺい体質 根深く［ゴシック・71］不二家不正［ゴシック・26・黒抜き］／ブランドに深い傷［明朝・40］／社長辞意［ゴシック・14］／責任造反幕引きを図る［明朝・23］営 甘い内部監視［明朝・34］／法令順守体制どう構築［明朝・23］
	①面（一般）	組織ぐるみ露呈［ゴシック・横抜き26・囲み］／［同族］弊害指摘も疑問［ゴシック・46・20・囲み］／［同族］弊害指摘に疑問［明朝・28］対策委実行力「見直し困難」［明朝・23］図表
	⑧面（一般）	まった不二家店舗では、従業員らが黙々と仕事を続けていた（15日午後5時55分・東京・中央区銀座で）写真2、写真（70×138）社長の辞任が決／不二家社長［ゴシック・17］／事業売却、提携に含み［ゴシック・54］／休業／辞任表明［ゴシック・11］／休業／補償など課題山積［ゴシック・26］
	②②面（一般）	老舗落ちたモラル［ゴシック・63・黒抜き］／社長がトップ［明朝・23］図表

	①面（一般）	⑧面（会見）	㉗面（会見）	不二家社長辞任表明 [ゴシック・23・囲み] 「なじんだ味なのに」[ゴシック・71・黒抜き] [社の体質に問題][明朝・40] 会見2時間40分 [ゴシック・11] 事実小出しに [明朝・28] 消費者、店関係者に波紋 [明朝・20] 一問一答 [ゴシック・11] 写真 [103×123] 報道各社のマイクが立ち並ぶ前で頭を下げる藤井林太郎不二家社長＝東京都中央区の同本社で15日午後3時31分 [会見]
	⑧面（会見）	㊴面（一般）	森永首脳 あらば支援 [ゴシック・11]／[明朝・26] 図表、写真（60×75）表明した記者会見には、大勢の報道陣が詰めかけた（15日午後3時すぎ・東京中央区銀座の不二家本社） 藤井社長、記者会見一問一答 [ゴシック・11]／[倫理観薄かった][明朝・17] 消費者背信 またも [ゴシック・23] 51]／不二家 [ゴシック・11] ［期限超過を容認 [明朝・40]／工場長ら組織ぐるみ [明朝・28] 写真（95×64）厳しい表情で会場からの質問を受ける不二家の藤井林太郎社長（15日午後4時10分、東京・中央区銀座の不二家本社で）	
1・17	⑪面（一般）	⑧面（一般）	㉖面（投稿）	㉛面（一般）	不二家 止まらぬ撤去 [明朝・28] 54]／森永ガ支援策検討 [明朝・28]／卸売り菓子、生産休止も [明朝・14] 図表 [ペコちゃん厳しく見守る [明朝・11] 要望 期限切れ18件 不二家が詳細発表 [明朝・17]
	①面（一般）	⑧面（一般）	㊳面（一般）		不二家 [ゴシック・23] 食中毒 公表せず [明朝・34] 泉佐野工場洋菓子で [ゴシック・11] 12年前、9人発症 [明朝・28] 不二家窮地 [ゴシック・85・黒抜き・分断] スーパー、コンビニ撤去ドミノ拡大 [ゴシック・23] 「安全確認」めど立たず [明朝・34] 取引各社、不信の目 [ゴシック・28] 工場独自調査の動き [ゴシック・17] 写真（91×59）コンビニの不二家の菓子類が撤去される陳列棚か＝東京都内で16日午後
	①面	⑧面			不二家、業績悪化は必至 [明朝・28] 人員削減検討も [明朝・20] 図表 不二家材期限切れ [ゴシック・17] ケーキなど8品目も [ゴシック・57] 今月5日まで不正製造 [明朝・26]
1・18	⑩面				次期社長「社外」案も [明朝・28] 不二家、全製品を減産 [明朝・28]

	(一般)	／不二家 [ゴシック・11] 同族経営に批判の声 [明朝・17]／図表	／菓子や飲料 [ゴシック・11] 販売中止相次ぎ [明朝・20]	一般菓子も減産 [明朝・28] ミルキーなど [ゴシック・9] 3工場で検討 [明朝・14]／
	(一般)			加盟全社に点検要請 [明朝・14]／ 不二家問題受け菓子協会 [ゴシック・9]／一般の菓子問題ない [明朝・9]／不二家 [ゴシック・9]
				写真 (69×96) 厚生労働省を訪れ、経緯を説明する不二家の藤井社長 (右) ＝17日午後
	(一般)			不二家 [ゴシック・17]／行動規範 [ゴシック・17・囲み] 「逃げず、隠さず、偽らず」をどう守る？ [ゴシック・17]
1・19	①面 (一般)	不二家の消費期限ごまかし [ゴシック・23] 泉佐野工場でも [ゴシック・51]	不二家 [ゴシック・17] 泉佐野工場も期限 "偽装" [ゴシック・51・灰抜き白縁取り] シュークリーム [ゴシック・11]／写真 (64×85) 不二家泉佐野工場の立ち入り検査をする農水省の関係者ら (18日夜、大阪府和泉佐野市で)	不二家再建策 [明朝・28] りそな銀と来週協議 [明朝・23] 森永製菓「協力あり得る」 [明朝・17]
	②面 (評論)			内なる不二家問題 [明朝・17]
	⑧面 (一般)			不二家 [ゴシック・14]／新会社の設立を延期 [明朝・17] 外食事業建て直し宙に [ゴシック・17]
	②面 (一般)			プリン消費期限示さず [ゴシック・17]／71・灰抜き] 埼玉工場へ出荷 [ゴシック・17] 本社も了承 [明朝・40]
1・20	⑪面 (一般)	不二家の優良資産 焦点 [明朝・23] 救済へ主力銀、活用先探る [明朝・17] 菓子協会副会長藤井社長辞任へ [明朝・11]		不二家支援 [ゴシック・23] 森永が本格検討 [ゴシック・54・黒抜き] 菓子部門 [ゴシック・14]／山崎製パンも意欲 [明朝・20] 菓子協会副会長 [ゴシック・9]
	㉖面 (投稿)	優しさと勇気 再び不二家に [明朝・11]		
	⑳面 (投稿)		(コラム) 消費者を欺いた不二家の不祥事 [明朝・9]	
	㉖面 (投稿)		期限切れ材料でアップルパイ [明朝・20]	
	㊳面 (一般)		不二家埼玉工場、不適切33件目 [明朝・11]	

			不二家委託製造 [ゴシック・11・2列] ビスケットに金属片 [ゴシック・23]「ベコバイ」箱に虫数匹の死がい [明朝・11]
			㉙面（一般）
1・21	朝・17]		
	不二家の分社化案浮上 [明朝・34] 不二家社長が前副会長辞任へ [明朝・9] 全日本菓子協会 [ゴシック・9]		
	⑦面（一般）		
1・23	不二家新社長 [ゴシック・14] ／難間山積、再生へ一歩 [ゴシック・43] ／事業建て直し急ぐ [明朝・28] 不二家、期限切れ卵使う [明朝・31] ／泉佐野工場、材料に [ゴシック・11] ／解凍9日後、材料に [明朝・23]	不二家再建 [ゴシック・23・黒抜き]「桜井丸」船出波高し [ゴシック・63] 同族体質の影消えず [明朝・34] 森永とトップ会談へ [明朝・28] 桜井社長 [ゴシック・9] ／販売再開時期示せず [明朝・14] ／期限4日 [図表] 不二家 [ゴシック・14] ／期限23] 超過 液卵使用 [明朝・23] 泉佐野工場、ケーキなどの材料 [明朝・14]	不二家 [ゴシック・14] 森永、全面支援も視野 [明朝・23] 洋菓子名め [ゴシック・9] きょうにもトップ会談 [明朝・17] 不二家新体制 [ゴシック・17] 桜井氏 力量は未知数 [ゴシック・51・横積抜き] 創業家重視 社風の中 [明朝・26] [図表] 写真（67×52）会見で質問に答え る桜井康文社長（右）手前は藤井林太郎前社長
	⑧面（一般）	⑨面（一般） ⑨面（会見） ㉞面（一般）	①面（一般） ⑧面（一般）
			不二家 [ゴシック・11] 解凍卵 期限超え使う [明朝・20] 泉佐野工場長 [ゴシック・14]「知らなかった」[明朝・14]
			㉛面（一般）
1・24		不二家、森永に支援求めず [明朝・20] トップ会談 [ゴシック・11・2列][消費期限] 賞味期限 違いは [コシック・34] 分かれ目 日持ち5日 [明朝・31] 表示違反 罰金1億円と [明朝・23] [図表] 写真（71×95）消費期限切	不二家、自力再建に意欲 [明朝・23] 森永とのトップ会談で説明 [明朝・17] 農水省 [ゴシック・14] 不二家に厳重注意 [明朝・28] 消費期限 [ゴシック・9] 12月までごまかす [明朝・17]
		⑧面（一般） ⑪面（論評）	⑨面（一般） ㉘面（一般）

第2章 「ペコちゃん」の世論形成

日付				
1・25	30面（投稿）ペコちゃんの外国製菓子に[明朝・11]	34面（一般）期限切れ材料 新たに21件[明朝・17]／不二家・泉佐野[ゴシック・9]	8面（一般）不二家、大幅赤字見通し[明朝・26] 07年3月期［自主再建］改めて表明[明朝・14] 不二家特別顧問に元日本調剤管水燕氏[明朝・14]	10面（一般）不二家[ゴシック・11] 自主再建方針を強調[明朝・23] 桜井社長[ゴシック・11] 改革委第2回会合後[明朝・17] 写真（69×40）改革委第2回会合後、厳しい表情で記者の質問を聞く桜井康夫社長＝東京都内で24日
			37面（一般）不二家期限切れ原料[ゴシック・11・2列] 泉佐野工場で21回[明朝・28]／昨年[ゴシック・11] モンブランなどに使う[明朝・14]／チョコにが付着「害ない」と説明[明朝・9]／不二家平塚工場[ゴシック・9]	22面（一般）不二家泉佐野工場[ゴシック・17・囲み] ケーキなど不正34件[ゴシック・34] 期限切れ卵、生クリーム使用[明朝・23]
1・26	30面（一般）不二家の自主回収基準[ゴシック・17] 細菌数、10倍緩く設定[明朝・23]		11面（一般）不二家[ゴシック・14]／保有株9億円売却[明朝・28] 資産処分へ査定開始[明朝・20]	
			33面（一般）大腸菌 陽性でも出荷[ゴシック・28] 不二家[ゴシック・11]／黄色ブドウ球菌も[明朝・17] プリン消費期限泉佐野で刻印せず[明朝・11] 本社が指示[明朝・9]	
1・27	34面（一般）大腸菌回収基準 本社の10倍経く[明朝・23] 不二家・泉佐野工場[ゴシック・11]		9面（一般）不二家[ゴシック・14]／山崎製パンが支援意向[明朝・20] ［要請あれば経営全般で］[明朝・17]	6面（一般）不二家前社長が社外取締役辞任[明朝・11] サーティーワン[ゴシック・9] 不二家泉佐野工場[ゴシック・11・2列]
			39面（一般）不二家[ゴシック・14]／大腸菌検出、回収せず[ゴシック・14]／灰抜き[ゴシック・14]／泉佐野工場[ゴシック・14]	29面（一般）細菌検査 手抜き[ゴシック・11・黒棒]

（れの原料を使用した問題で不二家は洋菓子製造の中止に追い込まれた（東京・新宿区の不二家フランチャイズ店で）

日付			
1・28		社内基準の10倍設定 [明朝・23]	洋菓子2万5000個 [ゴシック・14] 横抜き] 最低レベルのみ [明朝・26]
		34面（一般） 不二家問題 "地山の石" に [ゴシック・26] 食品自主回収ラッシュ [ゴシック・37] 半月で15社、ケーキ2個でも公表 [ゴシック・26] [信頼つなぎとめたい] [明朝・34] 図表	28面（一般） チョコに生きたガの幼虫 [明朝・23] 不二家 [ゴシック・11] 昨年11月、滋賀で販売 [明朝・17] 5面（投稿） 初心に戻ってペコちゃん守れ [ゴシック・11]
1・29			28面（論評） 現場で考える [ゴシック・20・黒抜き] 不二家すずさん商品管理 [明朝・28] [身内]の思い届くか [明朝・40] 写真(75×107)不二家泉佐野工場に検査に入る農水省の職員ら。その後ペコちゃん人形が消えた−大阪府泉佐野市で18日午後
1・30		2面（一般） 不二家 山崎パンが支援 [ゴシック・51・黒抜き] 両者調整 [ゴシック・14] 資本・業務提携に発展も [明朝・23]	9面（一般） 不二家 取締役会、追認機関に [ゴシック・17] [明朝・26] 意思決定は執行役員会で [明朝・17] 71写真 (55×85) 会員を支える [外部から不二家を変える] 改革委員会の田中一昭委員長（右）。主は桜井康文不二家社長=東京都内のホテルで29日
		2面（一般） 不二家 [ゴシック・14] 旧経営陣「棚上げ」[明朝・28] 不二家・泉佐野きょう行政処分 [明朝・17] 34面（一般） 意思決定機関を新設 [明朝・17] 不二家・泉佐野きょう行政処分 [明朝・11]	30面（一般） すずさん検査また2件 [ゴシック・14] 不二家泉佐野 追加行政指導 [明朝・11]/大阪府 [ゴシック・9] 4面（投稿） 不二家の再起に機会を与えよ [ゴシック・11]
1・31		9面（一般） 不二家支援 [ゴシック・17]/山崎	8面（投稿） 不二家支援 [ゴシック・9]

第2章 「ペコちゃん」の世論形成

日付	面(区分)	内容
2・6	(一般)	製パン有力［明朝・34］
	34面(一般)	森永製菓も意欲失わず［明朝・23］ 不二家［ゴシック・14］／大腸菌検出でも出荷［ゴシック・23］／菌種特定検査せず［明朝・23］ 洋生菓子［ゴシック・9］／泉佐野工場に府が行政指導［明朝・11］
		(一般) 品質管理部門で調整［明朝・20］ 山崎製パン提携も浮上［ゴシック・11］ 資本提携も浮上［明朝・17］ 29面(一般) 大腸菌群検出も販売［明朝・34］ 不二家生菓子［ゴシック・11］ 社内マニュアルで許可［明朝・20］ 4面(投稿) 気になる期限切れ牛乳の行方［ゴシック・11］
	②面(論評)	不二家 多難な再生［ゴシック・68］ 山崎製パンから支援決定［ゴシック・31・黒抜き］ 解体恐れ森永拒む［明朝・37］ 店舗は悲鳴 赤字も膨張［明朝・31］ 頭打ちの市場 再編の号砲］［明朝・23］[図表 写真 66×99] 農林水産省に報告後、質問に答える不二家の桜井社長
	⑨面(一般)	不二家 山崎パンが支援決定［ゴシック・23・黒抜き］ 菓子業界 再編発展も［ゴシック・74］ 資本協議を継続［ゴシック・14］ 共同配送など模索［明朝・34］[図表2] 「安心へ教育充実図る」［明朝・23］ 不二家社長［ゴシック・11］ [写真(70×48)山崎製パンからの支援合意について記者会見する桜井康文・不二家社長(5日、東京・千代田区で)]
2・7		
3・1		①面(一般) 山崎、不二家に出資へ［明朝・23］ 来月初めにも提携交渉［明朝・17］ 10面(一般) 不二家きょう安全宣言［ゴシック・26・半灰抜き］ 一般菓子［ゴシック・14］ 今月下旬から販売［明朝・23］
3・2	③面(一般)	不二家 霧中の生産再開［ゴシック・40］ 23日から洋菓子販売［明朝・34］ 社長「安全体制、整った」［明朝・23］ 流通各社は「様子見」［明朝・28］
	②面(一般)	不二家、菓子生産を再開［ゴシック・43・黒抜き］ チョコなど［ゴシック・14］ 販売は月末めど［明朝・28］

			外部の目 必要・ペコちゃんに厳しい [ゴシック・23・黒抜き] [安全宣言] 識者はこう見る [ゴシック・14] 図表 写真 (65×48) 会見中、唇をかむ不二家の桜井康文社長＝1日午後、東京・銀座で
3・6		①面 (一般)	山崎パン、不二家を傘下に [ゴシック・63・黒抜き] 株 1／3 超取得検討 [明朝・40]
3・23 (夕刊)	①面 (一般)	不二家が販売再開 [明朝・28] ／220 店 [ゴシック・11] [明朝・17] 洋菓子、2ヶ月ぶり 写真 (92×108) 再開した不二家心斎橋店に一番乗りで買い求める女性客＝23日 午前、大阪市中央区で	①面 (一般)	洋菓子販売 不二家再開 [明朝・28] 70日ぶり [ゴシック・11] 写真 (100×75) 不二家の洋菓子販売再開にあたり、数寄屋橋店の店頭であいさつする桜井社長（左から2人目）(23日午前10時すぎ、東京・銀座で) ペコちゃん笑顔の出迎えも… [ゴシック・31・黒抜き] ⑮面 (一般) [お客さん戻るの？] [ゴシック・85] 7割強がなお休業 [明朝・17・2列] ／FC店不安抱え [明朝・40] 写真 (85×125) 営業再開と同時に不二家製品を買い求める女性客 (23日午前10時19分、大阪市中央区の不二家心斎橋店で)	⑮面 (一般)	ペコちゃん復活 [明朝・14] 不二家販売再開 [ゴシック・6・2列] 写真 (55×49) ペコちゃん人形の隣で挨拶する不二家の社員ら＝大阪市中央区23日

図表2-2 「不二家事件」の新聞報道の経緯（◯数字…頁, 見出し, [字体, ポイント[7], 飾り], (記事の種類), 写真 (縦×横) 写真説明文, 図表, 要旨, ▨は仮託）

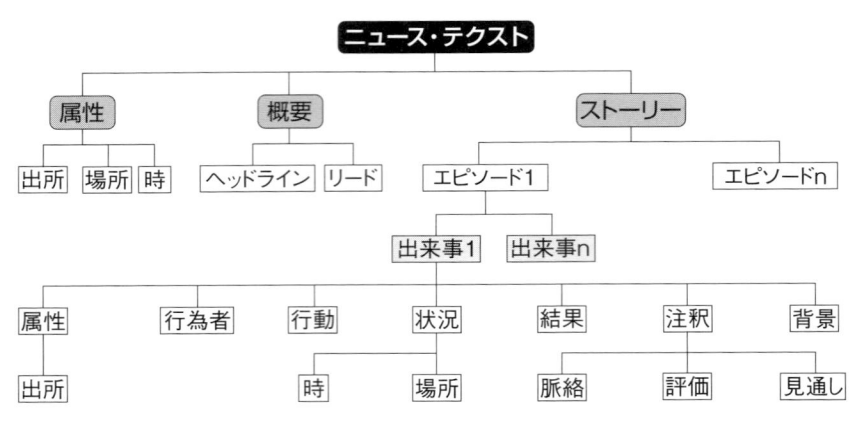

図表2-3　Bell, (1998) によるニュース・テクストの構造分析のモデル

　ニュース・テクストの＜物語＞を抽出する枠組みとして，Bell（1998, p. 68；翻訳は高橋圭子，2005年による）は，次に示すような，ニュース・テクストの構造分析のモデルを提案している。

　朝日，読売，毎日の3紙においても，上記のニュース・テクストの枠組みが基本的に踏襲されている。とくに，中立的な事実の報道（上のBellのモデルでは，ニュース・テクストの「属性」と「概要」にあたる部分）に，大きく紙面が割かれている。また，個別具体的な事例（Bellのモデルでは，「ストーリー」にあたる部分）を記述する部分でも，いつ，誰が，どこで，何をしたか，その結果どうなったか，なぜこのような不正が行われたか，という記述が大半を占める。さらに，事実を踏まえての論評や今後の見通しが語られる部分でも，「ペコちゃん」のキャラクターとしての市場価値が随所に指摘される程度で，「ペコちゃん」に仮託して不二家の見解や釈明が述べられたり，「ペコちゃん」に寄せる消費者の心情を記事が代弁したりしている記述は少ない。

1　表現素1：図像

　次に，表現素に着目して，「ペコちゃん」の表れを見てみる。

まず，今回の不二家事件をあつかった3紙の報道において，図像[8)]に選ばれた人物（キャラクター）は，圧倒的に，不祥事の渦中にある2人の社長――藤井林太郎前社長と桜井康文現社長――であった。「ペコちゃん」の図像は意外に少なく，9件しかない。

　その理由は，2つ考えられる。まず，不二家事件が，食品の安全に関わる重い話題だけに，天真爛漫なキャラクターを前景化することに対して，新聞社の自主規制が働いたと考えられる。もう1つは，不二家側が，1月11日の不祥事発覚から3月23日の洋菓子販売再開まで，意図的にマスコミでの「ペコちゃん」の露出を規制していた節があることだ。毎日新聞紙上では，工場や直営店舗から「ペコちゃん」人形が撤去されたという報道もなされた。おそらく，節操のないマスコミ報道によって，「ペコちゃん」のブランド価値が貶められることに対する危機感があったのだろう。それを裏づけるように，3月23日の洋菓子販売開始の朝刊・夕刊には，ペコちゃんの図像が狂い咲いたように掲出される。

　さて，1件目（記事2－1）は，事件発覚当日（1月11日）の朝日新聞夕刊の15面の記事の写真である。不二家銀座店の店頭に，等身大の「ペコちゃん」が晴れ着を着て立っている（たぶん正月飾り）。その「ペコちゃん」の隣に譜面台のようなものが立ち，そこに不祥事の「おわび」を記した紙が固定してある。あたかも，不二家の経営者に成り代わって，「ペコちゃん」が「ごめん」と詫びを入れているといった図である。不二家には，この時点で，意図してか，しないでかはわからないが，「ペコちゃん」を身内の代弁者として活用しようという甘えた姿勢が見られる。しかし，その後，

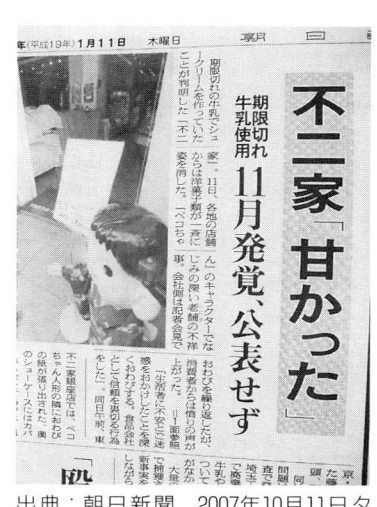

出典：朝日新聞，2007年10月11日夕刊，15面

記事2－1

出典：読売新聞，2007年1月12日，11面
記事2－2

賞味期限の非表示や大腸菌の検出など，衛生管理の信頼性を揺るがす新事実が続々と明るみに出ると，不二家は「ペコちゃん」を文字通り"秘蔵っ子"扱いするようになるのである。

2件目（記事2－2）は，1月12日付の読売新聞朝刊の11面に現れる「ペコちゃん」のイラストである。しかし，この記事の「ペコちゃん」は，「落ちた不二家ブランド」と横書きにされた威圧的な51ポイントのゴシック体大見出しの下の，「不二家の業績の推移」という棒グラフの赤字部分に，あたかも晒し首のように"ちょん切られて"おかれている。つまり，この記事では，「ペコちゃん」は，文字通り断罪されており，決してリスクをヘッジする役者ではない。単に社長の首の代わりに赤字の責任者として斬首されたという暗喩を感じさせるだけだ。

出典：読売新聞，2007年1月19日，1面
記事2－3

3件目（記事2－3）は，同じく読売新聞の1月19日付1面の記事の写真と，毎日新聞の1月29日付28面の論評記事の写真で，泉佐野工場での消費期限偽装が判明し，当局の立ち入り検査が入った現場写真である。この写真では，工場の出入り口（たぶん正面玄関）に，等身大の「ペコちゃん」が晴れ着を着て立っている。「ペコちゃん」の周りには，作業着姿の農水省の検査員が忙しそうに立ち働いており，あたかも思わぬ不祥事に「ペ

コちゃん」がなすすべもなく立ちすくんでいるかのようだ。しかも，玄関脇には「泉佐野工場 ISO14001 ㈱不二家」と書かれた看板が立っており，いかにも「看板に偽りあり」を暗示しているかの印象を与える。ここでも「ペコちゃん」は決して哀れみや同情を誘うキャラクターではなく，逆に，愛くるしい笑顔の裏で悪事を働いて舌を出している，汚れたキャラクターになっている。しかも，毎日新聞の記事では，写真の説明に「不二家泉佐野工場に検査に入る農水省の職員ら。その後，ペコちゃん人形は消えた」とあ

出典：読売新聞,2007年1月24日,11面
記事2－4

り，不二家当局者の「ペコちゃん」に対する身内意識を感じることができる。

　5件目（記事2－4）は，同じく読売新聞1月24日（朝刊11面）の「なるほど！経済」という論評記事だが，この記事は不二家事件そのものを扱ったものではなく，「消費期限」と「賞味期限」の違いを解説した啓蒙記事である。写真は不二家のフランチャイズ店の前でたたずむ等身大の「ペコちゃん」である。「ペコちゃん」の後ろにある洋菓子のガラスケースからは商品が撤去され，その代わりに謝罪の張り紙が，あたかも「ペコちゃん」自身の発言のように貼り付けてある。ここには，不祥事の謝罪をキャラクターに語らせる企業の戦略と，その意を知ってか知らずか，写真に収めて紙上に掲載したマスコミと，「ペコちゃん」の呟きを企業の謝罪や釈明と受け取るオーディアンス，この3者が協働して，「ペコちゃんは悪くない」という世論を形成する構図が表面化している。

　6件目（記事2－5）は，一連の不二家事件がひとまず終息し，なんとか洋菓子販売の再開にこぎつけた3月23日の，読売新聞夕刊1面の記事の写真

である。写真には旗艦店の１つである銀座直営店の前に，桜井社長をはじめ，制服姿の従業員が横一列に並び，頭を下げている姿が写っている。桜井社長の右横には，デザインを一新した白い制服姿の「ペコちゃん」人形が置いてある。本文によると，久々の開店にあたって，桜井社長自らが女性従業員と一緒に店頭に「ペコちゃん」人形を運び出し，「ただいまから洋菓子の販売を再開します。いらっしゃいませ」と晴れやかな表情で宣言した，という。７件目（記事２−６）は，同じく３月23日の毎日新聞夕刊15面

出典：読売新聞，2007年３月23日夕刊，１面
記事２−５

の記事の写真で，こちらは大阪の心斎橋店で，銀座店と同様に白い制服姿のペコちゃんの隣で，店長らしき社員が頭を下げて挨拶している。15面の関連記事によると，心斎橋店でも，店長みずからペコちゃん人形を店頭に運び出し，笑顔で客を迎え入れたという。銀座と心斎橋という東西の旗艦店で，同日同時刻に同じ趣向のパフォーマンスが演じられたことがわかる。この２枚の写真からは，桜井社長らのマスコミ向けのパフォーマンスとあいまって，

「ペコちゃんの復活」＝「不二家の蘇生」を，世間に印象づけようという明瞭な企図が感じられる。とくに，店舗や工場から「ペコちゃん」人形が撤去されたという先の毎日新聞の論評記事とあわせて読むと，「ペコちゃん」の復活が新生不二家の門出を宣言する劇的な効果を生んでいるのがわかる。また，23日の夕

出典：毎日新聞，2007年３月23日夕刊，15面
記事２−６

刊には，朝日と読売が，他の紙面にリニューアルした「ペコちゃん」の写真を大きく掲載し，復活した不二家をアピールしている。この日を境にして，不二家は，「ペコちゃん」という一敗地にまみれたキャラクターを再びプロモーションの先兵にして，前面に押し出してくる。この不二家の姿勢には，「ペコちゃん」に仮託して，「ペコちゃん」とともに再起を誓うという記号的な意味が見て取れる。

❷　表現素２：文字（活字の大小，字体，飾り）

次に，文字の表現素に注目してみよう。

文字の表現素には，見出し，写真説明文，本文の３つが考えられるが，とくにここでは見出しに焦点を当ててみたい。見出しでは，その言説の内容の深刻さや話題性が，活字の大きさや字体，また黒抜きや縁取りといった飾りになって反映される。今回のデータでも，それは明瞭に見て取れる。

今回の不二家事件には，いくつか「節目の出来事」[9]があり，そのたびに，３紙はそれを大々的に取り上げている。

たとえば，１月16日，期限切れの原材料を使用していたケースが新たに18件見つかり，組織ぐるみの関与が浮き彫りになって，藤井社長が辞任の意向を表明した。朝日新聞はこの出来事を１面トップで取り上げ，65ポイントの黒抜きのゴシック体で「**原料期限切れ更に18件**」という大見出しをつけた。

また，同日，読売新聞も，一面トップに「**不二家社長が辞任**」の大見出しを，68ポイント黒抜きのゴシック体で飾った。また，３面には「**隠ぺい体質根深く**」【ゴシック・71】，「**不二家不正**」【ゴシック・26・黒抜き】，さらに，39面には「**消費者背信　またも**」【ゴシック・51】と，続けざまに大見出しを繰り出している。

ほかにも，１月23日に新社長に桜井康文氏が就任したときにも，読売新聞は９面で「**『桜井丸』船出波高し**」【ゴシック・63】の大見出しを組んでいるし，２月６日に山崎製パンからの支援が正式に決定したときにも，朝日新聞は２面で「**不二家　多難な再生**」【ゴシック・68】，読売新聞は９面で「**菓子**

業界　再編発展も」【ゴシック・74】の大見出しを組んでいる。

　このように，不祥事のような社会悪を告発する記事の見出しには，大きな活字を組み，ゴシック体もしくは黒抜きゴシック体で黒々と強調するというのが，新聞記事の常套のようである。また，大見出しを補う中見出しや小見出しは，ポイントを落とし，かつ明朝体で記すという傾向もある。

　しかし，見出しの活字の大小や字体，また黒抜きや縁取りといった飾りには，「ペコちゃん」との相関は見出しにくかった。もし，「ペコちゃん」の文字だけがPOP字体で強調されていたり，ポイントが大きくなっていたりしていたら，明らかにジャーナリズムのレトリックの気配を感じることができるが，そのような例はまったくなかった。

③　表現素３：文字（表現）

　見出しの表現には，いくつか「ペコちゃん」に仮託して消費者の心情が代弁されたり，「ペコちゃん」を擬人化して，その心中を吐露したりするような記述が散見された。

　たとえば，1月13日付の朝日新聞の社説（記事２－７）は，「ペコちゃんが泣いている」【明朝・23】というものであった。本文の内容は，1月13日時点で明らかになった事件のあらましと，背景となった業績不振や企業体質，同族経営の綻びなどが指摘され，人事の刷新や経営に見直しを迫った，通り一遍の常識的なものである。表題の「ペコちゃんが泣いている」とつながる記述は，本文なかほどの「ペコちゃん人形に代表されるブランドに親しみを感じていた消費者は，裏切られたとしかいいようがない」という

出典：朝日新聞, 2007年1月13日, 社説
記事２－７

くだりで，社説を書いた論説委員は，明らかに「ペコちゃん」を被害者の立場に据え置いている。「ペコちゃん」は不二家のブランドを体現しているのにもかかわらず，である。皆から愛される「ペコちゃん」は，消費者と同じように，不二家に裏切られた存在で，藤井社長をはじめとする従業員の背信に涙する存在と位置づけられている。この社説では，意識してか，しないでかはわからないが，不二家と「ペコちゃん」の"切り離し"と，被害を受けた消費者（＝マスコミ）側への「ペコちゃん」の"取り込み"が，同時に進行している。この暗々裏で進行した手続きがなければ，「ペコちゃん」と不二家はいつまでも一心同体なはずで，「（不二家は悪いが）ペコちゃんは悪くない」という世論は形成されようがない。そういう意味でこの朝日新聞の社説は，その後の「ペコちゃん」の世論形成の方向性を示したものであり，「ペコちゃんが泣いている」という見出しは，そういう意味で戦略的なコピーだったと思わざるを得ない。実際に，この社説の表題をそのまま取り込んだ意見文が，読者の投稿欄などに掲載されている。

出典：毎日新聞，2007年1月12日，29面
記事2－8

また，1月12日付の毎日新聞朝刊29面の記事（記事2－8）には，「ペコちゃん消えた」【明朝・31・下線】という下線で強調された中見出しがある。この記事には，事件発覚の記者会見を受けて，直営店の様子や巷の消費者の声，さらに関係団体の長のコメントが掲載されている。「ペコちゃん消えた」という中見出しに対応する記述は，本文前段の「……マスコットの『ペコちゃん』は店頭から消え，消費者からは厳しい声が相次いだ」というくだりである。この記事が掲載された時点では，不二家の洋菓子店のショーケースから，期限切れの牛乳を使用した疑いのある生洋菓子が撤去されただ

出典：読売新聞，2007年1月11日，15面
記事2－9

けで，ペコちゃん人形が撤去されたという報道は，同じく毎日新聞の1月29日の論評記事の他にはない。してみると，この記事の見出しは，不二家の不祥事に対して"消費者から厳しい声が相次いだ"のではなく，「ペコちゃん」が店頭から消えたことに対して"消費者から厳しい声が相次いだ"とも解釈できる。もしそうなら，この記事でも，「ペコちゃん」は被害者であり，非難の矛先は，かわいい「ペコちゃん」を"拉致"した不二家に向いていると解釈すべきだろう。

また，同じく毎日新聞の1月28日の投書欄（みんなの広場）にも**「初心に戻ってペコちゃん守れ」**【ゴシック・11】という表題の投書が掲載されている。「（不二家の経営者が）初心に戻って（不二家のブランドを体現する）ペコちゃんを守れ」ということを主張しているのだが，ここでも不二家の経営者＝悪，「ペコちゃん」＝善という二項対立の図式が採用されている。

また，事件の発端となった記者会見が行われた1月11日の読売新聞（夕刊）15面の記事（記事2－9）には，「ペコちゃん好きなのに……」【明朝・23】という中見出しがある。この記事は，1面で報じられた第一報の記者会見の内容を受けて，臨時休業した直営店の様子や消費者の批判の声を取材したものである。見出しの「ペコちゃん好きなのに……」に関係する本文の記述は，明石市の40歳代の主婦の「ペコちゃん人形が好きで，不二家のファン。商品には安全を期してもらわなければ困る」という苦言で，「不祥事を起こす不二家は許せなくても，ペコちゃんは悪くない」というアンビバレントな消費者の心情を代弁している。この記事の見出しを目にした消費者の中には，「ペコちゃん好きなのに……」という，語尾を濁した表現の含意に，深く共感した人が多かったに違いない。こうして，新聞記事の見出しは，表

現素として，当該社会における集団的価値観を確認し，同時に，それを強化する社会的な装置の役割を果たすのである。

　さらに，洋菓子販売が再開された3月23日の読売新聞（夕刊）の15面の記事（記事2－10）には，「**ペコちゃん笑顔の出迎えも……**」【ゴシック・31・黒抜き】という中見出しが現れる。この見出しに対応するのは，リード文の冒頭「約2ヶ月ぶりに，『ペコちゃん』が客を出迎えた」と，本文の「……従業員約10人を前に渡辺隆一店長（50）が信頼回復に努めましょうとあいさつ。久しぶりにペコちゃん人形を店頭に出し，笑顔で客を迎えた」である。見出しでは「笑顔」は「ペコちゃん」のものだが，本文では渡辺隆一店長と従業員のものである。ここでは，「ペコちゃん」と「不二家従業員」が，「笑顔」という言葉を介して，オーバーラップしているのがよくわかる。つまり，この見出しでは，「ペコちゃん」は，禊を終え，謹慎を解かれ，久々にお目見えした不二家従業員そのものである。ここにきて再び「ペコちゃん」は不二家の"囲い者"に逆戻りして，消費者から不信の眼差しで見られる存在になっている。

　以上，見出し文の「ペコちゃん」に託した表現素を網羅的に見てきた。「ペコちゃんが泣いている」も「ペコちゃん好きなのに……」も「ペコちゃん笑顔の出迎えも……」も，本文を読まずとも，日本人なら誰しも，おおよそ本文の内容が推し量れるほど，記号的性格を備えたものである。見出しのようなマスコミの言説は，人々が共有する集合的なイデオロギー[10]を端的に要約したものであり，その配置や組み合わせ，フォントや色によって，かなり複雑な内容も伝達できるものである[11]。

出典：読売新聞，2007年3月23日夕刊，15面
記事2－10

8 結論

　本章では，消費者と企業の仲立ちをするキャラクター（「ペコちゃん」）が，不祥事（不二家の「期限切れ原材料使用問題」）が招いた事態の収拾のために，企業によってどう活用されたか，また，マスコミは，キャラクターに関する消費者の最大公約数的な世論形成にどのように関与したか，さらに，消費者はマスコミが提示する社会文化的な価値観にどのように呼応してきたかを，新聞記事を素材にして，談話記号論の手法でディスコース分析を試みた。とくに，「ペコちゃん」という強力なキャラクターに仮託して，不二家と新聞社と消費者がどのような世論形成を企図してせめぎあってきたのかを，新聞記事の図像（主に写真）や見出しといった表現素とレトリックに着目して，跡づけようとした。

　その結果，次のようなことが明らかになった。

　企業（不二家）は，不祥事発覚当初，キャラクターの「吹き出し効果」を最大限利用した。すなわち，「ペコちゃん」という癒しや和みの人格を経由して，あたかも不二家経営者の弁明を「ペコちゃん」自身の釈明や陳謝のように見せかけて，窮地を乗り越えようとした。しかし，衛生管理のずさんさや同族経営の綻びが次々に明るみに出て，マスコミのバッシングが日に日に強まるにつれ，金看板の「ペコちゃん」が汚れたキャラクターに貶められることに危機感をもち，やがて意図的に店舗や工場から「ペコちゃん」を"隠匿"した。そして，山崎製パンとの業務提携も成り，事件のほとぼりも冷めたころに，リニューアルした「ペコちゃん」を再び店頭に運び出して，「ペコちゃんの復活」＝「不二家の蘇生」を演出しようとした。こうした不二家の一連の振る舞いは，終始一貫，「ペコちゃん＝不二家」という図式を堅持する意思に基づいている。

　一方，ジャーナリズムは，「ペコちゃん」が陳謝・釈明をする図像を掲載して「ペコちゃん」を「贖罪する偶像」に仕立てたり，不二家の経営者にな

ぞらえて「ペコちゃん」を「堕ちた偶像」に仕立てたり，逆に，「ペコちゃん」を被害者である消費者やFC店のほうに引き入れて，「悲しみの偶像」や「怒りの偶像」に仕立てたり，さまざまなレトリックを使って「ペコちゃん」の役どころを定位しようとする。やがて，2007年1月13日の朝日新聞の社説の表題に象徴されるように，「ペコちゃんが泣いている」「ペコちゃんは悪くない」「ペコちゃんは被害者だ」という"非常識な"世論に与するようになるのである。

　そして，消費者の圧倒的多数は，事件発覚当初から，「ペコちゃん」を自分たちと同じく「犠牲者」「被害者」の立場に取り込もうとしてきた。その結果，今回の不祥事は，不二家の思惑に反して，キャラクターと企業との分離を招き，「ペコちゃん＝消費者＝被害者＝善」「不二家＝加害者＝悪」という強固な図式を形作ってしまった。すなわち，「ペコちゃん」は消費者側の一員に取り込まれ，不二家側から切り取られてしまった。だから，洋菓子の製造・販売が休止になれば「ペコちゃんがかわいそう」であり，不二家はかわいそうではない。店頭や工場から「ペコちゃん」が消え去れば，「ペコちゃん」は不二家に"拉致"されたのであって，保護されたのではない。山崎製パンとの業務提携が成立すれば，"身売り"された「ペコちゃん」は"不憫"だが，その手引きをした不二家がどうなろうと知ったことではない。さらに，洋菓子の販売再開にともなって店頭に運び出された「ペコちゃん」の"復活"はうれしいけれど，不二家の洋菓子を買おうとは思わない。このことは，不祥事以後の不二家製品に対する態度変容の調査[12]や不二家の業績悪化の数字からも明らかである。

　このように，今回の不祥事報道の過程では，不二家と「ペコちゃん」の"切り離し"と，被害を受けた消費者側への「ペコちゃん」の"取り込み"が，マスコミを媒介にして，同時に進行した。先に述べたように，ジャーナリズムを間に立てた不二家と消費者との間の「ペコちゃん」をめぐる綱引きがなければ，「ペコちゃん」と不二家はいつまでも一心同体なはずである。

　今回の不祥事で，確かに「ペコちゃん」は生きながらえた。しかし，不二

家そのものの業績挽回，信頼回復には，いまのところ，つながっていない。したがって，

> 「好感度の高いキャラクターを所有する企業は，不祥事にあたっても，キャラクターをリスク・ヘッジの先兵に用い，業績悪化を食い止めることができる。」

という仮説は，不二家事件については実証されなかった。

思うに，1985年にニューヨークで起きたNew Coke事件[13]からもわかるように，企業キャラクターにも，人格的な経年変化があり，消費者の愛顧の度合いに応じて，階梯があるのではないか。たとえば，キャラクターが作られ認知される"草創期"，愛顧の程度を深める"受容期"，人々の消費生活に溶け込んだ"蜜月期"，商品を離れて国民的キャラクターに成長する"独立期"といったような道筋を辿るのではないか。そして，「ペコちゃん」は，すでに，最後の"独立期"に差し掛かっており，不二家の専属キャラクターであることから離れ，コマーシャリズムの記号をも超越して，国民的キャラクターとなり，時代のアイコン，文化財としての価値を帯びてはじめてきているのである[14]。

不二家の企業価値は下落しても，「ペコちゃん」の文化財的価値は下方修正されない。言い換えれば，「ペコちゃん」は不滅のキャラクターとなっても，かならずしも不二家の救世主たりえない。キャラクター・マーケティングは，こうしたキャラクターの草創，受容，蜜月，独立のサイクルを見越したものでなければならないのではないだろうか。

9 今後の課題
～新聞というメディアについて

本研究では，不二家事件を扱った新聞記事を素材にしてディスコース分析を試みた。しかし，周知のように，今回の不祥事は，新聞のみならずテレビでも，連日，大きく報じられた。「ペコちゃん」の世論形成に，テレビの報道番組やワイドショーも大きな影響を与えたことは想像に難くない。

筆者は，本研究の予備調査として，2007年7月，174名の大学生を対象に，ある質問紙調査を実施している。この調査は，6月13日に発覚し，世間を騒がせた英会話学校NOVAの不祥事[15]の直後に実施された。その結果，「あなたは，今回のNOVAの不祥事（一部業務停止処分）の第一報を，何を通して知りましたか？」という問いに対して，有効回答166名中120名の被験者が「テレビのニュース」と答え，また，「あなたは，今回のNOVAの不祥事を知ったあとで，どんな行動をとりましたか？」という問いに対して，93名の被験者が「テレビのニュースを興味をもって見た」と答えた。これは，不祥事報道の第一報に接したオーディアンスが，更なる情報を求めて次に選ぶメディアは，77.5％がテレビである，という意外な事実を示している。

　さらに，設問5では，「あなたがよく視ている報道番組を，ひとつ選んで，番号で答えてください」という設問に対して，48名の学生が，日本テレビ系列の「ニュースZERO」という深夜報道番組をあげており，彼らの父母の世代，すなわち父親がテレビ朝日の「報道ステーション」や筑紫哲也キャスターの「ニュース23」，母親が同じく「報道ステーション」やみのもんた氏がパーソナリティを務める「朝ズバッ！」と答えているのとは著しい対照を見せている。この「ニュースZERO」という番組は，いわゆるバラエティ仕立てのニュースショーで，日替わりのキャスターとゲストの掛け合いが人気を呼んでいる。とくに月曜日の嵐・桜井翔氏の，当日のゲストとの際限もないからみは若い世代に大いに受けているという。

　先のニュース報道の「タブロイド化」は，このようなテレビの娯楽報道番組において，じつに顕著にみられる。すなわち，取り上げられる事件や話題は，徹底的にビジュアル化され，図式化され，単純化される。その過程で，真面目な部分は削ぎ落とされ，構造的な説明は簡略化される。

　したがって，若い世代にかぎっていえば，不祥事報道の受容のあり方は，第一報がテレビによる認知であり，第二報以降はバラエティ仕立ての報道娯楽番組の視聴であって，新聞・雑誌などの紙媒体による二次的参照は，少数派の行動であることがわかる。

したがって，本研究の成果を傍証するためには，新聞記事のディスコース分析だけではなく，テレビの報道番組，なかでも娯楽色のつよいニュースショーにおける話し言葉の分析も同時に行わなければならない。あいにく，不二家事件のテレビ番組録画が入手できず，今回は新聞記事による後追い調査にならざるを得なかったが，今後，同様な不祥事報道が惹起したときには，抜かりなくデータの収集に努めたいと思う。

　また，本研究では，全国紙に掲載された不二家事件の記事を，その発端から終息まで網羅的に集め，主に写真と文字の表現素にあたって，「ペコちゃん」に仮託したジャーナリズムの言説がどのように表現されるか，そして，発信者であるメディア側と受信者である読み手（オーディアンス）側が協働して，どのように「ペコちゃん」の価値観を再構築，または強化していくか，その様相を明らかにしようと試みた。その結果，写真や文字の表現素の中には，図像や見出しに現れる「ペコちゃん」に仮託して，自らの思いを表明しようとする不二家，ジャーナリズム，消費者の意思が見え隠れしていることがわかった。

　しかし，中立的報道を旨とする全国紙では，出来事の客観的な記述が中心となり，私情を交えがちなキャラクターの露出が意図的に抑えられる傾向がある。したがって，「ペコちゃん」に仮託して，不二家の見解や釈明が述べられたり，「ペコちゃん」に寄せる消費者の心情を記事が代弁したりしている記述は多くない。

　今後の研究では，同じ新聞でも，全国紙より「ニュース報道のタブロイド化」がはるかに顕著な，いわゆる娯楽紙[16]を対象にして談話記号論的なディスコース分析を試みたい。たとえば，デイリースポーツや夕刊フジのような娯楽紙には，扇情的な見出しに刺激的な写真が組み合わされて，平均的なサラリーマン層のイデオロギーを代弁するような迎合的な記事が満載されている。

＜本章の研究は，平成19年度文部科学省科学研究費補助金（基盤研究（C）課題番号19613008）の助成を受けて行った＞

注釈
1）たとえば，2000年に起きた「雪印」の一連の不祥事は，「雪印食品」の牛肉偽装事件が発覚した段階で，マネージ可能な「リスク」から，マネージのしようのない「デインジャー」に移行したケースであろう。
2）新聞の投書欄や週刊誌報道にも，不二家に対するマスコミ報道の追及を「やりすぎ」「いじめ」と批判する声が多く寄せられた。たとえば，毎日新聞，2007年1月30日号の「不二家の再起に機会を与えよ」や，『週刊文春』2007年4月5日号の「ペコちゃんを泣かせたみのもんた」など。
3）今日，日本の新聞は，全国紙で数百万部，地方紙でも数十万部の発行部数を誇っている。「読売新聞」の約1000万部，「朝日新聞」の約820万部という発行部数は，世界の中でも群を抜いた第1位，第2位の規模だ。ちなみにアメリカで最大の「USAトゥデイ」が約170万部，日本の新聞がよく引き合いに出すクオリティ・ペーパーの「ニューヨークタイムズ」は約110万部，「ワシントン・ポスト」は約80万部にすぎない。

　さらに新聞の総発行部数は，中国に続く世界第2位の約7000万部（朝夕刊を別と考える場合）。大人1000人当たりの普及部数はノルウェーに続く，やはり世界第2位の664部。個別宅配率も相変わらず9割を超えている。こんなとてつもない規模の新聞が，しかも単一言語で発行され，全国津々浦々にまで精密に供給されている国は，世界ひろしといえども日本しかない。しかもそれらは，全国紙，ブロック紙，県紙という三層構造で分厚く秩序づけられている。

　そしてその中身といえば，1面総合記事からはじまり，政治面，国際面，経済面，文化面，社会面ときて，最後にラジオ・テレビ欄，その合間には広告が挿入されるという頁立と，縦書きの複雑なレイアウト（整理）からなる，精緻な表現規範を備えている。その一方で，一般紙においてその仕組みはほぼ共通しているため，金太郎飴のようにどこも同じなどと揶揄されている。こうした日本の新聞は現在，日本人1人当たり1日平均で約20〜30分読まれているという。このように水越（2005年，p.43）は述べている。なお，メディア接触と信頼度調査によれば，新聞を「毎日読む」人は76.2％，「信頼できる」人が73％，（日本新聞協会研究所，1995年，p.64−84）と，ここ10年間変化なく，閲読，信頼されている。
4）橋本純一（1986年）では，おもにスポーツ新聞の記事を分析対象としている。

5）今回の新聞記事のディスコース分析をとおしての印象では，朝日，読売，毎日の3紙の中では，とりわけ毎日新聞に「タブロイド化」の傾向が目立った。たとえば，同一のトピックを扱った記事において，見出しの数を比較すると，毎日は朝日や読売の1.5倍近くの見出しを縦横に散りばめている。また，大見出しの中抜きに，渦巻きや縞模様などの飾りをつける傾向も極立っている。さらに，「チョコに生きたガの幼虫」【明朝・23】，「ビスケットに金属片」【ゴシック・8】など，他の2社が扱わないようなスキャンダラスな見出しの多様も毎日新聞に多く見られた。

6）ただし，2007年1月11日と3月23日のみは，夕刊をも分析の対象とした。今回の不二家事件は，2007年1月10日，内部告発によってマスコミ各社の知るところとなり，翌11日，不二家東京本社で藤井社長の記者会見が行われた。各紙が1面トップで報道したのは，さらにその翌日の12日だったが，初めて簡略に報道されたのは11日の夕刊だった。また，3月23日は，洋菓子販売の再開日で，その記事が夕刊にのみ掲載されている。なお，2月1日以降は，山崎製パンの業務提携の記事や菓子類の製造再開の記事など，重要なトピックのみを拾い，散発的な記事は省いた。また，筆者は関西圏に在住しているため，3紙は大阪本社発行の版であり，縮刷版（東京本社発行の版を掲載）の記事とは見出しや写真がかなり異なる。

7）表中のポイントは，1ポイント＝0.3514mm（JIS Z 8305－1962「活字の基準寸法」による）に基づいて換算した（小数点第1位四捨五入）。

8）"図像"とは，本来，視覚芸術作品，なかでも宗教や神話をあつかった絵画や彫刻に表れる一定の表現形式の意味である。静物であれ風景であれ人物であれ，それが"図像"として表現される場合，特定の主題や象徴の記号となる。たとえば，仏教美術における図像とは，経典に描かれた仏像の面相や姿を儀軌にしたがって表現したものであり，キリスト教美術においては，神学的な意味内容の具体的な表れである。そして，こうした"図像"を解釈する美術史の一方法論を図像学（iconography）と言い慣わしている。しかし，今日では，一般的に使われる"図像"は，仏教やキリスト教の文物のみならず，記号的暗喩を含む画像やアイコン全般を意味するようになった。たとえば，キャラクターもその1つである。

9）不二家事件の「節目の出来事」を，先の「「不二家事件」の新聞報道の経緯（図表2－2）」から拾ってみると下記のようにまとめられる。3紙ともに大見出しを組んで，1面トップ，もしくは経済欄に大きく掲載している記事ばかりである。

  1・11 不祥事が発覚し，藤井林太郎社長が記者会見で陳謝。生洋菓子，製造・販売休止。

  1・15 期限切れ原材料使用，新たに18件判明。組織ぐるみの不祥事が明らかにな

　　　　　　り藤井社長が辞任。
　　1・22　桜井康文氏が，同族以外から抜擢。新社長に就任する。
　　2・6　山崎製パンとの業務提携が決定。それに伴い，森永製菓との株式の持ち合い関係が解消。
　　3・1　洋菓子生産再開。
　　3・23　洋菓子販売76日ぶりに再開。
10) ここでいうイデオロギーとは，批判的談話分析（critical discourse analysis：CDA）での術語であり，ある社会集団において人々の思想や行動を根底的に制約している観念体系のことを指す。CDAでは，イデオロギーは，「社会的に形成され，ディスコースによって常識化される権力構造にかかわる概念」と考える。新聞記事は，世論に直接影響を与え，また同時に，世論に直接影響を受けるイデオロギー実践の場面である。
11) 今回は分析の対象にはしなかったが，日本経済新聞の2007年1月29日夕刊には，「ペコちゃん『悔しいよ』」という中見出しの記事が掲載されている。本文の内容は，不二家の傘下で苦悩するフランチャイズ店の老舗に取材したものだ。この見出しに対応する記述は，店主の「こんな悔しい事態は初めて」という嘆きの言葉だ。つまり，悔しいのは店主なのだが，その思いはキャラクターである「ペコちゃん」も共有する感情であることが端的に表現されている。ここでも，不二家とのきずなを信じて努力してきたFC店の店主と「ペコちゃん」を，不祥事の被害者の位置において，不二家を告発する報道姿勢が見られる。

　また，2007年1月12日の日経産業新聞朝刊28面には，「ペコちゃん　へこむ」という中見出しの記事が掲載されている。記事は，不二家の栄光の社史と凋落の経緯を紹介し，甘い品質管理や同族経営の弊害が指摘されている。また，経営陣との一問一答も併記されており，陳謝する藤井社長の姿に「へこむ」ペコちゃんが重ねられていることがわかる。この記事では，不二家の経営陣＝「ペコちゃん」という図式がある。

　このように，「ペコちゃん」というキャラクターは，あるときは加害者である経営側に仮託され，あるときは被害者である消費者やFC店に仮託される。
12) 2007年7月，筆者は追手門学院大学の経営学部の学部学生159名を対象に，ある質問紙調査を実施した。質問項目の3番は「不二家の不祥事を通して，不二家の製品に対する，あなたやあなたの家族の態度は変わったと思いますか。変わったなら，どのように変わりましたか。」というものである。すなわち，不祥事から半年後における不二家製品に対する態度変容の有無，および変容のあり方を自由記述で回答してもらったのである。

その結果，不二家の製品について，自分および自分の家族に，何らかの態度変容があった，と答えた者が，159名中103名で，全体の約3分の2を占める。103名のうち不祥事以前に不二家製品を愛好していたか否かを問わず，「買わないようになった」「食べないようになった」と答えた者が65名，「買ったり食べたりすることに抵抗感を抱くようになった」と答えた者が31名で，合わせて96名（93.2％）が不二家製品を遠ざけるようになったと回答している。反対に「買うようになった」「食べるようになった」と答えた者は3名しかいなかった。

　また，態度変容が見られなかったという者も44名おり，全体の27.7％である。しかし，44名のうち12名が，その理由に「もともと不二家製品を食べていないから」と答えており，不二家ブランドに寄せる信頼が揺るがなかった実数はもっと少ないと思われる。

13) New Coke 事件とは，1985年，コカ・コーラボトラーズ社が，慎重かつ大規模な市場調査を経て，それまでの「コカ・コーラ」に代わる「ニュー・コーク」を販売したときの国民的な世論の沸騰のことである。コカ・コーラ社は，コークの味を元に戻すように求める国民の声に屈する形で，以前のコークを"Coca-Cola Classic"として復活させ，「ニュー・コーク」と並行して販売することにした。この事件は，国民的なブランドは，一企業の財産であると同時に，消費者の心の中の財産でもあり，企業の意のままにならない文化財的価値をもっていることを，図らずも明らかにした。

14) ポップアートの代表的な美術家，アンディ・ウォーホルは，企業から離れて，消費財から文化財に昇格したキャラクターの，アートへの取り込みが実に巧みだった。ウォーホルは，ミッキーマウス，エルヴィス・プレスリー，マリリン・モンロー，ジャクリーン・ケネディ・オナシス，Coke 瓶，キャンベルスープ缶など，消費社会の成熟したキャラクターやパッケージをシルクスクリーンで何枚も複製した。

15) 英会話学校最大手の「NOVA」は，以前から，解約時に高い精算金を要求するなど，トラブルが相次いでいた。2007年6月13日，経済産業省は，こうしたトラブルのいくつかが特定商取引法違反に当たると認定し，新規契約の勧誘や締結を6カ月間停止するように NOVA に命じた。

16) ここでいう娯楽紙とは，朝日，読売，毎日，日本経済，産経の5大全国紙の系列下にあり，スポーツ，芸能，釣りなどの娯楽情報を主に扱う新聞のことである。たとえば，朝日新聞系列では日刊スポーツ，毎日新聞系列ではスポニチなど。また，それら以外にも，センセーショナルな事件報道やゴシップ報道を載せる「夕刊フジ」や「日刊ゲンダイ」のような大衆紙も含まれるかもしれない。

参考文献

内田樹　『知に働けば蔵が建つ』文藝春秋，2005年，p.236

岡本能里子　「メディアが創るヒーロー　大リーガー松井秀喜―イチローとの比較を通して―」三宅和子・岡本能里子・佐藤彰編『メディアとことば1　［特集］「マス」メディアのディスコース』ひつじ書房，2005年，pp.196-233

高橋圭子　「『クローズアップ現代』の〈物語〉―メディア・テクストの批判的分析―」三宅和子・岡本能里子・佐藤彰編『メディアとことば2　［特集］組み込まれるオーディアンス』ひつじ書房，2005年，pp.62-97

橋本純一　「メディア・スポーツに関する研究Ⅱ―記号論的研究視角とその適用―」『筑波大学体育科学系紀要』第9号，1986年，pp.43-52

林香里　「『タブロイド化』論争とジャーナリズム」『総合ジャーナリズム研究』第167号，1999年，pp.52-57

水越伸　『メディア・ビオトープ―メディアの生態系をデザインする―』紀伊國屋書店，2005年，p.43

Kress, G. et al., 1997, "Discourse Semiotics", in T.A. van Dijk,ed., *Discourse as Social Structure and Production*, London : SAGE Publications, pp. 256-289

ока
第3章
キャラクターとマーケティングとの関係

1 マーケティング基本と消費者の視点

1 マーケティングの定義と基礎

マーケティングの直訳は「市場活動」である。「市場」では，売買が行われ，需要と供給のバランスをとりながら，商品が生産者から消費者の手に渡っている。マーケティング学者であるフィリップ・コトラー（P. Kotler）は，マーケティングを次のように定義している。

「マーケティング（marketing）とは交換を助長し，完了するために人間が行う諸活動のセットとし，交換されるものは商品やサービスに限られたものではなく，価値（value）であり，それは，売手が買手に交換関係を求める活動だけでなく，交互に求めるものである。」（占部都美編『経営学辞典』中央経済社，1980年）

つまり，市場に出回る物やサービスに価値を認めて，何かと交換するというところに重点を置いているのである。コトラーの定義の中にある「交換する」ために必要なものは多くの場合，「金」ということになる。「金」の他には，「物」が「物」と交換される場合も考えられるが，最近では「情報」や「技術」（ノウハウ）も「交換する」ものの中に含まれることが多くなった。

ところで，マーケティングには，基礎になる4つの戦略がある。それは，①製品（product）戦略，②プロモーション（promotion）戦略，③流通（place）戦略，④価格（price）戦略である。以下にそれぞれの特徴を説明する。なお，ここでの説明は廣田章光・石井淳蔵編（2004年）の『1からのマーケティング〔第2版〕』第2章，pp. 34-37までを参考とし，筆者が加筆をしている。

①製品（product）戦略とは，どのような製品（あるいはサービス）を消

費者に提供していくか，ということに関する意思決定のことである。たとえば，新しい製品を開発するときには，消費者の態度や嗜好を分析することも含まれる。もちろん，新しい製品だけではなく，既存の製品をどのように自社の中で位置づけていくのか，リニューアルしていくのかというような問題も含まれている。多くの企業は複数の製品をもっている。よって，その製品をどのように消費者に効率的に提供し続けるのかが問題となる。

②プロモーション（promotion）戦略とは，製品に関する情報を，消費者との間でいかにコミュニケートしていくか，ということに関する意思決定のことである。代表的なプロモーションは広告であると言えよう。製品に関する情報を「いつ」「誰に」「どのような形で」発信するのか，消費者に届けるのかを決定するプロセスである。情報発信（広告）をしても消費者が正しく受け止めてくれるとは限らない。少しでも正しく理解してもらえるために，また，興味をもってもらえるために，どのような形で情報を発信し，自社の製品の魅力を伝えることを可能にするのかということが，重要になってくる。

③流通（place）戦略とは，どのような道のりを経て製品を消費者に届けるのか，ということに関する意思決定のことである。たとえば，生鮮食品なら，産地直送というフレーズで農家から消費者に届けたほうが，より新鮮さをアピールできることもある。逆に，自家用車のような耐久消費財の場合は，販売のノウハウをもつディーラーを仲介したほうがよい場合もある。つまり，届けるまでの道のり（チャネル・経路）をどのように工夫をするのかという問題を考える必要がある。

④価格（price）戦略とは，製品をどのような価格にして，消費者に提案するのか，ということに関する意思決定のことである。価格という問題は，何を売るにも欠かせない条件である。消費者は適正価格，もしくは値ごろ感のある商品を求めるからである。最近は納得価格という言い方もある。いずれにしても価格の問題はどのような製品にもかかわる大きな問題である[1]。

以上の4つの基本戦略が，ばらばらに存在しているわけではなく，1つの

企業の中で相互にかかわりあいながら，日々の経営がビジョンとミッションをもって実践されていくのである。ここでいうビジョンとは将来計画，ミッションとは企業の使命やあるべき姿などを指している。

❷ 消費者の視点

　従来から，マーケティングには2つの視点があると言われている。それらは，「①国民的経済的視点にたつもの，生産地点と消費地点の間に存在する人的，物的なものを結ぶ経済活動」と「②環境変化にダイナミックに適応しながら顧客の欲求，ニーズを満たすために商品，サービスの提供を効率的に行い，企業として目指す利益，その他目標を達成していく行動」である（占部編『経営学辞典』1980年）。前者は，より経済学的な視点に近く，後者はどちらかといえば，心理学や消費者行動論の視点に近い。この視点は，さらにブランド論やコミュニケーション論にも通じている。

　キャラクター・マーケティングは，後者の②の視点から考察される場合が多い。なぜなら，キャラクターは，消費者の「好き・嫌い」という心理や，「ほしい」と思う率直な欲求（ニーズ）などを惹起するものだからである。どのような商品であっても，最終的には，いかに消費者に認知してもらえるかが，勝負になってくる。キャラクター商品の場合もそうである。そのキャラクターをどれだけの消費者が知っているか，認めているかが基本である。次にそのキャラクターに対して，多くの消費者が良いイメージをもっているか，そのキャラクターを大切に思ってくれるか，所持する価値を見出しているのかなどの段階にすすんでいく。最初の，「知っている・知らない」の段階で，販売での勝負が左右されるために，キャラクターの認知度がキャラクター・マーケティングでは重要視される。

　このように，キャラクター・マーケティングにおいては，そのキャラクターが広く知れ渡っているか否かが，決定的な問題である。知っているキャラクターのほうが，知らないキャラクターよりも，親近感や安心感を持ってもらいやすいからである。

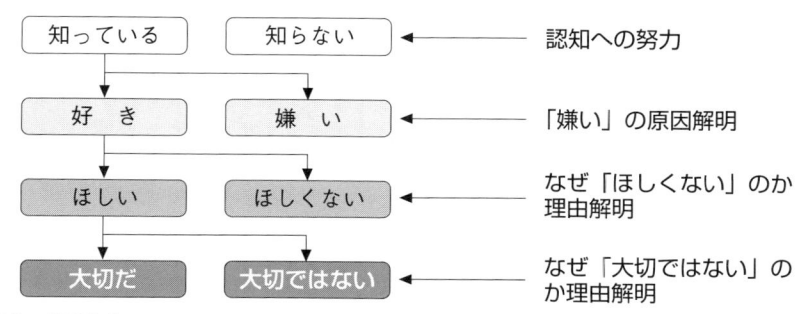

```
知っている    知らない  ← 認知への努力

   ↓            ↓
  好 き        嫌 い    ← 「嫌い」の原因解明
   ↓            ↓
  ほしい     ほしくない  ← なぜ「ほしくない」のか
                          理由解明
   ↓            ↓
  大切だ    大切ではない ← なぜ「大切ではない」
                          のか理由解明
```

出典：筆者作成

図表3－1　キャラクターへの理解と対処法

　企業や商品のキャラクターを消費者に認知してもらうためには，提供側の努力が必要である。たとえば，雑誌に掲載したり，携帯サイトにのせたりして，そのキャラクターの露出を高める。また，ターゲットを絞りこんで，効率的に注目を集めるようにメディアの選別に配慮しなければならない。

　ここでいうターゲットを絞りこむことは，マーケティングの基本でもある。図表3－2に消費者認知を促す方策を示した。この図表には，テレビなどのメディアも，口コミと呼ばれるコミュニケーションツールも同時に示してある。現在の大学生には，チラシやラジオよりも，インターネット，雑誌，口コミの影響が大きいと推察される。ただし，どのようなツールをとっても，情報が正しく伝わるかどうかは未知数である。

　キャラクターを消費者に知らしめる方法としては，メーカーからのグッズとして提案したり，ネット上のナビゲータに使ったりするなど，様々な方法がある。図表3－2の中にもあるが，ディスプレイ（商品陳列）は，店頭でキャラクターそのものを間近に見たり，手にすることができるので，消費者へのアピール度は高い。雑誌にキャラクターを掲載する場合なら，購読者である消費者の関心を惹きつけるレイアウトが必要になる。もちろん，雑誌社側は広告費用も重要な収入源であるから，依頼主の要望をむげにはできない一面もあるが，あまりにも読者層にそぐわないキャラクターは悪い印象を与えてしまい，キャラクターを認知はするが，悪いイメージになってしまうこ

```
                    ((•))
┌─────────────────────┴─────────────────────┐
│                                           │
```

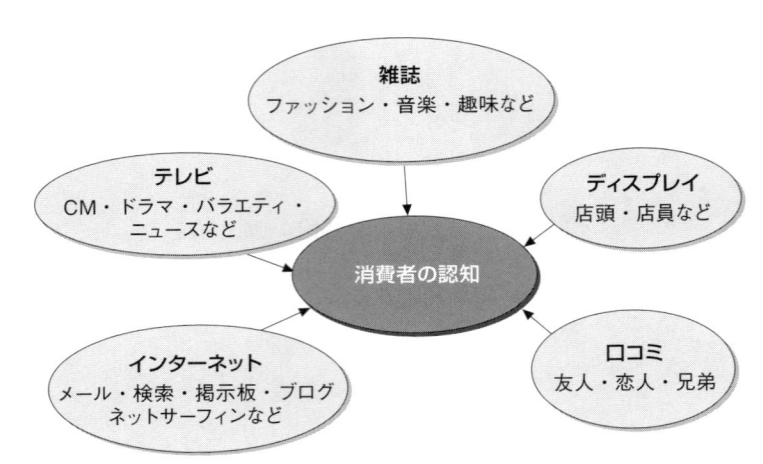

         雑誌
    ファッション・音楽・趣味など

  テレビ   ディスプレイ
CM・ドラマ・バラエティ・   店頭・店員など
  ニュースなど
                消費者の認知

  インターネット   口コミ
メール・検索・掲示板・ブログ 友人・恋人・兄弟
  ネットサーフィンなど

出典：筆者作成

図表3－2　消費者の認知とその周辺

ともある。認知してもらうにしても，良いイメージで認知してもらわなければならないので，逆効果になってはもともこもない。

　もちろん，上記の図表3－2にあげた手段のみが，消費者認知のすべてではない。しかし，一般的には，図表3－2のような手段を活用して，企業は自社キャラクターや自社商品を消費者にアピールして，より多くの消費者に認知してもらうのである。

　ただし，キャラクター商品が他の商品と異なる点は，あるキャラクターを借用して，その効果をもって消費を促すことがあるという点である。つまり，ライセンス料を支払って，有名なキャラクター（たとえば，ミッキーマウス，ピーターパン，くまのプーさん等）を借り受け，商品価値を高めることができるのである。消費者がよく知っているキャラクターを採用することによって，消費者は，当該商品に対してより親近感を抱いたり，安心感をもったりするのである。

3　消費者自身の有するキャラクター（マイ・キャラクター）

　若い人々の中には，マイ・キャラクターを書く人がいる。マイ・キャラク

ターは，ノートの隅に，あるいは手紙の最後などに，自分なりのオリジナルキャラを描くことである。マイ・キャラクターは誰にでも描くことができる。漫画家のような技量は必要ない。単純な線で人や動物などの特徴をとらえていればよい。マイ・キャラクターは，花押に似ているところがある。花押とは，「署名の下に書く判。書判ともいい，中世には判，判形と称。初めは名を楷書体で自署したが，次第に草書体で書いた草名となり，さらに様式化したもの」(『広辞苑〔第三版〕』)のことである。花押は，書き手その人の属性やパーソナリティを表す。マイ・キャラクターも同様に，それを手紙やメモ書きの文末に描きとどめることによって，他者と自分を分ける。いわば，差別化のための符牒としてはたらくのである。

　また，最近は，若い人たちの間で痛車(いたしゃ)がブームである。これは自動車のボンネットやドアに，キャラクターのステッカーなどを貼り付けた車である。自動車を自分の好みでカスタマイズすること自体は目新しいことはない。ただ，既存のキャラクターを車体に自分らしくアレンジすることは，マイ・キャラクターと同様に，規格品である自家用車にオリジナル性を強め，他車との差別化をはかっていると言えよう。これらの行為は，「萌え」的な発想であると説明されている[2]。

　ところで，近年，マイ・キャラクターが思わぬところから，世の中に認められ，話題になるケースが見られる。たとえば，「のまネコ」がその例だ。のまネコは，そもそもインターネットの掲示板に絵文字で描かれた猫のキャラクター"モナー"に発している。のまネコは，インターネットを利用していた多くの人々から親しまれたが，その人気に目をつけたある大手の音楽会社が，歌手のプロモーション・ビデオにモナーを採用し，プロモーション・ビデオ等を販売した。これは著作権に反するのではないかという議論がおこった。現実的には，法律の問題としてよりも，多くの"モナー"を気に入っていた人々の反感という，感情的な問題のほうが大きくクローズアップされた。また，2006年に文化庁が主催した「日本のメディア芸術100選」のエンターテイメント部門で，優秀作に選ばれた「やわらか戦車」も，最初はささ

既存のキャラクター（プーさんなど）	マイ・キャラクター
マーケティングに活用，商品価値高める	本来は私的な趣味，価値はない
ライセンス料を支払う	特別な料金体制はない
認知度が高い	認知度はない
キャラクターに関心をもってくれるかどうか不明，好悪がある	制作者のキャラクターに対する強い思いがある
商品とタイアップできる	商品との関連性がうすい

出典：筆者作成

図表3－3　既存のキャラクターとマイ・キャラクターとの比較

やかなネット上のマイ・キャラクターだったものが，愛好者の支持を集めて，いわば「アワ・キャラクター」に成長した例である。「のまネコ」や「やわらか戦車」だけではない。アニメやマンガのキャラクターではないが，あの「電車男」も，あるブロガーの個人的な表白が，出版やテレビドラマ化にまで結びついた例である。このように，個人の慰み物に過ぎなかったマイ・キャラクターが世間の注目を集めて，ヒット商品となることがある。つまり，私的なキャラクターが，ひょんなことから，人気者になることも珍しいことではなくなってきたのである。

　なお，キャラクターにまつわるライセンスや著作権については，第5章以降であらためて紹介をする。キャラクター・マーケティングを考えるうえで，今後，「のまネコ」などの問題は，重要になっていくからである。キャラクターの借用は，そのまま商品の売上に反映するため，複雑な利権が発生するのである。図表3－3は，既存のキャラクターとマイ・キャラクターとの関係をまとめたものである。

　既存のキャラクターを商品やサービスに貼り付ける場合には，当然使用時の制約がある。そのキャラクター自身にも商品価値があるからである。たとえば，「ピーターパン」にはピーターパンの物語の世界観がある。また「プーさん」や「ピーターラビット」も同様である。これに対して，マイ・キャラクターは，商品との関連や価値がどうというよりも私的なマークと同

じ意味である。企業キャラクターは，これら両者の特徴を合わせもつ。企業にとっては，企業キャラクターは，マイ・キャラクターと同じように，一企業の理念やブランドを体現している。たとえば，NECの「バザールでござーる」は，NECのパソコン機器のシンボルであると同時に，NECそのもののパーソナリティをも代表している。また，不二家のペコちゃんのように，半世紀にわたって親しまれたキャラクターは，不二家そのものといってもよい存在である。このことは前章で詳細に述べたとおりである。これらは，もともとパソコンや菓子を販売するために生み出されたキャラクターである。しかし，キャラクターはいつまでもそこに安住してはいない。やがて，本来の用途を離れて，文具やおもちゃや雑貨など，あらゆる関連商品に仕立てられ，販売されるようになる。つまり企業キャラクターは，自社製品の販売拡大のためのマーケティング戦略の一部を担うとともに，それ自身にも価値が生まれ，融通無碍に流用できる存在にもなる可能性をひめている。

2 消費者がキャラクターに期待する効果

1 キャラクターを採用する理由と時代の流れ

キャラクターはその名のとおり，"人格"を示す用語である。しかし，キャラクター商品といえば，パッケージや商品そのものにキャラクターがつけてある商品を思い浮かべることが多い。大学生たちの多くは，キャラクター商品を単に「キャラクターがついている商品」というように解釈している。では，なぜキャラクターは，パッケージに用いられたり，おまけにされたり，商品そのものになったりするのだろうか。言うまでもなく，キャラクターが消費者の購買意欲をそそるからにほかならない。

世の中には，品質や機能だけではその商品の価値が判別できないものもある。たとえば，ハンカチ，タオル，ティッシュペーパーなどを思い浮かべてほしい。無地のハンカチ，色柄のついたハンカチ，それらのハンカチの材質

が，いずれも綿100％であったとしたら，それは品質や機能での差はない。どこがどのように異なるのか，判別が不可能である。それらは消費者の好き嫌いや趣味で選択されるほかない。ハンカチにシンプルさを求める消費者は，無地のハンカチを選ぶであろう。あるいは，冠婚葬祭に使うのなら無地がふさわしいと思い，選択するかもしれない。同じように，学校にもっていくときには，品質や機能に優れたハンカチよりも，楽しいキャラクターが描いてあるハンカチのほうがよいかもしれない。状況や場所や使用者によっても，商品の選択基準は異なるが，キャラクター商品は品質や機能のよし悪しを超えた付加価値で選ばれるものである。

そのほかにも，最近は"環境にやさしい"ということが商品選択の基準の1つに数え上げられるようになった。「環境に配慮したキャラクター商品だから」という理由で，好悪や品質を度外視してでも，選ばれる商品も増えてきた。たとえば，日本経済新聞の2006年7月19日付の記事には「環境配慮のキャラ商品」という見出しで，以下のような記事が掲載されていた。これは昨今，一般の商品が環境に配慮したものが増えてきただけではなく，そこにもキャラクター商品が進出したことを意味する記事である。

「ソニー・クリエイティブプロダクツ（ソニーCP，東京・千代田）は20日，環境保全をテーマにした新たなキャラクター商品『ナチュラルピングー』を発売する。第一弾商品はオーガニックコットン素材のぬいぐるみなど計15品目で，同社が展開する雑貨店『m.i.x！』などで販売する。」（日本経済新聞，2006年7月19日）

つまり，環境にやさしい素材であると多くの人々が認知しているものを活用して，ぬいぐるみ，タオル，クッションという製品をつくっていくという記事である。「ナチュラルピングー」のターゲットは20歳から40歳の女性である。20歳から40歳というと，かなり年齢的に幅広いターゲットである。しかし，「ナチュラルピングー」だけではなく，一般的にキャラクター商品の

ターゲットは，広い場合が多い。たとえば，親子二世代で親しまれたテレビ番組のキャラクターが商品化されれば，そのターゲットは20〜30歳ほどの年齢差がある広いものになるであろう。

なお，「ナチュラルピングー」に使用されるオーガニックコットンについては，最近，認知度が高まってきた素材の1つである。1999年に京都にある大学で「オーガニックコットン」という名称，それから付随する商品（シーツ，タオル，バス用品など）を提示してアンケート調査を筆者が実施したところ，オーガニックコットンそのものを知っていると回答をした学生は全体（400名）のうち，たった5％しかいなかった。調査対象となった学生の所属学部は経済学部と経営学部であったので，繊維やアパレルに関する専門的知識を有しているわけではなかった。しかし，あまりにも低い認知度であった。2007年5月に大阪にある大学で同様の調査をしたところ，オーガニックコットンを知っていると回答した学生は18.5％になっていた。対象学生の所属学部は前回と同様の経済学部と経営学部である。対象人数は320名であった。エコ，環境という言葉が身近になってくれば，素材に対しても認知が広がるのであろう。そして，認知が広がれば，そこから環境にやさしいキャラクター商品が生まれてくることも時代の流れとしては当然のことであろう。

2 ヒットの要因

一般的に，キャラクターのヒットはどのようにとらえられているのか，ということに対して，山田徹は次のように説明をしている[3]。

> 「メディアミックス戦略が重要である。"ポケモン"（ポケットモンスター）はゲームボーイという携帯ゲーム機のキャラクターであったが，『コロコロコミック』にコミックとして連載されてヒットをした。この雑誌は小学生男児対象である。」（山田徹『キャラクタービジネス』2000年）

つまり，ロールプレイングゲームから，「サトシ」という少年を主人公に

して,「ポケモン」を探しに行ったり,捕まえたりするストーリーをつけたことがヒットに結びついていると山田氏は指摘している。「サトシ」少年が旅をし,様々なポケモンに出会い,それらをゲットしながら,友情をはぐくんだり,自分自身も成長していくというシンプルな内容である。これは小学生男子が好むような冒険の旅になっているし,困難さを克服していくというヒードラマにもなっている。古典的な展開ではあるが,わかりやすく共感しやすい物語なのである。さらに山田氏はキャラクタービジネスの展開の変化を次のように説明している[4]。

> 「日本における一般的なキャラクタービジネスの展開として,従来はコミック誌で人気の漫画があれば,それらをTV放映した。いわゆるTVアニメである。ここではスポンサー（ライセンシー）の提供で番組が成立している。さらに放映に合わせて市場に商品が展開してキャラクターライセンスの権利も派生する。具体例としては,ドラえもん,クレヨンしんちゃん,セーラームーン等が挙げられる。一方,新しい時代としてメディアミックスのキャラクタービジネスが挙げられる。これは出版,TVゲームからのスタートでそこから,TVアニメとして放映されるパターンである。具体例としては,ポケットモンスターが挙げられる。」
> （同上書）

なにかがヒットをするには,そこに魅力がなければならない。たとえば,夢や冒険といった物語は男子に受け入れられやすく,かわいらしさや恋愛は女子に受け入れられやすい。これはおそらくは,今にはじまったことではない。昔のアニメもそうである。「銀河鉄道999」は当時の男児に圧倒的な支持を得たが,夢と冒険の要素が大きい物語であった。また,女子にも大流行した,「セーラームーン」は「かわいい」女の子たちが戦士として戦う物語ではあったが,恋愛の要素も多分に含まれていた。このような要素は子供たちには,欠かせない要素であろう。また,ムーミンなども,夢のある物語で,

そこには友情というテーマがある。様々な場面において，主人公をはじめとする登場人物たちが，難局をどう切り抜けていくかが見所だった。

TVアニメがヒットとするというのは，そこに見る側の求めている何かがあり，求める要素が含まれているときに，多くの人々に受け入れられるものである。具体的にキャラクターに対して，何を求めているのかについては次章（第4章）での実験結果から詳細に述べる。

3 キャラクタービジネス

1 人気のあるキャラクター

キャラクターは商品価値を高めてくれる。そのように考えるからこそ，ライセンス料金を払ってでも有名なキャラクターを借りて，商品と結びつけるのである。たとえば，その場合，どのようなキャラクターがよいだろうか。参考に，以下にキャラクターとそのシェアを示した。

図表3－4の1位から10位までを使用して，大学生（主に2回生）に図表

順位	キャラクター名	シェア
1位	くまのプーさん	6.72（－3.34）
2位	ハローキティ	6.09（－2.72）
3位	ミッキーマウス	5.06（－1.01）
4位	それいけ！アンパンマン	4.89（－0.33）
5位	ポケットモンスター	4.05（－0.83）
6位	ふたりはプリキュアシリーズ	－3.52（1.89）
7位	ミッフィー	－2.56（0.24）
8位	リラックマ	－2.51（2.30）
9位	魔法戦隊マジレンジャー	－2.49（－）
10位	ガンダムシリーズ	2.43（－0.28）

出典：日本経済新聞，2006年8月8日付「ランキングが語る消費5」より

図表3－4　キャラクタービジネス商品販売シェア

順位	キャラクター名	知名度	好悪
1位	くまのプーさん	100	88
2位	ハローキティ	100	85
3位	ミッキーマウス	100	83
4位	それいけ！アンパンマン	100	90
5位	ポケットモンスター	100	75
6位	ふたりはプリキュアシリーズ	80	65
7位	ミッフィー	100	85
8位	リラックマ	98	88
9位	魔法戦隊マジレンジャー	28	20
10位	ガンダムシリーズ	100	80

注：小数点以下第3位を四捨五入，単位は％
出典：著者作成

図表3－5　キャラクター別知名度と好悪度

中のキャラクターを「知っている」か「知らない」かのどちらであるのかを尋ねてみた。また，「知っている」と回答した学生たちには，そのキャラクターが「好き」か「嫌い」かどちらかを尋ねた。選択肢は2つしかない。この場合，「どちらでもない」という回答は含まれていない。対象は，大阪に立地する私立大学（共学）の経営学部に所属する大学生180名である。

　質問からは，図表3－5のような結果が得られた。図表の見方は次のとおりである。

　知名度は180名中で何人が知っていたかを％で示している。たとえば，「くまのプーさん」「ハローキティ」「ミッキーマウス」は，180人全員が知っていたので100％となった。数値が100に近いほど，そのキャラクターを学生たちがよく知っているということである。ここでは，「魔法戦隊マジレンジャー」の数値が最も低かった。「魔法戦隊マジレンジャー」は，日曜日の朝のテレビ放映であることと，戦隊ものであることから，大学生にはなじみがうすい番組なのであろう。

　好悪に関しては，「知っている」と回答した者に，そのキャラクターが好

きか嫌いかを尋ねた結果である。ここでは「好き」と回答した者の％を示した。たとえば，「くまのプーさん」ならば180人のうち，好きだと回答した者が159名であった。小数点以下第1位を四捨五入したので，計算値0.88333が88％として記載されている。好悪の列は，好きを基準にしているので，数値が高いほどそのキャラクターのことが好きな学生たちが多いことがわかる。

図表3－5の中では，知名度が高くて，好感度も高いキャラクターは，「くまのプーさん」「ハローキティ」「それいけ！アンパンマン」「ミッフィー」「リラックマ」である。ただし，図表3－4「キャラクタービジネス商品販売シェア」を見ると，「くまのプーさん」「ハローキティ」「それいけ！アンパンマン」の販売額シェアはマイナスであった。日本経済新聞は，その原因を次のように解説している。

「ライセンスに縛られて自由に使えない既存のキャラクターより，自社イメージに合わせやすく使い道も広い企業キャラクターの台頭が，既存のキャラクター市場を侵食しているという見方もある。」（日本経済新聞，2006年8月8日）

企業キャラクターと呼ばれるキャラクターは，文字どおり，企業が独自に開発したキャラクターである。たとえば，NTTドコモの「ドコモダケ」やJR東日本の「スイカのペンギン」があげられる。また，英語専門学校NOVAの「NOVAウサギ」や不二家の「ペコちゃん」もそうである。

企業は，ライセンス料を支払うよりも，独自の企業キャラクターを生み出すほうが，利益に結びつくと考える。利益に結びつくというのは，グッズ販売などを視野に入れているためである。つまり，企業キャラクター自体が有名になって「売れる」ことになれば，文具にも，パッケージにも使用することができるのである。

しかし，消費者に受け入れてもらえるキャラクターを創作することは，簡単なことではない。最近は，口コミやブログで話題になったり，人気がでた

年齢	好みのキャラクター	傾向
0－2	ディズニー，バーニー，ビッグバード	丸い，安全，威圧感無，鋭さ無，カラフル，音楽（音響効果）
3－7	ディズニー，ライオンナップ	漫画キャラクターになじむ
8－12	バックスバニー，レン＆スティンピー，アニマック，ガーフィールド，ラグラット	風刺，嘲笑，脅し，ソフトなバイオレンス
13－15	マイケル・ジョーダン，ジム・キャリー，タスマニアンデビル，スターウォーズ	風刺，嘲笑，脅し，現実感，映画などのキャラクターも好む
16－19	シルベスター・スタローン，マドンナ，マライア・キャリー，デニス・ロッドマン	大人の俳優や歌手を好む，風刺のあるキャラクターを好む

出典：エーカフ，D. S., R. H. ライハー，五島芳樹訳『キッズ・マーケティング』1999年より著者作成

図表3－6　年齢とキャラクターとの関係

りするグッズもある。新しいメディアを有効に活用して，自社商品とキャラクターとをうまく結びつけられるかが，今後の課題でもある。

2 好きなキャラクターと年齢との関係

『キッズ・マーケティング』（エーカフ，D. S., R. H. ライハー，五島芳樹訳1999年）の中には，年代別に子供たちがどのようなキャラクターを好んでいるのかについての記述がある。筆者がそれらを整理して，簡単にまとめ直したのが図表3－6（1999年に日本語訳が出版された本の中の記述をもとに作成）である。

これはアメリカ人へのアンケートをもとにしているため，日本人の感覚とは異なるところもある。この本の原書は *What Kids Buy and Why–The Psychology of Marketing to Kids*（The Free Press, 1997）である。

しかし，0歳から2歳までの子供が，丸くて安全でカラフルなキャラクターを好むことは日本人と変わらない。また，少し成長して3歳から7歳ころになると，漫画に親しみ，その漫画のキャラクターを好むことも同様である。8歳から12歳になると，ストーリーやキャラクターの性格も，好悪に影

響を与えるようになる。日本では仮面ライダーは5歳から8歳の男子に人気があるという。ちょうど，図表3－6で言えば，漫画のキャラクターを好む年齢は，ストーリーやキャラクター自身の性格に対する好悪が明確になる時期でもある。だから，正義の味方ばかりではなく，様々な角度からキャラクターの性格を受け止めることもできるようになる。また，8歳から12歳になると，風刺や嘲笑も理解できるようになってくる。さらに，13歳から15歳になってくると，漫画やアニメだけではなく，俳優や小説のキャラクターを好むようになる。この時期には雑誌を読むようになり，そこからの影響はキャラクターの好悪のみならず，ファッションにも及ぶ。16歳から19歳は，日本で言えば，高校生から大学生の年齢である。ここでは包括的に，漫画・アニメ，映画，俳優などキャラクターを理解することもできるし，ストーリーを楽しむこともできる。アニメキャラクターが好きな若者は日本には多い。また，「かわいい」モノが好きな日本の若い女性には，ディズニーシリーズやリラックマも受け入れられている。

　図表3－6では，年齢が上がるたびに，キャラクターへの嗜好の明確な違いがあるように見えるが，発達の早い子供と遅い子供がいるので，いちがいには言えない。図表3－6では，その年齢の代表的なキャラクターを例示しているだけで，訳書にも，たとえばガーフィールドなどは8－12歳だけではなく，13－15歳にも16－19歳にも好まれるキャラクターである，という説明がなされている。

　日本においては幼児番組の影響が大きいであろう。たとえば，「忍たま乱太郎」や「おじゃる丸」は，文具用品やタオルにもキャラクターが採用されているが，これらもテレビ放映中である。

　ところで，年齢に関係なく，多くの人々に受け入れられるキャラクターはあるのか，という疑問がわいてくるであろう。かつて「ダッコちゃん」と呼ばれるキャラクターグッズは，子供よりもむしろ若者がとびつき，その後ブームとなった。ダッコちゃんは，1960年に，「木のぼりウィンキー」という商品名で，宝ビニール工業所製造から，子供向けに発売された。だから，

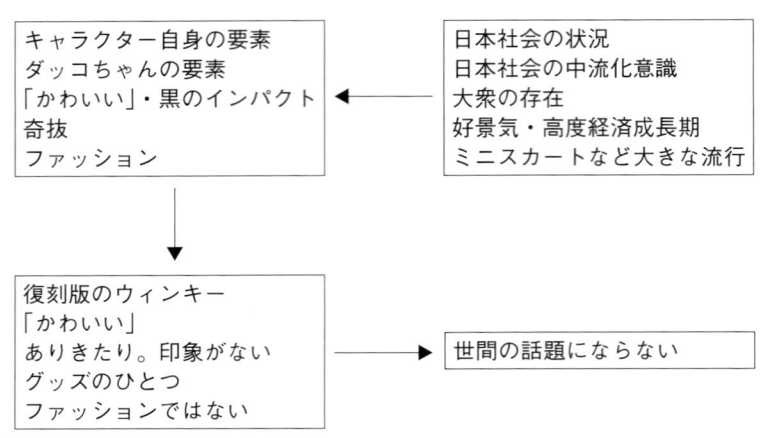

```
                           ((•))
    ┌────────────────────────┴────────────────────────┐
    │                                                  │
┌─────────────────────┐         ┌─────────────────────┐
│ キャラクター自身の要素 │         │ 日本社会の状況       │
│ ダッコちゃんの要素    │ ◄────── │ 日本社会の中流化意識  │
│「かわいい」・黒のインパクト│     │ 大衆の存在           │
│ 奇抜               │         │ 好景気・高度経済成長期 │
│ ファッション        │         │ ミニスカートなど大きな流行 │
└─────────────────────┘         └─────────────────────┘
          │
          ▼
┌─────────────────────┐
│ 復刻版のウィンキー    │
│「かわいい」          │
│ ありきたり。印象がない │ ──────► ┌──────────────────┐
│ グッズのひとつ       │         │ 世間の話題にならない │
│ ファッションではない  │         └──────────────────┘
└─────────────────────┘
```

出典：筆者作成

図表３－７　ダッコちゃんを受け入れる要因

「ダッコちゃん」という名称はいわば，あだ名である。手と足が輪になっており，腕に巻き付けて歩くことが流行した。いわば大きな人形型のブレスレットである。発売当時の販売価格は180円であった。なお，製造した宝ビニール工業所は現タカラトミーである。

このキャラクターの特徴は，黒い肌をもち，大きな目が特殊なシールの角度によって，ウィンクをしているように見えることであった。ブームになってから，コピー商品が多く出回った。現在でも，人気のある「ドラえもん」のグッズにはコピー商品が多いのと同様である。

「ダッコちゃん」は「だっこちゃん」の名称で2001年に復活している。ただし，しっぽをつけて，人ではない架空の生物として復活させている。「ダッコちゃん」のように，年齢に関係がなく，愛されるキャラクター，あるいは大ブームになるキャラクターは多くはないが，確実に存在はする。たとえば，ガンダムシリーズに登場する「ハローボール」は，シリーズの中で長く愛されているキャラクターでもある。

また，年齢を超えるキャラクターは，先に述べたTVCMを介したダッコちゃんや，TV放映されたり映画化されたりしたガンダムだけではなく，

善悪の役割分担がある カラフルである 動物や空想の生き物である	造形がシンプルである 想定がわかりやすい 単純なストーリーである	← 低年齢層
諷刺がある ストーリー性がある 嘲笑がある 個性がある 美的意識がある	社会面がある コレクション性がある 状況（設定）がある 勧善懲悪ではない 壮大な空想物語もある	← 中年齢層から 若者を含む

出典：筆者作成

図表3－8　年齢とキャラクターとの関係

ゲームの世界からも生まれている。たとえば、「おいでよ動物の森」に出てくる動物のキャラクターたちは、そのゲームをしたことのある人間ならば、何歳でもわかるキャラクターである。この「おいでよ動物の森」には多くの動物キャラクターが登場するが、きわめて特徴的なことは、ゲームオーバーがないことである。つまり、物語がいつまでも続き、キャラクターもふんだんに登場してくるのである。動物たちが村で買い物をしたり、魚釣りをしたりして生活している。そこにプレイヤーが、釣った魚を交換したり、野菜を育てて売ったりして暮らしていくのである。誰がヒーローで、誰がヒロインかという役割分担もない。

　以上のように、キャラクターはたしかに年齢と相関がつよい部分もある。しかし、ある程度の年齢以上になると、雑誌購買の有無、ゲームをするか否か、インターネットをするか否かという生活のパターンによって、キャラクターの好みが変わることもある。大枠から分類をするとしたら、図表3－8のようになる。

　筆者が想定している低年齢層は、図表3－6の分類で言えば、0－2歳と3－7歳以下である。よって、中年齢層から若者を含む層というのは、具体的には8歳から20歳までくらいである。あるいは大学を卒業するまでといってもよい。日本では、大人が漫画を人前で読んでいても奇異ではない。電車内ではスーツを着た大人たちが漫画を読んでいる。しかし、世界の中には、

大人が漫画を見ることが恥ずかしいことだと考えている国もある。ジャパン・クールと呼ばれる流行の中には、日本のアニメや漫画も含まれているとはいえ、大人が漫画と親しんでいても非難されない日本は特別な国かもしれない。アニメや漫画に登場するキャラクターたちが、文具をはじめ、家具、調理用品、台所製品など、多くの製品にあしらわれたり、アレンジされたりするのは、「かわいい」美意識が老若男女を問わず大事にされる日本の土壌が背景にあると言えよう。

4　キャラクターの伝播

1　伝播の理論

　キャラクターの伝播は、ジンメル（G. Simmel）のトリクルダウンセオリー（滴下理論）に似ている。ジンメルのトリクルダウンセオリーは流行の伝播を示したものである[5]。たとえば、以下の図表3－9のように、王様から貴族へ、貴族から大富豪へと、ドレスやアクセサリーなどが払い下げられる。王様は、オーダーメイドのドレスや特別に注文をしたアクセサリーをつ

出典：筆者作成

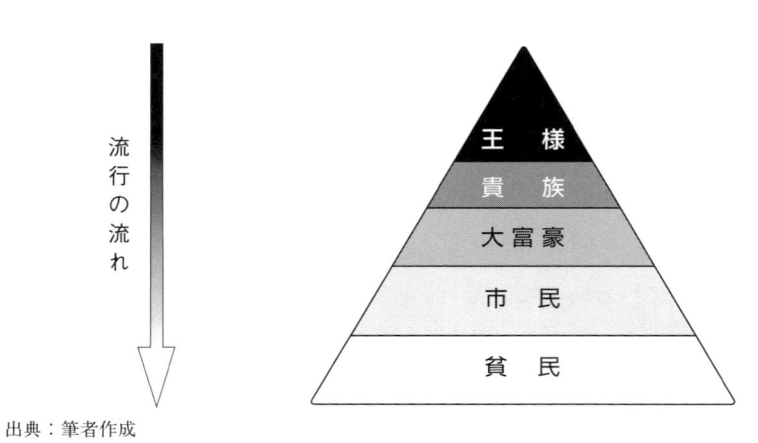

図表3－9　ジンメルのトリクルダウンセオリーのイメージ図

くらせる。そこには，その王様自身の好みや個性やアイデアが発揮される。それを見習って，1つ下の階層である貴族たちが，王様が身につけたドレスやアクセサリーに憧れて真似をする。その過程で，柄，デザイン，色などが洗練され，それぞれの好みや個性が加味されていく。貴族たちまでは，お抱えの洋服職人を使って王様が着用したようなドレスに似せた服をつくることができる。また，自分の好みを加味した個性豊かなドレスやアクセサリーをつくりあげることもできる。次の階層の大富豪たちになると，貴族のお下がりを買い取るしかない。大富豪たちがそれらのお下がりにあきると，使用人である市民階層に流れる。さらに彼らが着古してしまったら，その下の階層，すなわち最下層の貧民層に流れていく。洗濯の習慣のない時代であったから，最下層の貧民が身にまとうころには，ドレスはぼろぼろになってしらみがわき，臭気がひどかったということである。

　ドレスやアクセサリーのような流行品は，このように社会上層からその下の階層に，順次，流れて行った。もちろん流行の発信者である王様は，次々に，流行を生み出す。今でいえば，カリスマと呼ばれる人々と同じ位置にいる。貴族は王様のドレスやアクセサリーを真似るので，今でいえばカリスマの周囲にいる信仰者，ファンが貴族と同じ役割である。

　ところで王様は，アイデアを形にできる財力と身分をもつ。つまり，自分の好みの赴くまま，デザイナーにドレスやアクセサリーをつくらせる力があるということだ。ドレスは完全な注文品である。だから，注文者であるその王様の体型にぴったり合わせてつくられる。ここには，お直しという考え方はない。製品であるドレスそのものが，受注者である王様を基準につくられている。もちろん，同じドレスを大量に作成するわけではないので，素材も高級なものや珍しいものをふんだんに使うことが許される。作り手はコストを度外視できる。ただただ，注文者である王様に気に入ってもらえるドレスを，技術のありったけを込めてつくるだけである。

　日本では，20世紀の終わりまでは，図表3−9で示した王様の部分に相当するカテゴリーに，"カリスマ"と呼ばれる人々がいた。ここから流行が発

信された。それに多くの若者（貴族）が追随したのである。その若者に余裕があるミドル（大富豪）が触発され，そして主婦などを含む幅広い層（市民）に伝わり，そして，最後に流行にはまったく関心のうすいその他の層（貧民）に広まっていった。

　しかし，21世紀は，このような階層間の上から下への流れだけで流行の伝播を説明し尽くすことはできない。なぜならば，1つには，価値観の多様化が起こったせいである。同じ年代であったとしても，好みや趣味は異なることが当たり前になった。2つ目には，人口のバランスである。現在の日本では，少子化の影響で，若者よりもシニア層のほうが多い状態である。人口のボリュームがあるところから，流行が発信されることが多い，とされてきた通説で言えば，発信者が若者ではなく，シニア層になってもおかしくはない。最後に，情報の受け取り方の相違である。たとえば，インターネットの活用方法，活用時間は個人差が大きい。また，新聞や雑誌などのような活字媒体に加えて，ラッピングバスをはじめ，ビジュアルな情報も多くなった。こうした溢れかえる情報の中から，いかに自分の興味・関心のある情報をキャッチしていくかには個人差がある。

2　キャラクターが受け入れられる条件

　キャラクターが受け入れられるか否かは，個人の好き嫌いもあるが，社会の状況にもよる。流行色やデザインは，景気（経済状況）によって，左右されると言われている。たとえば，かつては，スカートの丈も不況時には短く，好景気時には長くなると言われてきた。

　キャラクターを受け入れてもらうためには，消費者が期待するキャラクターを創出する必要がある。しかし，なかなか1つのキャラクターで，期待のすべてを満たすことはできない。そこで，キャラクターにはバリエーションが生まれてくる。たとえば，「それいけ！アンパンマン」に登場する「食パンマン」をはじめとするキャラクターも，物語のプロットを構成するために必要な役柄であると同時に，「パン」から派生した登場人物にバリエーシ

ョンをつける部分との両方を担っている。また，ヤマハ音楽教室のキャラクターたちは，物語の必要性ではなく，どちらかと言えば，消費者（この場合は音楽を習う子供たち）が感情移入しやすくなるようにキャラクターのバリエーションを豊かにしている。プップル（りんご）とかんきち（みかん）が2007年秋にはメインとなり，その周囲に，ばなぼう（バナナ），なっぷる（パイナップル），ももぴー（桃），ちごちゃん（いちご）等のように友達がたくさん作られた。楽しい音楽教室の仲間をアピールしているため，主役，脇役，悪役という役割分担はなされていない。ここでは，単純に「音楽」や「音楽教室」が楽しいということが，子供たちに伝わればよいのである。そのために，プップルをはじめ，くだものという子供たちにはわかりやすいものをモチーフにしたキャラクターが作られているのである。子供たちの身近なくだもので親しみやすいことが重んじられたのである。また，果物には動物とは異なり，確立したイメージが少ない。確立したイメージとは，たとえば，ライオンはつよい，リスはすばしっこい，などという先入観のようなものである。

　このように，キャラクターが消費者に受け入れられる条件には，従来の景気という経済状況，年齢などの他に，いかにそこに関わりのある消費者を集められるのか，注目させることができるのか，そしてさらには，関わりのある消費者に納得してもらえるのかがあげられる。

3　キャラクターとブランドとの関係

　キャラクターは企業や製品のイメージを左右する力をもつ。これはロゴマークやコピーによって他者との差別化をはかり，ブランドを構築するのと同じ効果がある。

　このように，キャラクターとブランドは似ているが同じではないところもある。キャラクターは，元をただせば"人格"の意味であり，企業や製品や物語から一人歩きできる面がある。つまりキャラクターは企業や製品のアピールだけにはとどまらず，独自のパーソナリティを発揮することができる

のである。たとえば，ダイキンの「ぴちょんくん」は，企業キャラクターの1つである。単なるダイキンのマークのようにも見えるが，大きな目から，もしも涙が見えたら，悲しがっているのだと思うであろう。大きな目が笑っていたら楽しそうだと感情移入することができる。商品（製品）には，機能はあるが，感情はない。その感情の部分をキャラクターが補ってくれるのである。

　だから，赤ちゃん用商品には，やさしい色のキャラクターのほうがよいだろう。どぎつい色のキャラクターでは刺激が強すぎるからである。また，学生向けの商品には，赤や黒のようなはっきりとした色合いの，刺激の強いキャラクターのほうがよいかもしれない。また，シニア層にアピールするには，地味で落ち着いた色を使用したキャラクターが受け入れられるかもしれない。このように，キャラクターがロゴタイプやロゴマークと異なるところは，そこに感情移入ができることだ。

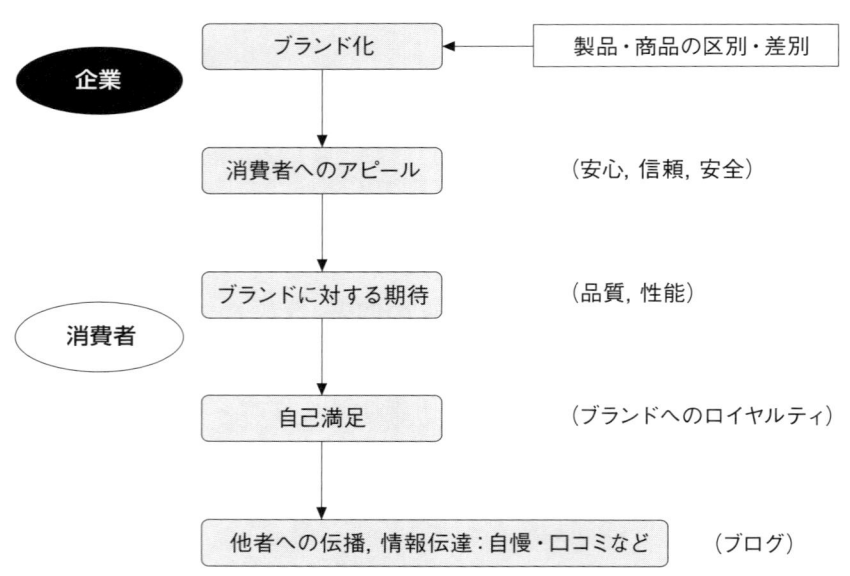

```
企業 → ブランド化 ← 製品・商品の区別・差別
          ↓
       消費者へのアピール    （安心, 信頼, 安全）
          ↓
消費者  ブランドに対する期待   （品質, 性能）
          ↓
       自己満足            （ブランドへのロイヤルティ）
          ↓
       他者への伝播, 情報伝達：自慢・口コミなど　（ブログ）
```

出典：筆者作成

図表3-10　ブランド化された商品が消費者に与える効果

さて，ブランドについて少しふれておく。ブランドは簡単に言えば，商標，トレードマークのことである。デザインや色彩，マークなどが他と異なることを意味し，そこに消費者が信頼を感じたり，あるいは付加価値を覚えたりする。同じような商品であったとしても，消費者からは区別される要素がブランドである。ブランドというと，ファッションや流行を連想しやすいが，必ずしも服飾やアクセサリーに特化する話ではない。文具も家具も家電も自動車も，あらゆるものがブランドである。衣食住の中でブランドがないものはほとんどない。食の世界でも，京野菜や丹波黒豆などは，ブランド化がおおいになされているのである。企業から消費者へのブランド形成の見取り図を示せば図表3－10のとおりである。

企業は自社や商品をブランド化することによって，消費者に「安心，信頼，安全」などの目に見えない価値を売る。当然，ブランドには消費者が期待する品質や性能が含まれていないといけない。それがなければ，そもそも消費者と信頼関係を結ぶことはできない。また，他社よりも優れているからこそ，区別する必要性が出てくるわけであるから，当然，消費者としては，優れた品質や性能を期待するのである。期待どおりであれば，満足度は高くなる。その商品のファンになって，次回の購入にもつながっていく。また，自己満足が高いと，他人への情報提供もしやすい状態になる。ブログでも，口コミでも同様である。このようにブランド化された商品が消費者に認められることによって，ブランドとなる。さらに，年月を積み重ねることによって，ブランドはゆるぎない価値に成長するのである。

4　仲間意識の中でのキャラクター

キャラクターの一種ではあるが，世間にあまり知られていないものもある。たとえば同人雑誌などに登場するキャラクターや，売れていないアニメや漫画のキャラクター，せっかくつくったが世間に知られていない企業キャラクターもそうである。また，愛知万博で有名になったモリゾーや兵庫国体でのハバタンなどのイベントのキャラクターは，そのイベントが終わってし

```
個人的なキャラクター
    ↓    発信：インターネット・ブログ・口コミなど

仲間内のキャラクター
    ↓    発信と愛好：インターネット・ブログ・口コミなど

仲間の周辺
    ↓    発信と関心

同世代などの等質集団
    ↓    発信・話題性・ミニブーム

さらに大きな集団へ（世代をこえて）
    ↓    発信・企業やメディアからのアプローチ

世間的な認知・ブーム・流行
```
出典：筆者作成

図表3－11　個人的なキャラクターが世間に認められるまでの流れ

まえば自然に忘れられてしまう。もちろん，その中には，イベント後も地域キャラクターとして採用されるものもあるが数は少ない。

　このように，商品や企業の価値を高めるような有名なキャラクターもあれば，あまり知られることなく消え去っていくキャラクターもある。しかし，後者のようなキャラクターには商品価値がないのか，というとそうとは言えない部分もある。たとえば，のまネコ騒動のように，根強いファンや愛好家がいて，その仲間内では認められているものが，何かの拍子に世間に広がることもある。企業キャラクターは，もちろん，その企業のために存在があるのであるが，広める，認知してもらう方策によって，商品を離れて伝播する可能性がある。これらの流れを図表3－11にまとめてみた。

　同人雑誌やブロガー仲間の周辺には多くのキャラクターが存在しているが，それらが広く受け入れられる確立は少ない。自己中心的なものは，受け入れられにくくなる。マニアックであるから受け入れられないというわけではない。一般の人の目にふれるという露出が少ないことと，きわめてターゲットがせまく限定されているからである。

キャラクターは親しみやすいものや,「かわいい」ものがよいと言われているが, そこには他とは異なるつよい個性が必要である。また, 特徴も必要である。だから, 自分たちの身内の中で, 隠語のように使用される図柄があったとしても, なかなか他者の関心をひかないであろうし, ファンになってもらうには時間がかかるのである。

5 共有される「かわいい」とキャラクター商品

「最近の女子大学生は何に対しても『かわいい』と表現する」と言われてきた。これは一般論ではあるが, 何も女子大学生に限ったことではない。女性の多くは年齢に関係なく「かわいい」という言葉を, 男性よりも身近に聞いたり, 話したりするのか。「かわいい」のもともとの意味は次のようである。

> 「カワユイの転, ①いたわしい。ふびんだ。かわいそうだ。②愛すべきである。深い愛情を感じる。③小さくて美しい。」(『広辞苑〔第三版〕』)[6]

四方田犬彦 (2006年) は,「かわいい」を, ①男女差がある, ②多様性がある, ③グロテスクと隣あわせであると指摘している。また, ③グロテスクと隣あわせの例として,「きもかわ」をあげている。これは,「気持ち悪いが,「かわいい」という意味である。一見グロテスクでも慣れれば「かわいい」と思えるものを含んでいる。「気持ち悪い」は本来,「かわいい」とは対極の意味だが, 2つが一緒になって新たな価値を生むという不思議なことが起きている。それほど「かわいい」という言葉は懐の深い言葉である。もともと「かわいい」と感じる物事には個人差があった。これは②の多様性に通じている。同じモノを見ても「かわいい」と思うか, 思わないかは個人の感性である。よって,「かわいい」は, 深いと同時に広がりのある言葉でもある。たとえば, 子犬や子猫のような小動物を見て「かわいい」と思うこともあれば, 美少女を「かわいい」と表現することもある。また, 幼い子供が不

器用に何かをしている様子を「かわいい」と思うかもしれない。このように様々な状況に応じて，「かわいい」と表現することができる。「かわいい」は便利な言葉である。女子大学生たちに，キャラクターを見てどう思いますか，という質問をすれば，必ず「かわいい」という回答は得られる。ドラえもんもポケモンもアンパンマンも「かわいい」のである。しかし，どこが「かわいい」のですかという質問になると，デザイン，色，大きさ，しぐさ，声，容貌など，個人差が生じてくる。この個人差をどのように共有させていくのかが，まさにマーケティングである。

　たとえば，30歳前後の女性をターゲットにした女性雑誌が，キャッチコピーに「大人のかわいい」という見出しを付けて，ファッションの提案をしていた。おそらく30歳前後の女性が，幼子のように「かわいい」とは誰も思わない。しかし，女性にとっては，いくつになっても「かわいい」はほめ言葉であり，悪い意味は少ない。そこで，大人の女性でありながら，かわいらしく見えるように演出する手管が特集されるのである。一方，男性は「かわいい」と言われることを，それほど歓迎するわけではない。むしろ，社会性の乏しさや未熟さを指摘されたような，軽い侮蔑を感じることすらある。男

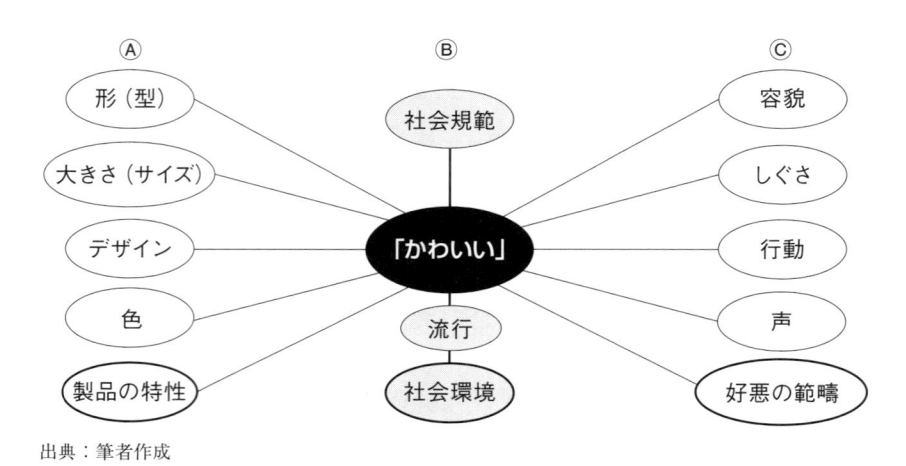

出典：筆者作成

図表3－12　「かわいい」を取り巻く状況

として認められていないという不満を感じるのである。

　キャラクター商品は，このように懐が深く，広く適用される「かわいい」の要素をうまく取り込んだものがヒットする。多くの人々が，そのキャラクターのなかに，各自の尺度に合った「かわいい」基準を見出せば，そのキャラクターは受け入れられる。

　図表3－12に，「かわいい」を取り巻く状況を整理してみた。大きくはⒶ～Ⓒの3つの状況パターンが考えられる。

　まずⒶであるが，そのキャラクター商品そのものの特性として，形（型），大きさ（サイズ），デザイン，色である。これらは，製品がもって生まれた特性なので，変更は困難である。

　次にⒷとして，社会規範や流行といった社会環境がある。「きもかわ」という言葉が生まれてくるように，その時の社会情勢によって，何が「かわいい」と受け入れられるのかが変化してくるからである。

　最後にⒸとして，容貌，しぐさ，行動，声など個人の好悪の範疇である。これは変更が可能である。容貌も服装をかえることによってかなり変わることもできる。しぐさも同じである。行動は変えようとする努力次第で変わる。声は基本的には変えにくいが，それでも話し方を工夫したり，発音を気をつければ変わる要因はある。

　愛されるキャラクター，あるいはキャラクター商品は，上記のようなⒸの好悪の条件の中で，より多くの支持者を獲得できたものであるといえよう。つまり，好きだと思ってくれる人々が多いのである。そして，キャラクターを提供する側は，その時々に「かわいい」を発見して，それを商品に取り入れていく努力が必要なのである。2008年の春に奈良市が平城遷都1300年祭のマスコットキャラクターとして「せんとくん」というキャラクターを発表した。これは「かわいくない」という評判をまねいてしまった。しばらくして，同じ市に「まんとくん」という鹿をモチーフにしたキャラクターが登場した。「かわいい」という基準では「まんとくん」のほうに軍配があがる。しかし認知度，露出度，知名度になると「せんとくん」のほうが高い。かわ

いくないからこそ，有名になった「せんとくん」は，特別なキャラクターであるとも言えよう。

注釈
1） 廣田章光・石井淳蔵編（2004年）を参考とした。ここではマーケティングの基礎知識として，本文中に示した4Pを挙げている。キャラクタービジネスではこれらの4Pのうち，とくにプロモーション政策に，重要な戦略があると考えられる。また，最近はキャラクター自身のコラボ（例：ガッチャピン，サザエボンなど）もあり，他者との差別化と同調の2つの路線での戦略決定が必要になっている。話題性ということを考えるのであれば，いかにどのタイミングで商品を売り出すのか，どういう形での広告が効果的か，など，まさにマーケティングの基礎的な部分での売り出し方法をキャラクター戦略にあてはめることが可能になる。

2） 「萌え」という言葉は，非常にインパクトの強い言葉である。森永卓郎氏は『萌え経済学』を2005年に講談社から発行している。"萌え"という言葉自体は，もともとは草木などが発芽する様を示していたが，近年では"萌え"は，感情を示す言葉として理解されており，漫画やアニメの登場人物の微細な差異にフェティッシュな関心をもつこと，あるいは没頭するというような意味あいになってきている。

3） 山田徹（2000年）pp. 62-63からの抜粋。本書は全6章からなり，第1章は，キャラクター市場の説明，第2章は，ここで引用したように，全体としてはキャラクタービジネスの構造について，従来と現在との比較が記されている。第3章は，人気キャラクターの分析，第4章は，ビジネスになる仕掛けについて，第5章は，キャラクタービジネスの基礎知識について述べられている。最後の第6章では，今後の展望を含めて，キャラクタービジネスのゆくえがまとめられている。

4） 同上書「キャラクタービジネスの展開の変化」（p.63）より引用。コミックの連載，テレビアニメ放送，キャラクターグッズの販売，音楽（CD）の発売など，ある作品をメディアを駆使して総合的に売り出すことが，相互作用によってヒットを生むと山田氏は述べている。これは，マーケティングミックスの考え方にそっている。統合的・戦略的にある商品を売り出すのである。

5） ジンメル（Georg Simmel：1858-1918）はドイツの社会学者である。彼は1911年に発表した論文の中で，2つの仮説を前提に流行を説明した。流行には同調と差別化があると言ったのである。つまり，流行を追う心理には，人々と同じようにしたいという気持ちと，他人とは違うという気持ちが同時にあることを述べたのである。また，ジ

ンメルはトリクルダウンセオリーとして，上位階層にあこがれて同調したい感情が高まり，模倣行動を引き起こし，また，同位の中で自らを差別化したいという気持ちがバリエーションを生むと述べている。このジンメルの理論は，同時期に生きたフランスの社会学者タルドの模倣説や，ル・ボンの感染説と共に，有名な流行の理論である。
6)「かわいがる」になると愛情をそそぐという意味になる。

参考文献

阿部周造編 『消費者行動研究のニュー・ディレクションズ』関西学院大学出版会，2001年
内田東 『ブランド広告』光文社新書058，光文社，2002年
エーカフ,D.S.，R.H.ライハー著，五島芳樹訳 『キッズ・マーケティング―子供の買うモノ・買わぬモノ―』五月書房，1999年
河崎照行編 『電子情報開示のフロンティア』中央経済社，2007年
香山リカ 『若者の法則』岩波新書781，岩波書店，2002年
近藤健祐 『100年愛されるキャラクターのつくり方』ゴマブックス，2006年
斉藤博 『著作権法〔第2版〕』有斐閣，2004年
佐藤研司編 『ネットワーク・イノベーションとマーケティング』晃洋書房，2006年
高田公理 『「流行」の社会学』PHP研究所，1985年
高田昇 『まちづくりフロンティア』オール関西，2005年
辻幸恵 『流行と日本人―若者の購買行動とファッション・マーケティング―』白桃書房，2001年
中田善啓 『マーケティングの変革―情報化のインパクト―』同文舘出版，2002年
日本家政学会編 『生活情報論』家政学シリーズ23，朝倉書房，1989年
野村昭 『社会と文化の心理学』北大路書房，1987年
廣田章光・石井淳蔵編 『1からのマーケティング〔第2版〕』中央経済社，2004年
深川英雄 『キャッチフレーズの戦後史』岩波新書195，岩波書店，1991年
本田透 『萌える男』ちくま新書556，筑摩書房，2005年
南知恵子 『リレーションシップ・マーケティング―企業間における関係管理と資源移転―』千倉書房，2005年
森永卓郎 『萌え経済学』講談社，2005年
山田徹 『キャラクタービジネス』PHP研究所，2000年
四方田犬彦 『「かわいい」論』ちくま新書，筑摩書房，2006年

第4章

キャラクターの魅力

1 キャラクターの形に対する好悪

1 幼稚園児が好むキャラクターの特徴

　2005年の7月に追手門学院大学経営学部の学生たち8名（女子3名，男子5名）と一緒に，幼稚園に訪問させていただき，年長組園児を対象に好まれるキャラクターの色と形についての調査を実施した[1]。

① 色に関する調査

　色は緑，赤，黄，青，ピンクの5色とした。これは子供たちに人気番組である戦隊もののヒーローたちの5色をそのまま使用した。この5色の服を着た5人の男子大学生たちが実験試料である。服装は，ジャージかロングそでのTシャツを着用し，上下共に同色の服装とした。これはより色を主張するためである。たとえば，赤なら上下ともに赤のジャージというような服装とした。多目的ルームの真ん中に園児を集めて，好きな色のところに集まってもらい，そこで，どうしてこの色が好きなのかを聞き取り調査をした。結果は以下のとおりであった。

　最初に人気の度合いと，集まってきた園児の男女比について述べる。

　赤は圧倒的に人気があった。ここには30名以上集まり，女児も男児もきた。一番早く人数を集めたので，迷うことなく赤に集まってきたことがわかる。黄は2番目に人気があった。17名くらいがきた。黄も赤と同様に，女児も男児も集まってきた。3番目には青が人気があった。ここには男児の方が多く，女児は6名であった。ピンクは女児には人気があった。12名集まってきたが，すべて女児のみであった。緑は男女共にあまり人気がない。集まりが悪い中でやや男児の方が多いくらいであった。

　もちろん，好きな色のところに集まれという指示ではあったが，誰か友人がそちらに走ると一緒につられてしまうことも考えられる。よって，色に対

する確かな数字とは言えない。しかし，これらの色の中で，赤が人気があり，次に黄，青，ピンク，そして緑という順番は，次に述べるその色が，なぜ好きかという理由の数と比例している。赤は，非常に多くの好きな理由があがった。その年代の子供たちの憧れや思いを表していると考えられる。

以下に好きな色の理由を以下にまとめた。

赤：太陽の色だから，きれいだから，イチゴの色だから，明るいから，あたたかいから，よく見るから，目立つから，遠くからでもわかるから，スイカと同じだから，強そうな色だから，きれいな色だから，夕日の色だから，ビーズの色だから，靴と同じ色だから，鞄が赤が多いから，リボンの色だから，ノートの色だから，母の日の花の色だから（カーネーション），サンタさんの服も赤だから。

黄：レモンの色だから，お日様の色だから，かわいい色だから，楽しい色だから，飴の色だから，透明ですきとおっているから，ケーキの色だから，ライオンの色だから，飼っている鳥と同じ色だから，チーズも黄色だから，消しゴムと同じだから，パイナップルが黄色いから。

ピンク：やさしい色だから，かわいい色だから，女の子の色だから，赤ちゃんの色だから，リボンと同じ色だから，服の色だから，指輪の色だから，人形の服もピンクだから。

青：空の色だから，海の色だから，のびのびしているから，気持ちよい色だから，すっきりしているから，自由だから，魚の色だから。

緑：草の色だから，信号の色だから，野菜の色だから。

このように，理由にしても，思ったとおりの表現ができる園児と感じていることはあっても的確に表現できない園児もいるであろう。しかし，そのあたりを割り引いてみても，人気の赤色は好きな理由が多岐にわたっていることがわかる。一方，あまり人気がなかった色は好きな理由も少なくなっている。

② 形に関する調査

　形は丸，三角，四角の3種類とした。画用紙で50cmサイズの三等身の人形をつくり，顔の部分を丸，三角，四角にし，あとはすべて同じ胴体，手足とした。その顔の中も目，鼻，口は3種類とも同じにして，顔の形，すなわち輪郭だけが異なるように作成をした。

　これを3人の男子大学生と3人の女子大学生がそれぞれ持って，自分の好きな形の人形の所に集まってもらった。結果は圧倒的に丸に集まり，90％以上が丸に集まってきた。三角がその次で，四角が一番人気がなく，たった4人しか集まらなかった。以下に形ごとに集まった理由をあげる。

　丸：丸君はかわいい，丸君は友達になれそう，丸君はやさしい顔をしている，丸君は楽しい顔をしている，丸君にさわってみたい，やわらかい感じがする，丸君は親切に見える，丸君はボールみたいだ，安全な感じがする，友達に似た顔をしている，丸君は良い人にみえる，丸君は笑っている，サッカーボールも丸だから，だんごみたい，石ころみたい，雪だるまみたい，鈴に似ている。

　三角：おにぎりみたい，かわいい，ちょっと元気な男の子みたいにみえる，チーズにみえる，怒ったらこわいかもしれないが，笑っているから大丈夫，山のよう，とんがってる。

　四角：かくばっている，かっこうよい，痛そう。

　以上，色と形からわかったことは，圧倒的に赤色が人気があったこと，そして形は丸が人気があったことである。キャラクターで丸型は多い。たとえば，ドラえもんやアンパンマンなどは丸型である。丸はキャラクターとして受け入れやすい形なのか，それとも，幼児のころから親が安全を考えて，丸い形の玩具を与えているからなのかは，今後の調査が必要である。また，赤色にしても，彼らの周囲にその色が多いから好きなのかもしれない。これも今後の課題である。

2　幼稚園児が好む人物像についての考察

　色と形のリサーチを実施したが，そこで気がついたことは，何回か実験をくり返しても，同じ学生のところにやってくる園児がいることである。彼らはその色や形が好きなのではなく，その学生が気に入ったのである。おそらく，その学生がどのような色の服を着ても，またどのような形の人形を持っていても，その学生のところに行くと思われる。

　そこで，園児が好む人物像について，実際に幼稚園に行った学生たちと，その学生たちを知っている学生たちの2つのグループに分けて，ディスカッションを実施した。

　第1グループは実際に幼稚園にいった8名（女子3名，男子5名）で，第2グループは第1グループの学生たちをよく知っている学生8名（女子2名，男子6名）である。テーマは，「幼稚園児が好む人物像について」である。各グループともすでに，顔見知りであるので，司会者を男子1名指名したあとは，70分間自由に話しあってもらった。

　各グループの結論は以下のとおりである。

第1グループ（幼稚園に行った学生たち）

　好みは男子と女子では異なる。男子はどちらかというと髪が短くてスポーツマンタイプが好みなのだ。女子はやはり同性でやさしそうな雰囲気にひかれるのだと思う。ただ，女子の中には背が高くて，王子様の要素がある（この場合，ピンクを着ていて非常に女子に人気の色であった）人物が好きな子もいた。好みではないのは男女ともに外見が老けていて，おにいさんではなく，おじさんに近い学生は好まれない。また，言い方が命令調であったり，声が小さいということも嫌いな要因である。統合すると，若々しくて，元気で，親切で，やさしい感じが女子に好まれる。男子には親切とかやさしいよりも外見のかっこうよさも加味される。スポーティな感じの人物が好まれる。

第2グループ（幼稚園に行かなかった学生たち）

　好まれた学生は，弟や妹がいることから，自分よりも年下の子供に接する

ことが上手であったのかもしれない。それは日常生活の中で，自然にできた役割分担のようなものである。確かに，やさしい，親切，笑顔，元気などは，幼稚園児だけではなく，だれにでも好かれる共通点のような気がする。また，声が小さいとか，暗い感じも同様で，園児だけの好みではないのかもしれない。ただし，園児にとっては短い時間で接しているので，性格まではわからないはずだから，服装（この場合，緑が不人気だった）の色調で明るいあるいは暗い感じだと判断したのかもしれない。

このようにどちらのグループの結論もほぼ同じであった，つまり，園児にとっては，身近に感じられるやさしくて，親切な若々しい学生が好まれたと考えられる。これは自分にとって，危険であるかあるいは安全であるかという基準も含まれている。また，若々しいという要因はおそらくは自分の仲間であるかそうではないか，あるいは親しみがもてるか否かにかかわりがあると考えられる。

2 キャラクター商品に関する女子中学生の嗜好と選択基準

1 女子中学生に選好されるキャラクターに関する調査

ここでは，2002年6月1日と2日に，昭和女子大学で開催された日本家政学会第54回大会で筆者が口頭発表をした結果をまとめた。対象は女子中学生である。

① 目　　的

キャラクター商品の中で，女子中学生に選好されるキャラクターを取り上げ，なぜそれらのキャラクターが女子中学生に好まれるのか，理由の一部を解明し，キャラクター商品の選択基準を明らかにする。本研究におけるキャラクター商品とは，ディズニー関連のキャラクター，「ポケモン」「ハローキ

ティ」などである。

② 研究の意義と成果の利用方法

「女性はかわいいものが好きだ」と一般的に思われている。この言説は，必ずしもキャラクターだけを指しているのではないが，女性が何を「かわいい」と思うのかという要因を知る糸口にはなると思われる。「かわいい」の要因を知ることは，女性心理の大切なある部分を解明することに役立つであろう。また，具体的な成果の利用としては，女子が好むような未来のキャラクターを創造することも可能になるであろう。

③ 調査方法と結果

調査地域は兵庫県と京都府とした。調査は，筆者が在職している大学の併設校，出身の私立中学，個人塾，同級生の子供など，それぞれ個別に依頼して質問票を配布した。留置法を採用し，質問票は後日回収ということにした。回収された質問票は847名分であった。質問票での回答形式はほとんどが5点尺度での選択方式とした。調査期間は2001年10月中旬から下旬とした。5点尺度の個々の数値回答を活用し，重要なものを見出すための分析手法としては，因子分析（主因子法）を用いた[2]。

結果は以下のとおりである。

1）属性による結果

中学生たちの属性（フェイスシート）として集めたデータを整理した結果を，図表4－1の①から⑧に示した。⑧中の小物の袋類とは，お弁当包，お弁当敷をはじめ，体操服を入れる袋，音楽袋，ポーチ，ティッシュケースなど様々であった。

この結果から，女子中学生の多くは，キャラクター商品として，文具，小物，財布などを学校に持って行くことがわかる。ぬいぐるみや衣服は自宅での活用で，プライベートな時間に楽しまれている。文具の中には，授業中に使用するノート，鉛筆，シャープペンシル，消しゴムの他にも，レターセッ

①学年の内訳……1年487名,2年269名,3年91名(回収された有効回答数)
②地域の内訳……兵庫県527名,京都府320名
③TVの1日の視聴時間の平均……65分
④クラブ活動状況……クラブに所属者62%
⑤塾への通学状況……塾に行っている72%(家庭教師を含める)
⑥好きなキャラクターの有無……有78%
⑦1カ月のこづかいの平均額……4200円
(月決めでない者は,約1カ月に使っている目安での回答)
⑧所持しているキャラクターグッズについて
　1位:文具,2位:小物(かばん,袋類を含む),財布,4位:ぬいぐるみ,5位:衣服(部屋着など),6位:弁当箱,7位:時計(腕時計),8位:貯金箱,9位:薬用リップ,10位:家具(机,イス,引出し付タンスなど)など

出典:筆者作成　図表4－1　調査対象である中学生の属性

トや電卓なども含まれていた。5位の衣服では,Tシャツや部屋着,あるいはパジャマなどの回答があった。7位の時計は学校にしていくための腕時計であった。2位の小物の中には,櫛やリップという化粧道具も含まれている。なお,中学生なので,アクセサリーという回答は,上位10の中には含まれなかった。

2)因子分析による結果

　質問票で使用した52の質問項目のキーワードを図表4－2にまとめた。
　これらの52の項目に対して,対象者(この場合,女子中学生)がそれぞれについて,「全く違う」「やや違う」「どちらでもない」「ややそうである」

流行している	新しさがある	なごむ	いやされる	驚きがある	色が気に入った
皆が持っている	楽しさがある	小さい	ほほえましい	親しみやすい	デザインがよい
形が気に入った	種類が多い	有名だ	昔から存在する	もちやすい	置きやすい
自分に似合う	自然な感じ	クール	わかりやすい	人気がある	こだわり
新鮮な感じだ	優しい感じ	ホット	若々しさがある	元気がでる	快適だから
特別な感じだ	平凡な感じ	丸い	愛らしい感じ	平和な感じ	穏和な雰囲気
落ち着く	安全な	覚えやすい	安心できる	おもしろい	話題性がある
格好良い	理知的	目立つ感じ	記号的だ	好感がもてる	なつかしい感じ
シンプルだ	野性的	皆が知っている	全く知らない		

出典:筆者作成　図表4－2　5段階尺度の質問項目キーワード一覧

質問項目	全く違う	やや違う	どちらでもない	ややそうである	そのとおり
流行している	1	2	3	4	5
新しさがある	1	2	3	4	5
なごむ	1	2	3	4	5
いやされる	1	2	3	4	5
驚きがある	1	2	3	4	5
色が気に入った	1	2	3	4	5
皆が持っている	1	2	3	4	5
楽しさがある	1	2	3	4	5
皆が知っている	1	2	3	4	5
話題性がある	1	2	3	4	5
落ち着く	1	2	3	4	5
・	・	・	・	・	・
・	・	・	・	・	・

出典：筆者作成

図表4－3　質問項目に対する5段階尺度

質問項目	第1因子	第2因子	第3因子
流行している	0.850	0.135	0.016
皆が持っている	0.720	0.123	0.024
皆が知っている	0.698	0.001	0.127
話題性がある	0.657	0.009	0.104
新しさがある	0.112	0.702	0.052
驚きがある	－0.126	0.679	－0.154
全く知らない	0.091	0.652	0.065
なごむ	0.014	0.200	0.694
いやされる	－0.166	0.021	0.680
落ち着く	－0.161	0.164	0.656
好感がもてる	0.284	0.003	0.655
ネーミング	流行	新しさ	なごみ

出典：筆者作成

図表4－4　因子分析結果とネーミング

「そのとおり」という5段階で評価をする。

　1～5までの数値のうち，ネガティブな意識は1と2という数値に表れる。一方，ポジティブな意識は4と5という数値に表れる。これらの数値をデータとして因子分析を用いた結果を図表4－4に示した。

　図表4－4を見てわかるように数値の高い項目から，3つの因子が得られた。それぞれ第1因子を「流行」，第2因子を「新しさ」，第3因子を「なごみ」とネーミングをした。寄与率は第1因子から順に19.3％，17.1％，12.4％となった。第4因子以降は寄与率が10％未満であったので，ここでは第3因子までを考察対象とした。

　第1因子の「流行」とネーミングした中には，因子得点が高い「流行している」（0.850），「皆が持っている」（0.720），「皆が知っている」（0.698），「話題性がある」（0.657）などの質問項目が入る。「皆が知っている，持っている」ということが流行を表しているからだ。この場合の"皆"というのは，おそらく彼女たちと同年齢の女性のことだろうことも推察できる。

　第2因子の「新しさ」とネーミングした中には，因子得点が高い「新しさがある」（0.702），「驚きがある」（0.679），「まったく知らない」（0.652）などの質問項目が入った。新しいから驚くのであろう。新しいものについては，初めは誰も知らないものである。第1因子の「流行」と異なるところは，「流行」は多くの人々が知っているということである。だからこそ数が増えて，見る機会も多くなる。それに対して，この第2因子の「新しさ」は，新しい情報に真っ先にふれる喜びである。カリスマから発信された情報を，その取り巻きのファンが最初に受け止めるという例があげられる。

　第3因子の「なごみ」とネーミングした中には，因子得点が高い「なごむ」（0.694），「いやされる」（0.680），「落ち着く」（0.656），「好感がもてる」（0.655）などの質問項目があがった。「なごみ」というネーミングには，キャラクターを見ていると心が落ちついたり，ほっとしたりするという効果を含めた。キャラクターには，見ているとほほえましくなるものも多い。動物型はとくに「かわいい」デザインである。リラックマは，「かわい

い」要素と「なごむ」要素をそなえたキャラクターの代表でもある。

2 アンケート結果からの考察（女子中学生の嗜好と選択基準）

因子分析の結果から，「流行」「新しさ」「なごみ」という3つのキーワードが抽出された。「流行」と「新しさ」に関しては，おそらくキャラクター商品以外の商品にも適応できる。たとえばパソコンや携帯電話のように性能をほこる商品などにも適応ができる要因である。

ここで注目すべき要因になるのは第3因子の「なごみ」ではないであろうか。本研究は女子中学生を対象としている。キャラクターの魅力の中には，女子中学生が好む「かわいらしさ」や「ほっとする」というような要因がある。キャラクターは，心が許せる存在である。女子中学生が，キャラクターに「なごみ」を求めているということは，現実の世界に「なごみ」が少ないということの表れではないであろうか。中学生が日々感じていることは高校受験がせまってくることであろう。また，クラブにしてもサークルにしても，小学校にはなかったような人間関係も生じてくる。先輩や後輩，あるいは同級生との関係である。親との人間関係にしても，小学生とは異なる複雑な感情が生まれる。いわゆる反抗期である。中学生でも大人が感じるようなストレスを充分に感じていると考えられる。第3因子の「なごみ」は，現代の中学生活の中から抽出された要因なのである。

なお，この調査の後に，脱力系のキャラクターがブームになっていったことを補足しておく。

3 キャラクター商品と女子大学生の感性

1 キャラクターの魅力解明のための調査

ここでは，キャラクターの魅力を解明するために，キャラクターに関するアンケート調査や実験の結果をまとめた。

以下は，2004年5月17日に，追手門学院大学5号館を会場として開催された日本経営学会関西部会において筆者が口頭発表をした報告をまとめたものである。この報告の調査対象は女子大学生である。

① 目　　的

　かわいいキャラクターは，子供専用の物のように語られることがある。しかし，必ずしも，キャラクターを好むのは幼児たちばかりではない。また，キャラクターは，漫画の主人公だけではなく，大人の鑑賞にたえるアニメや企業キャラクターなど，広い範囲を指すようになっている。ここでは，キャラクター商品がどのような形で市場を形成し，女子大学生にアピールをしているのかを明らかにする。女子大学生を調査対象として選んだ理由は，次のとおりである。

(1)　女子大学生たちの所持している文具，時計，鞄，小物，そしてTシャツなどには，キャラクター商品が多い。男子大学生よりもキャラクター商品の所持率が高い。

(2)　高校生と比較すると，自由に使える金額が大きい。値段が高くとも自分が気に入ればキャラクターグッズを購入することができる。また，ローンを組むことも可能である。つまり気に入れば，プレミアのついた高額なキャラクター商品を購入することも可能である。

② 研究の意義と成果の利用方法

　若い女性をターゲットとした商品に，彼らが好むキャラクターを採用することができれば，販売促進に直結する。また，たとえライセンス料を払うことになっても，女子大学生が好むキャラクターが特定できれば，企業戦略の指針になる。無駄な広告費を支払うよりもかえって経費を節減できる。また，女子大学生を対象にしてキャラクターの魅力を探ることは，女性全般のヒット商品を考えるための糸口になるであろう。

③ 調査方法と結果

　最初にキャラクターの分類を試みた。2003年2月上旬に，関西の私立大学に通う女子大学生（平均年齢20.5歳）65名に対して，

(1)　あなたがキャラクターを分類するとしたら，どのようなグループ分けができると思いますか？

(2)　そのグループ分けをした中にはどのような具体的なキャラクターが含まれると思いますか？　例示もして下さい。

という2つの質問を設定した。(1)，(2)の質問に対して，記述式回答を求めた。その結果は図表4－5のように分類される。なお，グループごとの特徴を筆者がネーミングし【　】内に示した。

　テレビアニメに登場する主人公のグループの中には，漫画を母体にしたものや，雑誌に掲載された作品もある。また，夕方に放映された幼児番組も多い。確立された分野とは，すでに周知のキャラクター群と捉えてよい。ディズニーのキャラクターにしても，スヌーピーのようなピーナッツの登場人物にしても，一般的には多くの人に知られており，また汚れたイメージのないキャラクターの代表でもある。世代をこえて受け入れられているキャラクターと言えるだろう。スポーツチームのキャラクターは，マスコットとも呼

【テレビアニメを主とする主人公】 （コミック本を含む） アンパンマン　ハム太郎	【TVコマーシャル等】 （企業・メーカーのものを含む） NOVAうさぎ　ぴちょんくん お茶犬　　　　ペコちゃん
【確立された分野】 スヌーピー ディズニーのキャラクター	【ファンシーグッズ向けに開発】 キキララ　マイメロディ
【スポーツチーム】 トラッキー（阪神） ジャビット（巨人）	【ゲーム等の主人公】 スーパーマリオ　ピーチ姫 ゲッソー

出典：筆者作成

図表4－5　キャラクターの分類

身につけてよいと思うもの（回答数103）	
テレビアニメを主とする主人公	5
TVコマーシャル等	18
確立された分野のもの	37
ファンシーグッズ向けに開発されたもの	28
スポーツチームのもの	8
ゲーム等の主人公	7

注：総数65名複数回答有り
出典：筆者作成

図表4－6　キャラクターの中で身につけてよいと判断した結果

ばれている。野球やサッカーで応援を盛り上げたり，様々なグッズにあしらわれたりしている。TVコマーシャル等には，企業のキャラクターやイベントに使用されたキャラクターも含まれている。「お茶犬」や「なっちゃん」のように清涼飲料水のパッケージを飾るキャラクターもあれば，ダイキンの「ぴちょんくん」のように，企業を代表するキャラクターもいる。企業キャラクターは，企業のロゴマークやロゴタイプと同じような役割を担う。また，ファンシーグッズ向けに開発されたものとして，「キキララ」や「マイメロディ」があげられている。ファンシーグッズの多くは文具だが，そこに「かわいい」絵柄が付される。ゲームの主人公には，「マリオ」や「ゲッソー」があげられている。ゲーム機の普及によって，様々なゲームソフトの主人公が話題になってきている。

　次に，同じ調査対象者（女子大学生）に以下の質問をした。調査期間は，前回調査の約2週間後，2月下旬である。

(1) 6つのグループのキャラクターのうち，あなたが身につけてもよいと思うものはどのグループですか？　また，具体的に何かをイメージしたのならばお答え下さい。

(2) キャラクターのうち，おまけにしたらよいと思うものは何ですか？　どのようなモノのおまけが良いと思いますか？　また，そのように判断した理由もお答え下さい。

(3) あなたは，身近な商品の中で，キャラクターを使用したパッケージがイメージできますか？ また，そのようにイメージした理由もお答え下さい。

これらの質問から得られた結果を以下にまとめた。

(1) 身につけてよいと思うものとは，図表4－6に示したように，確立された分野のもの（回答数37）が，いちばん多かった。全体の35.9％の者が確立された分野のものを身につけてよいと思ったのである。この分野のキャラクターは，2007年夏でもTシャツの柄に採用されていた。とくに，スヌーピーやミッキーマウスは定番である。いつの時代でも，これらをあしらった商品は店頭に並んでいる。

具体的に何を想像したかという質問には，1位：文具，2位：小物，3位：アクセサリー，4位：時計，Tシャツとなった。1位の文具では，「ハローキティ」や「スヌーピー」などの定番に加えて，「リラックマ」のような新しいキャラクター商品も人気がある。女子大学生たちにとっては，大学の講義中にキャラクターの筆箱を使用するのは特別なことではなく，ごく自然な感情で使用しているのである。2位の小物では，袋ものをはじめ，携帯ストラップ，カレンダー，メガネケースなどにキャラクターが使用されている。3位のアクセサリーは指輪，ブレスレット，ペンダント，チョーカーなどである。

(2) おまけにしたらよいと思うものは，具体的回答として次のようなものがあがった。

ここでは図表4－7に一例をあげておく。

図表4－7を見れば理解できるように，マクドナルドや吉野家の牛丼のように，学生たちが利用する店とキャラクターはよく結びついている。また，ローソンなどのコンビニエンスストアではなく，普通のスーパーに「ドラえもん」がイメージされている。これは，スーパーがデパートと違って庶民的な場所であり，「ドラえもん」の親しみやすさと結びつきやすかったためと

対象物 (企業・業態)	キャラクター (番組名を含む)	理　由
マクドナルド	ONE PIECE	ワイルドな感じのキャラクターが多いので，ハンバーガーのイメージにあうから。
	北斗の拳	男らしくて，かっこうよく，戦う感じがマクドとあっているように思うから。
	スパイダーマン	アメリカ的だから。
吉野家の牛丼	キン肉マン	ラーメンマンとか食べ物にも関係がありそうだし，たくさん食べるイメージがあるから。
花屋	クレヨン王国	女の子らしいし，家来たちが野菜とかなので，マッチしている気がする。
スーパー	ドラえもん	みんなが知っていて庶民的。
薬局	キティちゃん	白いので清潔感がある。
お茶漬け海苔	忍たま乱太郎	和食で庶民的なところで乱太郎の世界がイメージされたから。忍者は日本風であるし，お茶漬けは誰もが食べるものだから。

出典：筆者作成

図表4-7　おまけにしたらよいと回答があったキャラクター

考えられる。また，薬局には「ハローキティ」や「ミッフィー」が連想されていた。これは，白くて，無表情だが，薬局や病院の衛生的なイメージと結びつきやすかったからだと考えられる。

(3) 身近な商品の中で商品パッケージがイメージできるか，という質問の回答には，次のようなものがあがった。ここでは図表4-8に一例をあげておく。

このように，キャラクターについて，女子大学生に回答を求めたところ，次のような特徴が見いだせた。

① 3つの質問に対して，回答がかたよった。たとえば，最初の質問である「身につけてよいと思うもの」に対しては，「確立された定番キャラクターを身につける」という回答が多かった。具体的には「スヌーピー」やディズニーのキャラクターなどである。見慣れた定番キャラクター商品は，新規性には乏しいが，当たりはずれが少ない。「ミッキー

【食べ物】	
アイスクリームのカップ	ハローキティ：いちご味などならかわいらしさをアピールできるから
お菓子のパッケージ	ドラえもん：見慣れているし，楽しい感じがある
	ちびまるこ：「かわいい」し，昭和っぽい，駄菓子むき
高級チョコレート	ベルサイユのバラ（オスカル）：ロマンチックだし，絵としても鑑賞できそうだから
和菓子（京菓子）	光源氏：十二単衣は和菓子にあう，優雅
	聖徳太子：奈良っぽい。高尚な感じがする
ピロシキ	エロイカより愛をこめて：ロシアっぽいし，洋風だし，濃いキャラクターにピロシキがあいそうだから
ダイエット食品	ポパイのオリーブ：細くていかにもダイエット的
	ルパン三世の峰不二子：細いが美の頂点だから，運動能力も高い
	3匹のこぶた：ブタへの警告をこめて
【衣服】	
手袋	ハローキティ：白くてふわふわしてあたたかそう
	ダヤン：イギリス風でいかにも手袋みたいだから
Tシャツ	スヌーピー：よく見る，いつでも夏になったら見る
	ミッキーマウス：白地にくっきりトレードマークになる
きんちゃく	梅きち：和風でほんわかして癒されそうだから
傘	けろっぴのような蛙：雨にあうから
ベスト	となりのトトロ：あたたかそうで，もこもこっぽい
【食器】	
皿	ドナルドダック：元気いっぱいで，楽しいから
	ミッフィー：無表情が何の料理にもあいそうだから
カップ	くまのプーさん：プーさんがもっていそうだから
はし	ミッキーとミニー：ペアで「かわいい」から

出典：筆者作成

図表4－8　製品とイメージされるキャラクターとの関係

マウス」や「ミニーマウス」は，キャラクターの中でも，女子大学生のような大人でも身につけやすいキャラクターと考えられる。このようなキャラクターは，ライセンス料を支払ったとしても，安定的な人気で失

敗が少ないキャラクターと言えよう。
② ファンシーグッズ向けの商品にキャラクターがついていることには肯定的な意見が多かった。ファンシーグッズも，そうではない普通の文具も，機能に大きな変化はないが，キャラクターがついていることによって，気持ちが明るくなるようである。
③ 身近な商品としてどのような商品パッケージをイメージできるかについては，圧倒的に食べ物がイメージされた。その中でも，とくに菓子のパッケージを想起した者が多かった。実際，菓子のパッケージには，キャラクターが使用されていることが多い。明治製菓は「カールおじさん」という自社キャラクターをもっている。また，マーブルチョコレートも「マーブルわんちゃん」という自社キャラクターをもっており，菓子類についてはキャラクターがパッケージに使用されていることが多い。

2　アンケート結果からの考察（魅力の解明）

　女子大学生たちは，「文具」「食品（菓子・ダイエット）」「衣類」の3つの分野においてキャラクター商品の受け入れがなされやすい，ということが本調査の結果から推察できた。「文具」は「かわいい」ことが優先され，「衣類」は確立された分野のキャラクターが支持される。「食品（菓子・ダイエット）」には，ポパイにでてくるオリーブのように細身の女性のキャラクターの登用も検討にあたいするであろう。細い女性への賛美と憧れと，そしてキャラクターを使用することによって親しさを感じさせることができるからである。

　近頃では，車体に広告が描かれているラッピングバスなども道路を走っている。大学生たちにとっては，バスにどこかの企業キャラクターが描かれていても，違和感はない。たとえば，ピンクの「NOVAうさぎ」が，車体に描かれていても，誰も驚かないだろう。バスや電車の車体を広告媒体にするのは，比較的に新しい広告手法であるが，女子大学生というターゲットには，

このような新しい広告手法を取り入れて，認知を促すと共に，身近な文具や衣類や食品にも重点的にキャラクターを採用することをすすめる。それが販売促進につながるからである。

企業は，キャラクターを活用して，消費者に，商品の良さや企業の良さ，さらにコンセプトまでも伝えようとする。キャラクターはコミュニケーションツールでもある。しかし，気をつけなければならないことは，使用したキャラクターが，自社の商品をよりよく見せてくれるか否かである。ライセンス料を支払っても，商品が引き立たなければ意味がないのである。「スヌーピー」やディズニーの定番キャラクターたちは，いわばオールマイティ的に様々な商品にあわせることができて，なおかつ失敗が少ないキャラクターである。このようなキャラクターは，新製品，または用途や効能があまり知られていない商品のパッケージに採用しやすいと考えられる。

4 丸型キャラクターが好印象をつくる要因

1 丸型キャラクターに関する調査

ここでは，2007年6月20日から22日まで東京・タワーホール船堀で開催された2007年繊維学会年次大会で，筆者が口頭発表した結果をまとめた。対象は大学生（男女）である。

① 目　的
(1) 丸型キャラクターは人気があると言われているが，本当に，大学生に人気があるのかどうかを明らかにする。
(2) 丸以外の形状（ここでは三角と四角）と比較をして，丸い型はどのような印象があるのかを明らかにする。

② 研究の意義と成果の利用方法

　印象は，インパクトという言葉に似て，目にした一瞬にどう思うかという意味である。印象とイメージとはよく似た言葉ではあるが，決定的に異なることがある。イメージは後に再生ができたり，それに対する個人的な好悪があったり，思い出があったりする。その根底には知識や情報が必要になってくる。たとえば，ビールのイメージを問われたときに，黄色い色や白い泡という色をイメージする人もいれば，メーカーを思い起こしたり，あるいはビールびんのデザインなどを思い出す人もいるであろう。ビールといえば苦いという味をイメージするかもしれないし，「酔う」と思う人もいる。ここで大切なことは，ビールからのイメージが形状や社会規範を想起させるということである。印象はイメージに比べておおざっぱで，好きか嫌いかというような一瞬の感じを前提にしている。『広辞苑〔第三版〕』では，次のように説明がなされている。

　　印象：(1)強く感じて心に残ったもの。感銘。「－が強い」(2)対象が人間の
　　　　　精神に与えるすべての効果。
　　イメージ：(1)心の中に思い浮かべる像。心像（しんぞう）。(2)姿。形象。
　　　　　映像。

　今回の報告では，良いイメージを形成するには至らないまでも，ぱっと見たときに「いいなあ」と思われるキャラクターはどのようなものかを明らかにすることを目的としている。印象の良さの原因を知ることによって，キャラクターと製品（商品）の結びつきを強固にすることができるであろう。また，新しいキャラクターを創出するときの具体的な指標になるだろう。

③ 予備調査の方法と結果

　丸型キャラクターが本当に人気があるのかどうかを探るために，2006年12月下旬に，大阪府茨木市にある共学の私立大学経営学部に在籍をする学生60名（男子30名，女子30名）に対して予備調査をした。課題は3つである。

課題1　丸型に対する印象について，思う限りの言葉を書いて下さい。
課題2　キャラクターの中から，丸い型だとあなたが判断をしたキャラクターを10個あげなさい。
課題3　丸，三角，四角に対する印象と，それに合致したキャラクターについて思う限り書いて下さい。

3つの課題は同時に出して，A4サイズの白い紙に書くように指示した。両面使用を認め，足らない場合は追加を認めた。予備調査の結果は以下のとおりであった。

●課題1の結果：丸型に対する印象

丸型に対する印象については，50近くの言葉が得られた。それらを以下にあげる。

かわいい，やさしい，癒される，柔らかい，個性的，普遍的，ほほえましい，明るい，元気，あたたかい，美しい，ほっとする，ふわふわ，安心，安定する，おもしろい，心が許せる，穏やか，さりげない，定番，無難，シンプル，日常的，積極的，保守的，平和，同調，楽しい，弾む，親しみ，ゆったりする，リラックス，健全な，エコ，動的，地球，自然，新鮮だ，覚えやすい，珍しい，華やかだ，いつもの調子，当たり前，環境，かるい感じ，さわりたくなる，キュートだ，流行だ，愛らしい，活気

ここでは，複合的な表現は分けて数えた。たとえば，「かわいくてさわりたくなる」は「かわいい」と「さわりたくなる」とした。同様に，「ふわふわしてキュートだ」も「ふわふわ」と「キュート」に分けた。

●課題2の結果：丸い型のキャラクターをあげる

丸い型と判断したキャラクターを10個あげる課題に対して，10個あげられた学生は，1回生の女子学生1名のみであった。平均して5.5個はあげられているが，5個め以降がでない男子学生が目立った。比較的，女子のほうが多く回答できており，女子のみで平均を算出した場合は，平均7個の回答で

あった。男女共に「ドラえもん」と「ピカチュウ」は回答が多く，どちらも90％の回答率であった。あげられた回答にきわだった男女差は認められなかった。丸いキャラクターとだけ規定しているので，筆者は多くのキャラクター名があげられることを予想していたのだが，回答は男女ともに似通ったものだった。代表例は次の課題3にあげている。

●課題3の結果：丸，三角，四角に対する印象とそれぞれのキャラクター
　キャラクターとしての丸，三角，四角に対する印象は，以下のとおりであった。
　(1)　丸の印象：かわいい，キュート，優しい，親しみやすい，そばにおきたい，安心，やすらぐ，いやされる，ほっとする，見慣れている，安全等
　(2)　三角の印象：奇抜な感じ，とがっている，あまり「かわいい」とは言えない，鋭利等
　(3)　四角の印象：角張っている，かたい感じがする，キャラクターにむかない，冷たい等
　丸，三角，四角から想起されるキャラクターについては，以下のとおりであった。
　(1)　丸から想起されるキャラクター
　　　ドラえもん，アンパンマン，ハローキティ，トトロ，プーさん，ピカチュウ，コロ助，モノクロブー，リラックマ，キイロイトリ，メロンパンナ，プップル，シナモロール，マシュマロみたいなふわふわにゃんこ，けろけろけろっぴ，ウサハナ　等
　(2)　三角から想起されるキャラクター
　　　モリゾー，ミッキーマウス，ミニーマウス，キョロちゃん，スヌーピー
　(3)　四角から想起されるキャラクター
　　　食パンマン，ハンギョドン，しんかんせん
　回答率は，丸100％，三角65％，四角25％であった。とくに四角から想起されるキャラクターは少なかった。ほとんど回答者が，四角から想起される

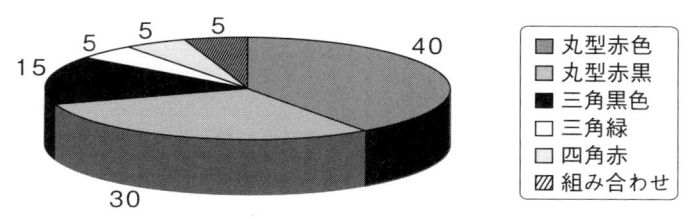

図表4－9　型と色の実験結果（大学生）

出典：筆者作成

キャラクターとして，食パンマンと回答していた。

　以上の予備調査から，次のことがわかった。丸型に対しては「かわいい」「キュート」などの意見が圧倒的に多かった。また，想起するのも丸型キャラクターがいちばん多かった。丸型キャラクターであれば，男女共に名前を5つくらいは言えるが，三角や四角になると数が減ってくる。

④　実験の方法と結果

　ここでは「丸型キャラクター」と「かわいい」が，どの程度結びつくのかを明らかにするために実験をした。対象は予備調査と同様の大学で，男子大学生34名，女子大学生28名である。実験日は2007年1月上旬であった。1回の実験人数は14名から18名までとした。教室内で自由な席に座ってもらい，作業しやすい服装で実験を行った。1回の実験時間は30分とした。教室で被験者に対して，次のような指示をした。

> 「かわいいキャラクター」をつくります。丸，三角，四角の積み木のうち，好きな型を1つ選択して，好きな色のペンを使用して，キャラクターを創作して下さい。色彩は自由ですが，2色までとします。

　使用できる色は，赤，緑，黒，青から選択できる。積み木は，球体，三角錐，立方体の3種類を用意した。積み木は，各種類とも被験者の人数分を用意しているので，数が足りずに，やむを得ず，好きではない積み木を選ぶと

いうようなことはない。ペンも人数分を用意した。

　結果は，丸型で赤色のペンを使用したものが40％を占めた。「かわいい」型ということで，丸を選んだ者は全体の70％で，三角は20％，四角は5％だった。残りは2つの型を組み合わせてしまった。色として見た場合，赤を選択した学生は75％となった。組み合わせとしては赤と黒が多かった。これは輪郭や，目などを黒にして，口や体の色を赤にしているためである。図表4－9に，この結果を図示した。

　この実験結果から「丸型赤色」の選択がもっとも多いことがわかった。つまり「丸型はかわいい」と大学生たちには思われていることを暗示している。また，赤，緑，青，黒の4色の中では，キャラクターとして「かわいい」と感じるのは「赤色」である。ただし，これは，赤のみがこの4色の中で暖色であったからかもしれず，今後は黄色，桃色，橙色なども選択肢にして再実験する必要がある。

⑤　本調査の方法と結果（因子分析）
　以上の予備調査と実験から，「丸型」と「赤色」という2つのキャラクター特徴が，好まれるキャラクターには共通するのではないかという予測ができた。ここでは，予備調査で得られた50のタームを質問項目として採用した。たとえば，質問としては次のようになる。

　丸型キャラクターは他の型と比較をして，
　①　「かわいい」感じがしますか。
　②　ほほえましい感じがしますか。
　③　癒される感じがしますか。
　④　柔らかい感じがしますか。
　⑤　個性的な感じがしますか。
　⑥　やさしい感じがしますか。
　　　　　⋮

これらの形の50の質問に対して，回答者は，以下の１から５までの数値で回答をする。

　１：まったくそうは思わない，２：ややそうは思わない，３：どちらでもない，４：ややそう思う，５：まったくそのとおりだと思う

	「かわいい」	元気	癒される	柔らかい	無難	日常	明るい	華やか	元気	定番	おもしろい	珍しい
回答者	5	4	4	3	3	2	4	2	4	3	4	1
	4	3	5	4	4	5	4	1	3	2	2	2
	5	4	3	2	3	2	5	2	4	3	3	3
	4	2	5	3	1	3	4	2	5	3	5	4
	3	4	3	2	3	5	5	4	2	4	4	1
	5	4	4	4	3	2	4	3	4	3	4	2
	5	3	4	2	5	2	3	2	4	5	5	3
	4	2	4	3	3	1	4	3	4	3	4	1
	5	4	4	3	2	3	4	2	4	4	2	1

出典：筆者作成　　図表４－10　データの並び（回答の例）

質問項目・因子	第１因子	第２因子	第３因子	第４因子	第５因子
かわいい	<u>0.90</u>	−0.15	0.09	−0.01	0.13
ほほえましい	<u>0.75</u>	−0.05	0.16	−0.02	0.19
心が許せる	<u>0.65</u>	0.19	0.02	0.15	−0.12
柔らかい	0.17	<u>0.82</u>	0.07	0.03	−0.02
あたたかい	−0.13	<u>0.71</u>	−0.16	0.01	0.10
ふわふわ	−0.14	<u>0.68</u>	0.01	0.09	−0.16
安全	−0.03	0.22	<u>0.79</u>	−0.10	−0.12
日常的	−0.20	0.09	<u>0.69</u>	0.05	0.19
安心	0.10	−0.12	<u>0.65</u>	0.11	0.04
親しみ	0.15	0.11	−0.05	<u>0.69</u>	0.01
癒し	−0.24	−0.19	0.21	<u>0.65</u>	0.18
活気	0.13	−0.03	0.14	0.10	<u>0.66</u>
積極的	0.08	−0.17	0.01	0.02	<u>0.65</u>
ネーミング	愛らしい	あたたかさ	安全さ	癒し	元気

出典：筆者作成

図表４－11　因子分析の結果

1や2はネガティブな意味になる。4や5はポジティブな意味になる。

ここでは予備調査と同様の大学で，2007年1月下旬に102名の学生を対象として調査を行った。調査対象者は，男子72名，女子30名であった。データの数値の並びは図表4－10のとおりである。横に50の質問項目である言葉が並び，縦には回答者を配した。

これらの数値を元に，バリマックス回転をかけて主因子法による因子分析をした。その結果，図表4－11のように5つの因子が得られた。

固有値1.200以上，累積寄与率が50.0以上で区切った結果である。第1因子は寄与率15.9，第2因子は寄与率11.8，第3因子は寄与率8.9，第4因子は寄与率7.5，第5因子は寄与率が6.0となった。第1因子には「かわいい」「ほほえましい」「心が許せる」などの因子負荷量が高かったので，「愛らしい」因子と名付けた。第2因子には「柔らかい」「あたたかい」「ふわふわ」等があがったので，「あたたかさ」因子と名付けた。第3因子には「安全」「日常的」「安心」等があがったので，「安全さ」の因子と名付けた。第4因子は「親しみ」と「癒し」から「癒し」の因子と名付けた。第5因子は「活気」「積極的」から「元気」因子と名付けた。

2 アンケート結果からの考察（丸型キャラクターの好まれる理由）

前回の女子中学生が好むキャラクターの要因の中には，「なごみ」というキーワードが含まれていた。今回の大学生を対象とした結果でも，「なごみ」と同様に，第4因子に「癒し」とネーミングをした因子が抽出された。好まれるキャラクターには，女子中学生がいう「なごみ」や女子大学生がいう「癒し」の要因が含まれるということがわかった。また，「なごみ」や「癒し」は，女子中学生や女子大学生だけではなく，もっと幅広い世代の女性に共通している要因であると推察できる。女性は，ストレスの多い現代社会で，ほっと心がやすまるようなモノを求めていると言えよう。考えてみれば，小学校，中学校時代から，男女平等をいう教育を受けている。しかし，社会に出たら，けっして平等ではない。人としての尊厳や権利の話にまでな

れば平等であるが，日常生活の中では平等ではない。昇進もしかり，出産による産休制度にしても，年老いた親の介護の面にしても，男女平等とは言い難い。今後も，不安な社会状況が大きく変わらない限り，「なごみ」や「癒し」のニーズは存在していくと考えられる。

5 大学生が好むキャラクターとTPOとの関係

1 大学生が好むキャラクターに関する調査

① 目　　的

　ある特定のキャラクターを良いと判断した場面や状況をさぐり，キャラクターとTPOとの関係を明らかにすることである。TPOとは時間，場所，状況の略語である。どのようなときに，どのような場所で，どのような状況において，キャラクターを見たときにほしいと思うのか，良いキャラクターだと思うのかということを明確にしていくことを試みた。

② 研究の意義と成果の利用方法

　何かをみて「良いなあ」「ほしいなあ」「素晴らしいなあ」「所持したいなあ」などと，あこがれたり，手に入れたいと思ったりすることがある。これは何かと出会ったときの場所（場面）や状況などによって異なることが多い。たとえば，海辺での露出度の大きい派手な色のTシャツはお洒落である。自分も着てみたいと思うかもしれない。しかし，葬式で同様のTシャツが周囲の人々から認められたり，良いと思われることはない。これは場所によって，状況によって良いと思えるものが違うという例である。また，夏休みに友達と楽しく勉強をしているときなどには，カラフルなキャラクターのついた文具は楽しい気持ちをいっそう引き立てるであろう。友人のかわいい文具を見て，自分もほしいと思うであろう。しかし。これが寒い季節の大学センター入試であったならば，楽しいキャラクターグッズを持ちたいとは

思わないであろう。

　ここでは，キャラクター商品をみて「良いなあ」「ほしいなあ」と思う場面や状況を調査する。そして，TPO にあわせてどのようなキャラクターが選ばれやすいのかを見極める。このことによって，たとえば，ある商品をギフトにする場合，その相手がどのような TPO の中でそのキャラクターを使用するのかが明確になる。企業にとっても TPO をふまえたキャラクター開発が可能になる。

③　調査方法と結果

　調査期間は，2006年11月上旬から下旬にかけての 2 週間である。キャラクターを良いと思う気持ちと，場所（場面や状況を含む）に対する調査を実施した。

　最初に，大阪府茨木市に立地する私立大学経営学部 3 回生の女子大学生21名と，男子大学生24名の合計45名に対して，以下の質問票を配布した。

　　　あなたは日常生活の中で，どのような場面（場所を含む）において，
　　　どのようなキャラクター商品を見たときに，それを良いと感じました
　　　か。あるいはそこで見たキャラクターをほしいと思いましたか。

　この質問に対して，調査対象となった大学生男女合計45名は，それぞれ自由記述で回答した。なお，このように場面や状況を尋ねる方法を用いた研究にはいくつか先例がある。本報告では，2007年日本社会心理学会第48回大会での箱井英寿他のポスター発表を参考にした[3]。自由記述で得た代表的な回答をまとめたものが図表 4 － 12である。また，キャラクター商品をみて不愉快になった経験も聞いた。これは，全員が記述したわけではなく，そういう経験がある者だけが回答をした。その内容は図表 4 － 13に例示した。

キーワード	場面（場所を含む）・状況
かわいい	電車の中で，高校生の通学鞄についているプーさんが，かわいいと思った 電車の中で，女子高校生が，かわいいキイロイトリのマスコットを持っていた 大学で友人のお洒落キャットのTシャツがピンク色でかわいくて良かった 大学の食堂で学生がキティちゃんの髪止めをしていて，かわいいと思った 大学で，ミッフィーの筆箱をみた。なかなかかわいくて素敵だった 大学で，ミッフィーの傘をみた。カラフルでかわいかった 大学で，ノバうさぎのポーチをみた。結構かわいくて，たくさんはいりそう 大学で友達がプーさんのランチボックスだった。かわいかった バスの中で黄色いドラえもんのワンポイントのTシャツをみたが，かわいい 街で，キティちゃんのうちわを高校生がもっていたが，かわいいと思った 大学であしたケロリのメモ帳をみかけたが，かわいかった リラックマのハンドタオルはやたらにかわいい。よく街でもみかける ハンドタオルで知っているキャラクターがあるとついついかわいいから買う 猫はキャラクターになるとかわいいものが多いので，文具を集めてしまう
おしゃれ	大学でキティちゃんの白い時計がお洒落で良いなあと思った 大学でミッキーマウスのTシャツがお洒落だと思った。パンツも黒だったから 大学でトトロの鞄を見たが，草色でシンプルでおしゃれだと思う 大学でみたが，まねき猫がついている扇子はけっこうお洒落だと思う 電車内で高校生の靴下のワンポイントのプーさんはシンプルでおしゃれだ 電車内でみたが，ドラえもんのネクタイってけっこうおしゃれだ 大学で，ダヤンのハンドタオルをみたが，高級そうでおしゃれだった 大学でみたが，パワフルガールのジーパンは珍しくて，おしゃれであった ミッキーのタンクトップはお洒落だ。電車内で高校生がきていた 高校生が着ていたジャージにワンポイントでキティがあったが，おしゃれだ スヌーピーの銀製指輪はおしゃれだと思った
格好良い	大学で麻の感じのジャケット風にスヌーピーのピンバッチが格好よかった 大学で友人がきていたワンピースのビッグシャツは男っぽくてかっこうよい 本屋でみたが最遊記のオリジナルTシャツはかっこう良いからほしい 街でみたが北斗の拳のTシャツは迫力があって格好良い。きてみたい 大学でドラゴンボールのブレスをみたが，なかなか格好よかった 大学でサングラスの縁に，金色のトトロはけっこう格好よい サンダルにドラゴンボールの竜があったのは粋で格好よかった ダヤンのTシャツを高校生が町で着てた，格好よかった 自分の知らないキャラクターでも格好いいと思うキャラ商品がある
楽しい	大学駐車場でみたが，リラックマのカーシートは楽しそう 大学で，うめ吉のタオルが部室にあったが楽しい気分になった 大学で，リラックマのクリアファイルを楽しそうにみせてた ドラえもんのカレンダーを見たら楽しい気分になった キティちゃんのリストバンドで体育の時間が楽しくなった

	ミニーちゃんのTシャツを大学できたら目立った。楽しい気分になれた きんちゃくに小さなキイロイトリがいて，楽しい気持になった 鞄にプーさんをつけているだけで楽しい気分になる 自分の知っている好きなキャラクターを街でみると楽しい気持になる キャラクターグッズをもっているだけで楽しい気分になれる
なごみ	リラックマの鞄を持ってる友人がいたが，心がなごんだ ポーチにゴマちゃんがついてたが，何となく暖かい気持になった にゃんにゃんにゃんこのメモっていつもほほえましい ふわふわにゃんこのカレンダーを見たが，ねこってなごむ 電車内で，リラックマのミニタオルをみたが，心が落ち着きほっとする のんちゃん，ぴょんちゃんの電車内広告は癒されるポスターだ

図表4－12　キャラクター商品を良いと感じる場面と状況

キーワード	場面・状況
不相応	いい年をしてキティちゃんの鞄をもってるミドルはいかがかと思う おばさんにはおしゃれキャットのきらきらTシャツは似合っていないと思う おばさんが大きなリラックマの鞄をもっていると妙な感じだ おばさんがミッキーのタンクトップを着ていると無理しているようだ 太った中年が，ダヤンのTシャツを着てると価値がなくなりそうでいやだ いい年したおじさんがトトロのネクタイをしていると？になる おなかが出たおじさんが，プーさんの時計をしてると変な感じだ ガンダムのTシャツは中年のおじさんには無理がある 50歳をすぎて，ディズニーの人魚姫のポーチは無理がある 親子でキティちゃんのバッグを持つのはどうかと思う。親が幼稚にみえる 親は親らしく赤とかピンクをやめて，ちゃんとした服をきてほしい いつまでもファミリアのくまマークをつけてる服はどうかと思う 30代でトトロのネクタイはやめてほしい。仕事をなめてるかも ウルトラマンが好きでもタイピンなんかにしなくてもよい 30代で黒のスパッツできめているなら上をキティのTシャツにするな ルイ・ヴィトンの鞄にマスコットのキティをつけないでほしい カルバン・クラインにムーミンをつけるのはセンスがない 50代くらいのくせに，リラックマのミニタオルはやめてほしい，下品 ずず黒いマスコットを鞄につけてるOLは，感性をうたがう 大人のくせに，ちゃらちゃらマスコットを鞄につけないでほしい OLがキイロイトリのポーチをもっていると感性を疑う 無駄にキャラクターをじゃらつかせている高校生は不愉快

図表4－13　キャラクター商品などを通じて不快感をもった場面（場合）の例

図表4－13からは，多くは「おばさん」をはじめとする年齢とキャラクター商品との不相応をあげている。とくにミドルに対しては，厳しい見方をしている。つまり，どこかで，「大人のくせに」という気持ちがある。キャラクターは若者のものと思っているのかもしれない。また，仕事というフォーマルな場所でのキャラクター採用には否定的な意見が多かった。例として，トトロのネクタイや，ウルトラマンのタイピンがあげられている。あるいは，OLがキイロイトリのポーチをもつことにも批判的であった。また，かわいらしい雰囲気と高級ブランドの鞄もミスマッチであると感じている。

2 調査結果からの考察（TPOとキャラクターとの関係）

　キャラクターグッズをよく見かける場所や場面の多くは，次の3つである。1つ目は大学内である。ここでは授業中と休み時間・クラブ活動の時間との2つに分かれる。2つ目は大学の通学途中である。交通機関を利用しているときに，キャラクターグッズをよく見かけるのである。3つ目はデートや買い物に行く繁華街など，人の多く集まるところである。

　授業やテストのときは，まじめにしなければならないと思っている。そのために，キャラクターグッズはやや否定的に受け止められる。とくに試験の中でも入学試験のように真剣に取り組むべき状況の折りには，キャラクターのついた文具はひかえたほうがよいと判断されている。キャラクターはカジュアルなものと認知されているのであろう。それでも2つ目のように電車内で，かわいいキャラクター商品を見かけると「ほしい」と思ってしまうのである。繁華街や買い物に出かけるときは，まさにカジュアルな感じで，装飾品にもキャラクター商品が混じってくる。楽しい気持を盛り上げる役割をキャラクター商品はになっている。

　このように考えると，キャラクター商品はカジュアルな場面，場所での使用が無難となっていることがわかる。

3　キャラクターの位置

　ここでは2008年繊維学会年次大会（タワーホール船堀）で2008年6月20日に「大学生が好むキャラクターTシャツの条件」として報告したことをまとめた。

①　緒言（従来のとらえかた・本報告の目的・意義）

　先行研究では，丸型キャラクターが「あたたかさ」「愛らしさ」「安全さ」「癒し」を大学生に印象として与えていることを報告した。ここでは，キャラクターTシャツ（ここでは，Tシャツにキャラクターをプリントしたものを指す）を9分割し，どの位置にキャラクターを配したTシャツが好まれるかを実験した後，キャラクターTシャツのキャラクターで，大学生に人気の高いキャラクターの特徴は何かについて調べた。このことによって，位置と好まれるキャラクターの特徴を明らかにすることができた。

②　調査方法

(1)　キャラクターの位置

　丸いキャラクターの代表として，アンパンマン，ドラえもん，キティちゃんの3種類を選択し，資料を作成した（Mサイズ丸首）。これらのキャラクターは前報で，大学生にも人気の高いキャラクターである。

　資料はTシャツ前面を，上段，中段，下段の3段に分け，左，真ん中，右の3つの位置をつくり，合計9つのブロックに分けた。2007年11月下旬に大阪府に在住の女子大学生30名と男子大学生30名に，どの位置がキャラクターとTシャツが合致しており，好みなのかを点数化した。点数は10点満点で最低点が1点とした。回答票を例示すると以下のとおりである。キャラクター別に上，真ん中，下とした。

(2)　好まれるキャラクターの条件

　質問項目を50項目作成し，その中で何を重視しているのかを知るために，

キャラクター	点数	キャラクター	点数	キャラクター	点数
アンパンマン上右	5	ドラえもん上右	6	キティちゃん上右	4
アンパンマン上中	3	ドラえもん上中	2	キティちゃん上中	3
アンパンマン下左	8	ドラえもん下左	9	キティちゃん下左	8
アンパンマン下右	9	ドラえもん下右	8	キティちゃん下右	9

注：ただし，今回は前面だけで，後面（バックプリント）は対象外とした。
出典：筆者作成

図表4−14　好まれるキャラクター配置

因子分析（主成分，バリマックス回転）を用いた。対象は上記と同様で男子120名，女子100名で，いずれも3回生が80％であった。

③ 結　　果

(1) 位置の結果：3種類ともに下段の左かあるいは右がよいと判断する大学生が男女ともに多かった。検定結果，男女差はなかった。また，下段の右と左についても大きな差はみられなかった。一方，一番点数が低く，人気のない位置は中段の真ん中であった。これも男女共に同じ結果が得られた。

(2) 因子分析の結果：第1因子には「いやみがない」(0.89)，「どぎつくない」(0.86)，「自然である」(0.80)，「違和感がない」(0.75)などが高得点を得た。これらを「自然感」と名付けた。第2因子は「みんなが知っている」(0.82)，「見たことがある」(0.76)，「有名である」(0.70)等が高得点であったので，「認知」の因子とした。第3因子は「デザインがよい」(0.75)，「かっこうよい」(0.71)，「大人っぽい」(0.67)，「ガキではない」(0.66)，「美を感じる」(0.64)から「大人」の因子とした。

④ 考　　察

Tシャツのすそ（下）のサイドに，「自然な感じ」で「認知」度が高く，「大人」を感じるデザインであれば，キャラクターTシャツとして大学生に

は好まれることが考えられる。夏になるとディズニーキャラクターがTシャツに採用されるのは，まさにその「認知度」の高さであることも推察できる。キャラクターそのものが，かわいいものであってもデザインや色の工夫で子供っぽく見えないものを求めていることもわかった。とくに「自然な感じ」という因子がつよかったので，目立ちすぎるデザインは大学生には嫌われる傾向にあるといえよう。

6 男子大学生たちが好きなキャラクター商品の特徴

1 男子大学生たちが好きなキャラクターに関する調査

① 目　的

　ここでは，男子大学生たちが好きなキャラクター商品にはどのような特徴があるのかを明らかにすることが目的である。前節までは，どちらかといえば女性のキャラクター志向を重点的に調査をしてきたが，男子大学生の感性がどのようなものを求めているのかを知ることも重要である。男子大学生たちの多くは『バガボンド』や『ONE PIECE』などのコミックを読んでいる。キャラクターの中でも女子と同様に好き嫌いがあるだろう。女子大学生たちが好きなキャラクター商品には，「かわいい」「親しみやすい」などの特徴があることはすでにわかっている。男子大学生が好むキャラクターにも，何らかの特徴が見出せるのではないかと考えた。

② 研究の意義と成果の利用方法

　女子中学生，女子大学生がキャラクターを好む要因は前節までで示した。ここでは，同世代の男子大学生のキャラクターに関する感性を知るために，とくに商品と関連したイメージを重点的に探ることにした。これは，単に男女の違いを理解するのみならず，男子大学生という明確なターゲットに向けての商品開発の糸口の1つになる。また，現在の男子大学生の気質を知る上

でも重要である。キャラクターといえば，女子だけのような錯覚があるが，男子にも受け入れられる余地は十分にある。

③ 調査の方法と結果

調査期間は，2007年1月上旬から下旬にかけての2週間である。キャラクター商品の中で「良い」と思う商品と，それを「良い」と判断した理由を調べた。調査は，京都府および大阪府に立地する私立大学5大学の大学生に，ゼミ担当教員を通じて，調査を依頼した。全部で250名を対象に調査したところ，回収率は63.6%であった。回収できた調査票の内訳は，経営学部2回生と3回生71名，経済学部3回生と4回生31名，法学部3回生24名，文学部18名，商学部15名の合計159名となった。上記の男子大学生に対して，以下の質問票を配布した。

(1) あなたはキャラクター商品についてどのようなイメージがありますか？

(2) あなたはどのような状況ならば，キャラクターを所持していても「良い」と思っていますか？ また，あなたはキャラクター商品を何か持っていますか？

(3) あなたはキャラクター商品が好きなほうですか？ 嫌いなほうですか？ その理由は何ですか？

(4) あなたはキャラクター商品に何を求めていますか？ 今後，どのようなキャラクター商品があればよいと思いますか？

④ 結　果

(1) 商品イメージ

男子大学生たちが，キャラクター商品に対して，どのようなイメージをもっているのかを調べた結果，「かわいい」が圧倒的に多く，全体の回答の約47%を占めた。先行研究として実施した女子大学生のイメージも「かわいい」は非常に多い回答であった。これはキャラクターに対する男女差のない

順位	回答の多かった言葉		回答の傾向や理由
1位	かわいい	→	圧倒的に多い回答、全体の47％を占めた
2位	かっこうよい	→	全体の約２割を占め、ヒーローものも含まれている
	楽しい	→	スヌーピーなどのアメリカンキャラを想定している
4位	おしゃれ	→	ミッキーマウスのＴシャツ等ファッション関係を想起している
5位	子供っぽい	→	菓子のパッケージからの発想
6位	安っぽい	→	文具などを思い浮かべている
7位	元気	→	キャラクターの明るさからのイメージ
8位	新製品	→	新製品にはよくキャラクターが採用されている
9位	若々しい	→	キャラクター＝アニメ＝若者の連想である
10位	チープな感じ	→	子供向けと同じ発想である
	おまけ	→	チープや安いというところから重要ではないと思っている

出典：筆者作成

図表４−14　男子大学生のキャラクター商品に対するイメージ

感情であると言える。

　男子大学生の場合は、２位に「かっこうよい」と「楽しい」という２つのイメージがあがった。「楽しい」については、女子大学生も同様のイメージがあった。しかし、女子大学生の場合には「かっこうよい」というイメージのランキングは低く、10位には入ってはいない。よって、「かっこうよい」と思うかどうかは、男子大学生の特徴である。４位の「おしゃれ」については、「かっこうよい」との区別が曖昧なところもある。しかし、女子大学生のイメージにも「おしゃれ」というキーワードは上位でみられた。今回の調査の結果、男子大学生からは「かわいい」「楽しい」「かっこうよい」「おしゃれ」などというキーワードが上位で得られた。それらを図表４−14にまとめた。ここには回答が多かった言葉をランキングし、それぞれの回答の傾向や理由を右側に示した。

　図表４−14に示された２位の「かっこうよい」の理由として、ヒーローものも含まれているとあるが、このヒーローものの内容は、「北斗の拳」「バガ

ボンド」などのハードなものから，「ONE PIECE」「スラムダンク」等のソフトなものまで，漫画の登場人物を念頭においた回答であった。一例をあげると，「筆箱は ONE PIECE が描かれたものだ。冒険とかチャレンジとかあきらめないとかいろいろな理由でかっこうよいと思っている。持っていることに恥ずかしさとかはない」などというコメントがあった。

　ただし，一般的な回答での「かっこうよい」は，登場人物の性格や行動パターンから来るものより，デザインに由来しているものが目立った。たとえば，「白地のTシャツに黒のシルエットのミッキーのワンポイントはかっこうよい」「ドラゴンボールを想像させるデザインの黒地のTシャツはかっこうよく着こなせると思った」「銀のブレスで ONE PIECE とつないでいるのはかっこうよかった」「ドクロマークに小さく ONE PIECE とローマ字でかかれたかっこういい帽子がほしい」等であった。

(2)　良いと感じるキャラクター商品の場面

　男子大学生たちが，どのようなときにキャラクター商品を持っていることが，「良い」と考えているのかについて調べた。その結果，回答の多かった場面としては「大学へ行くとき」で，全体の約58％を占めた。大学という場所は，彼らの日常生活の中では大きな位置を占めている。週に数日は講義を受けるために通うであろうし，クラブ活動などに参加している者は毎日通っているかもしれない。登校するときにキャラクター商品を身につけることを認めているということは，彼らにとって，キャラクター商品は特別なものではなく，身近な商品であると考えているからである。

　2位には「友達と一緒に買い物」をしているとき，3位は「友達と一緒に旅行に行く」ときには，キャラクター商品を持っていても良いと考えていることがわかった。2位，3位ともに，友達と一緒のときは，キャラクターをもっていても良い場面であると考えているのである。このことは，4位の「大学のクラブ」にも当てはまることである。

　これらを図表4－15にまとめた。ここには回答が多かった言葉をランキングし，それぞれの回答の傾向や理由を右側に示した。

順位	回答の多かった言葉	それぞれの回答の傾向や理由
1位	大学へ行くとき →	圧倒的に多い回答、全体の58%を占めた
2位	友達との買い物時 →	全体の35%を占め、小物の所持を想定している
3位	友達との旅行時 →	旅行という楽しさを満喫したいから
4位	大学のクラブ時 →	鞄を想定している。軽いノリというので文化系クラブ
5位	コンパに行くとき →	鞄や財布等ファッション関係を想起して女子受けをねらう
6位	自宅時 →	スエットやくつろぎ着を想定している
7位	アルバイト先時 →	文具などを思い浮かべている
8位	ひとりで買い物時 →	好きなキャラクターの小物をもっていてもよい
	友人宅時 →	とくに気がはらないなら、好きなキャラ商品でもよい
10位	友人との軽い食事時 →	上位の友人と買い物、旅行と同じ発想である

出典：筆者作成

図表4-15 男子大学生がキャラクターを所持していても良いと思う場面

　図表4-15を見ると、ほとんどの場面や状況が、大学という場所と友人とのふれあいの中に限定されていることがわかった。これは、キャラクターの所持が自分と仲間内には許容されても、他者には通じないと思っていることを示していると考えられる。つまり、キャラクターを所持しても良い場面というのは、男子大学生にとってはあくまで私的な場面だけであるといえる。逆に、フォーマルなときには持っていないほうがよいと考えていることもわかった。このことを図表4-16にまとめた。彼らが回答したフォーマルな場面とは、冠婚葬祭の中でも、とくに葬式であった。葬式のような場面では、キャラクター商品は禁物と考えている。また、冠婚葬祭以外でも、受験会場にはふさわしくないし、病院に見舞いに行くときでも適当ではないという意見もあった。つまり、少しでも公共性のある場面や状況ではキャラクターは避けられるということである。3位には、就職活動での企業訪問や団体説明会などにもキャラクター商品はむかないという意見があった。また、親戚宅や親との外出などにも所持しないほうがよいと考えており、いずれの理由も「子供っぽいと思われる」ということであった。

順位	回答の多かった言葉	それぞれの回答の傾向や理由
1位	葬式へ行くとき →	圧倒的に多い回答,全体の92%を占めた
2位	卒業式,入学式 →	全体の75%を占めた
3位	就職活動中 →	就職という進路を決める時だから
4位	結婚式 →	自分はよくても,周囲が変だと思うから
	大学受験 →	時計や文具においてもふざけていると思われるので
6位	面接 →	アルバイトなどの面接の時はやめたほうがよい
7位	アルバイト先 →	仕事中にちゃらちゃらしていると思われるから
8位	見舞いに行くとき →	病院に行くのにうれしそうに思われるから
	親戚宅 →	いつまでも子供っぽいと思われるから
10位	親との外出 →	子供っぽいと思われるから

出典:筆者作成

図表4-16 男子大学生がキャラクターを所持しないほうが良いと思う場面

さて,どのようなキャラクター商品を所持しているのかという質問に対しては,以下の回答を得た。多い回答順に並べる。

　　文具,携帯ストラップ,時計,小物,キーホルダー,カー用品,マウス(パソコン周辺機器),アクセサリー,衣類(下着を含む),コップ(カップ),ライター,皿,切手,クリアファイル,ブックカバー

文具の中では,具体的には,シャープペンシル,ボールペン,筆箱,クリアファイル,便せんが上位を占めた。

(3) キャラクター商品の好悪とその理由

キャラクター商品が好き(肯定的)か嫌い(否定的)かについて調査をした。合計159名の内訳を学部ごとに示したものが図表4-17である。

たとえば,経営学部は「たいへん好き」が32名,「やや好き」が15名で,合計47名である。つまり,肯定的な回答が71名中,約66.2%だったことになる。ほかの学部も,肯定的な回答が,経済学部67.7%,法学部62.5%,文学

学部名	たいへん好き	やや好き	やや嫌い	たいへん嫌い	計	好き率
経営学部	32	15	18	6	71	66.2
経済学部	14	7	6	4	31	67.7
法学部	10	5	7	2	24	62.5
文学部	8	4	3	3	18	66.7
商学部	6	4	3	2	15	66.7

出典：筆者作成

図表4-17　男子大学生のキャラクターに関する好悪

好きな理由

かっこうよい，ほのぼのしている，流行している，おしゃれ，親しみがある，持っていると元気になる，かわいい，高級感がある，珍しいから，プレミアだから，おもしろい，主人公が好き，キャラがかわいい，商品についていると素敵に見える，見栄えがよい，ほっとする，自己満足，ヒーローへのリスペクト，やんちゃっぽい，粋だから，男前だから

嫌いな理由

子供っぽい，安っぽい，チープだ，バカみたいだ，女の子みたいだ，おもちゃみたいだ，いい歳をしてかっこう悪い，下品だ，理解不能，ちゃらちゃらしている，ふざけている，だらしない，おさない感じがする，中学生（小学生）みたいだ，頼りない感じがする

出典：筆者作成

図表4-18　キャラクターの商品の好き，嫌いの理由

部66.7%，商学部66.7%となった。学部によっての大きな差は見られず，ほぼ6割以上は「好き」であることがわかった。

　好きな理由は，「かっこうよい」「ほのぼのしている」「流行している」「おしゃれ」などの回答があげられた，これに対して，嫌いな理由は，「子供っぽい」「おもちゃみたい」「いい歳をしてかっこう悪い」「女の子みたい」等があげられた。これらを図表4-18にまとめた。

　男子大学生の場合，「中学生（小学生）みたいだ」「おさない」「子供っぽい」というように，年齢のわりに程度が低いと判断されることは，マイナスイメージに結びついている。男子大学生たちもかつては戦隊もののヒーロー

順位	回答の多かった言葉	商品群
1位	かっこうよい →	時計, 靴, 鞄, 自動車, オートバイ, アクセサリー（指輪等）
2位	高級感 →	鞄, 靴, Tシャツ, ズボン, 上着, アクセサリー（ブレス等）
3位	珍しい →	記念コイン, 財布, 記念の時計, カップ, ライター, 文具
4位	おしゃれ →	鞄, Tシャツ, ジーパン, ジャケット, コップ, 鏡, 整髪剤
5位	持ちやすい →	鞄
6位	着ごこちよい →	Tシャツ, ジーパン, ジャケット
7位	かわいい →	文具, 財布, コップ, 歯ブラシ, ノート, 手帳, ファイル

出典：筆者作成

図表4－19　男子大学生が求めるキャラクター商品とその特徴

にあこがれて，それらの図柄の給食袋や敷物，コップ，運動靴を所持していたのである。ところが，成長するにつれ，「かっこう悪い」などという感情によってキャラクター商品を持たなくなり，無印良品やユニクロのように，さっぱりしたデザインの商品を好んだり，あるいはブランド商品を選択するようになるのである。女子大学生との大きな違いは，「かわいい」から好き，あるいは「かわいくない」から嫌い，という話ではないということである。男子大学生の場合は，多分に年齢や立場に相応した外見を優先する。言い換えれば，外部の評価を気にしているのである。

このことから，男子大学生のキャラクター志向は，女子大学生のそれより「かわいい」を中心とした感情ではなく，他者にも認められる「かっこうの良さ」がキーワードになるといえよう。

(4) 男子大学生が求めるキャラクター商品

男子大学生たちがほしいと思うキャラクター商品はどのようなものかを調べた結果，男子大学生たちからは「かっこうよい」「高級感」「珍しい」「おしゃれ」という4つの上位の理由を得た。ここは記述回答であったので，図表4－19に示した。

2　考察（男子大学生が求めるキャラクター）

男子大学生たちのキャラクター商品の消費を促すためには，女子大学生た

ちが求めるような「かわいい」「親しみやすい」だけではなく，「かっこうよい」「高級感」「珍しい」「おしゃれ」という要因が必要であることがわかった。かっこうよいキャラクターの具体例としては，アメリカンヒーローが多かった。たとえば，スパイダーマン，スーパーマンなどのたぐいである。ポパイやバットマンも同様である。「おしゃれ」にはデザインや色の要素が多く含まれてくる。黒と白からなるモノクロのミッキーマウスやスヌーピーのＴシャツなどは，男子大学生からみれば，意外におしゃれに見えるのである。

　男子大学生の場合，「かっこうよい」と思う商品としては，ステイタスを示す時計，自動車，オートバイ，鞄などがあげられる。しかし，現実的には，自家用車やオートバイにキャラクターを結びつけることは困難である。前に述べた痛車になってしまう可能性もある。そこで，身近な時計や文具やアクセサリーとキャラクターが結びつくことが多く，これらの商品が今後もキャラクター商品として具現化されていくのであろう。

7　まとめと提言

　ここまで，女子中学生，女子大学生，男子大学生を対象にしたアンケート調査の結果をまとめた。この節では，それらの結果をふまえて，若者がどのようなキャラクター商品を求めているのかをまとめ，今後の望ましい商品展開について述べる。

1　若者に向けたキャラクター商品

　商品展開としては身近なものがよい。たとえば，文具，鞄，アクセサリー，Ｔシャツ，時計などが考えられる。これらには，すでに多くのキャラクター商品があり，目新しさはない。今後は，食器類やインテリアなどへの展開も考えられる。すでに「ミッキーマウス」や「スヌーピー」のマグカップや皿などは販売されているが，それらは年少者をターゲットにしたものが

身近な商品群	文具	シャープペンシル　ボールペン　鉛筆　消しゴム　メモ帳　手帳　便せん　封筒　シール　セロハンテープ　はさみ　三角定規　定規　分度器　コンパス　ノート　付箋　クリアファイル　のり　修正液　マジック　マーカー　ルーズリーフ　クリップ　ホッチキス　マグネット
	携帯電子商品	携帯電話　ウォークマン　iPod　ストラップ
	パソコン	プリンター　ゲーム　Wii　USBメモリー
ファッション群	アクセサリー	指輪　ブレスレット　ネックレス　ペンダント　チョーカー　レッグブレス　ピンバッジ　コサージュ　ブローチ
	時計	腕時計　置時計
	服飾	Tシャツ　ロングTシャツ　ジャケット　ジーンズ　鞄　靴　帽子　マフラー　ストール　手袋　スカート　ブラウス　シャツ　下着　靴下

出典：筆者作成

図表4-20　キャラクター商品として若者に受け入れられそうな商品群

多く，市場開拓の余地はあると考えられる。また，若者が主な購買層である携帯電話やパソコンの機体や販売促進のツールに，キャラクターが採用されることも考えられる。携帯電話は今や1人1台以上が当たり前だし，パソコンは学校教育の中でも取り入れられてきている。現に，ソフトバンクは，キャメロン・ディアスやブラッド・ピットに続く企業の顔にスヌーピーやハローキティを採用している。

キャラクター商品として若者に受け入れられそうな商品群を，図表4-20に例示をした。これらの中には，すでにキャラクター商品になって，販売されているものも多い。

ところで，最近は化粧品やシャンプー，リンスなどにもキャラクター商品が採用されはじめている。リップくらいであれば，中学生でも日常的に使用している。コンビニや薬局などでは，比較的安価な化粧品を置いているので，中学生や高校生でも入手できる。また，最近は男子も身だしなみ程度のリップを購入することなら抵抗がない。よって，親しみのあるキャラクター

が化粧品のパッケージになればより多くの顧客を得ることができそうである。

2 キャラクターの好悪

　いくら人気があったとしても，また認知度が高いキャラクターであったとしても，嫌いなキャラクターと好きなキャラクターに分かれてしまう。これは個人差もあれば，男女差もある。たとえば，「バガボンド」などは男子大学生には非常に人気が高いコミックであるが，女子大学生は，男子と比較すると人気が低い傾向にある。

　「ドラゴンボール」「ONE PIECE」「鋼の錬金術師」などは，男女の差がなく受け入れられている。「北斗の拳」は，典型的な男子大学生向けのマンガだが，登場人物に多様なキャラクターを登場させることによって，好悪の男女差を緩和している面もある。

　男子大学生にも女子大学生にも共通していることは，好きだと思うキャラクターには次のうちのいずれかの要素があるということである。

　①かわいい
　②共感できる
　③親しみやすい
　④理解できる
　⑤なごむ

　これらは先の分析結果の中にも出てきた要因である。「かわいい」は女子中学生にも女子大学生にも受ける要素である。もちろん，この「かわいい」にも個人差があるが，「かわいい」と感じるものはキャラクター商品として受け入れられやすい。とくに，リアルに描かれるものよりも，丸い形にデフォルメされたもので，色彩も地味なものよりも派手な色の小動物がよい。例外としては，「魔女の宅急便」に出てくる「ジジ」のような真っ黒なネコだが，白，ピンク，赤など鮮やかな色のキャラクターが多い。

　一方，女子が嫌う傾向にあるキャラクター商品には，線描でリアルに描か

れた人物像，虫を想起されるもの，乗り物，リアルな怪物などがある。たとえば，腐りかけたゾンビや人体の一部などは嫌いだ。ただし，人物像の中でも「花の子ルンルン」や，「キャンディキャンディ」のように，金髪で目の大きな手足の長いきれいな女の子から，最近は「セーラームーン」や「ふたりはプリキュア」のような女子が戦闘員になるキャラクターが好まれる傾向がある。女性の社会進出に伴い，女子も守られる存在から戦う存在へと変身し，それが若い女子には共感を生むのである。

「好きなもの」にも時代の空気が背景にあって，若者に共感を生むものが，好きなキャラクターになっていく可能性がある。

3　今後の展開

今後の展開としては，2つの方向が考えられる。

1つ目は，キャラクター商品であるが，従来のような文具やファッションだけではなく，家電や家具のような商品にも進出が可能である。冷蔵庫は三種の神器と呼ばれていた頃は白い色が主流であった。俗に業界では冷蔵庫や洗濯機を白もの家電と呼んでいた。しかし現在は，白色だけではなく，カラーバリエーションも多くなった。カラフルになっただけではなく，サイズも1人用から大容量まで，種類が多くなった。キャラクターのついた冷蔵庫や，洗濯機，掃除機があっても，受け入れられる素地は整ったと考える。また，家具にしても，かなり以前から新1年生が使用する小学生向けの学習机には，キャラクターが使用されている。リビングやキッチンの家具にキャラクターが登場する可能性もある。

2つ目は，キャラクターは幼稚である，子供のものである，というイメージは，最近の若者の中では少なくなっている。彼らは，生まれた時から，カラーテレビがあって，アニメが放映される日常があった。若い彼らにとって，キャラクターはごく自然な空気のような存在だ。どのような商品の外観を飾っても違和感はない。現在は，カジュアルな場面でのキャラクター商品の使用が，今後はフォーマルなシーンにも適応されていく可能性がある。今

後はあらゆる分野へのキャラクター商品の進出が可能になるだろう。すでに受け入れ側の若い世代には，その準備ができているといえよう。

参考 筆者（辻幸恵）の先行研究

1）「キャラクター商品に対する購入基準とその魅力の要因分析－女子中学生とその母親の場合－」京都学園大学経営学部論集第11巻第3号，2002年3月
2）「キャラクター商品に関する女子大学生の嗜好と選択尺度」日本家政学会第54回全国年次大会口頭発表，2002年5月
3）「キャラクター商品の選択背景－経験と心理との関係－」第15回繊維連合研究発表会（福井大学）2002年9月
4）「キャラクター商品の購買心理－女子大学生のケース－」日本商業学会2002年度関西支部11月例会，大阪第2ビル，2002年11月
5）「キャラクター商品に期待する付加価値」日本家政学会第55回全国年次大会口頭発表，2003年5月
6）「キャラクターTシャツの選択心理」日本繊維製品消費科学会，2005年全国年次大会口頭発表，2005年6月
7）「キャラクター商品に対する幼稚園児の選好」日本家政学会第58回全国年次大会口頭発表，2006年5月
8）「大学生に受け入れられるアートキャラクター」日本繊維製品消費科学会，2006年全国年次大会口頭発表，2006年6月
9）「丸型キャラクターが好印象をつくる要因」繊維学会，平成19年度繊維学会年次大会口頭発表，2007年6月
10）「カジュアルウエアに取り入れられるキャラクターの条件」日本家政学会第60回全国年次大会口頭発表，2008年6月
11）「大学生が好むキャラクターTシャツの条件」繊維学会，平成20年度繊維学会年次大会口頭発表，2008年6月

注釈

1) 追手門学院大学，教育研究所 News Letter No.22（2005.10.11発行）に「幼稚園リサーチについて-キャラクターの源流を探る-」が掲載されている。その中には，実際に幼稚園に同行した学生たちの写真と使用した丸，三角，四角の人形の写真が掲載されている。また3名の学生たちの感想も各1頁ずつ掲載されている。
2) 因子分析の目的については，芝祐順『因子分析法　第2版』（東京大学出版会，1979）の第2章16頁には次のように説明されている。「因子分析の主たる目的は，相関行列によって示されている多変量の間の変動を，より少ない数の変動によって説明するのに適した代表的変動としての因子をもとめることである。」ここで採用した主因子法については同掲載書の同頁に次のように説明がされている。「主因子法とは一言でいえば，多変量の間に共通にみられる変動のうち，第1因子から順次，因子寄与を最大とするように因子を定める方法である。」
3) 日本社会心理学会の第48回大会は，2007年9月22日から24日まで早稲田大学で開催された。箱井英寿他は9月24日のポスター発表において「装いや外見がもつ影響力に関する社会心理学的研究」を発表した。その中では場所や場面の重要性を見い出す結果がある。

参考文献

安藤清志・押見輝男編　『自己の社会心理』対人行動研究シリーズ6，誠信書房，1998年

井上哲浩編　『Webマーケティングの科学—リサーチとネットワーク—』千倉書房，2007年

上市秀雄　『個人的リスク志向・回避行動の個人差を規定する要因の分析』風間書房，2003年

梅村修・辻幸恵　『アート・マーケティング』白桃書房，2006年

エーカフ，D.S.，R.H.ライハー著，五島芳樹訳　『キッズ・マーケティング—子供の買うモノ・買わぬモノ—』五月書房，1999年（D. S. Acuff and R. H. Reiher, *What Kids Buy and Why : The Psychology of Marketing to Kids*, The Free Press, 1977）

甲斐みのり　『乙女の京都』中央公論新社，2006年

蒲田春樹　『京都人の商法』サンマーク出版，2006年

香山リカ＋バンダイキャラクター研究所著　『87％の日本人がキャラクターを好きな理由』学習研究社，2001年

京都大学マーケティング研究会編　『マス・マーケティングの発展・革新』同文舘出版，2001年

近藤健祐　『100年愛されるキャラクターのつくり方』ゴマブックス，2006年
芝祐順　『因子分析法〔第2版〕』東京大学出版会，1979年
新村出編　『広辞苑〔第三版〕』岩波書店，1985年
末松千尋　『京様式経営─モジュール化戦略─』日本経済新聞社，2002年
陶山計介・梅本春夫　『日本型ブランド優位戦略』ダイヤモンド社，2000年
陶山計介・妹尾俊之　『大阪ブランド・ルネッサンス』ミネルヴァ書房，2006年
田中道雄・田村公一編　『現代のマーケティング』中央経済社，2007年
辻幸恵　『京に学ぶ─追大ブランディングチームの挑戦─』アスカ文化社，2007年
辻幸恵・梅村修　『ブランドとリサイクル』アスカ・リサイクル文化社，2005年
辻幸恵・梅村修　『アート・マーケティング』白桃書房，2006年
辻幸恵・田中健一　『流行とブランド─男子大学生の流行分析とブランド視点─』白桃書房，2004年
豊田秀樹編　『共分散構造分析（事例編）〔第5版〕』北大路書房，2003年
長沢伸也編　『老舗ブランド企業の経験価値創造─顧客との出会いのデザインマネジメント─』同友館，2006年
野村総合研究所　『オタク市場の研究』東洋経済新報社，2005年
藤村邦博・大久保純一郎・箱井英寿編　『青年期以降の発達心理学─自分らしく生き，老いるために─』北大路書房，2000年
松井豊編　『対人心理学の視点』ブレーン出版，2002年
山崎茂雄・立岡浩編　『映像コンテンツ産業の政策と経営』中央経済社，2006年
山崎潤一郎　『ネットコンテンツ・ビジネスの行方』毎日コミュニケーションズ，2007年
山本昭二　『サービス・マーケティング入門』日経文庫，日本経済新聞出版社，2007年
李為・白石善章・田中道雄　『文化としての流通』同文舘出版，2007年
和田実編　『男と女の対人心理学』北大路書房，2005年

第5章

キャラクターと法律

キャラクターは様々な法律で保護されているため，お気に入りのキャラクターがあっても，勝手に利用することはできない。キャラクターはどのような法律で保護されているのか，また何故保護されているのか等，キャラクターと法律の関係を理解することは，キャラクターを利用したビジネスを行ううえでとても重要である。

1 法律関係を理解する

　キャラクターをビジネスとして活用するには，様々な法律関係が関与してくる。法律関係と聞くと難しいイメージがつきまとうが，難しく考えることはない。われわれは，日々様々な法律行為を行っているのである。たとえば，売買契約や運送契約等の契約は，日常的に行っている法律行為なのである。キャラクターを利用したビジネスにおいては，特殊な法律が関与するため，専門的な知識を持って契約等を行う必要があるが，特殊な法律が利用されていても，基礎になる法律行為は日常的に行っている契約の応用なのである。キャラクターを利用したビジネスにおける契約を難しいものと考えず，身近に感じることが大切であるとともに，キャラクターには様々な権利関係が関与していることを意識することが重要なのである。法律を難しく苦手なものと思うことは，ビジネスに必要なキャラクターに関する権利関係が理解できないばかりでなく，他人の権利を知らずに侵害してしまうこともあり，莫大な損害賠償を請求されることも考えられる。また，法律関係を正しく理解していないことは，キャラクターを利用する交渉においてマイナスになることも多いと考えられる。

1　法律行為とはなにか

　法律行為の代表である「契約」を私たちは毎日行っている。「契約」という言葉は大げさに感じるかもしれないが，私たちの身の回りには，実にたくさんの契約がある。たとえば，朝起きて顔を洗うために，蛇口から水を出す

が，これは私たちが水を供給している地方自治体との間で水道供給契約を結んでいるから可能なのである。さらに，日常生活を考えていくと，朝，わが家で朝食を食べたのち，電車に乗って，勤務先の会社に赴き，昼になれば会社近くのレストランで昼食をすませ，得意先に行くためにタクシーを利用する，その後退社して，帰路の途中でお土産を買って自宅に戻る。このような生活は特に珍しい生活パターンではなく，契約とは意識していないだろうが契約が締結されているから円滑に進んでおり，じつは法律関係が網の目のように張りめぐらされているのである。例えば，朝食で食べた食パンはスーパーで購入したものであり，私たちとスーパーとの間で食パンの売買契約によって取得されたものなのである。電車に乗るのも，電鉄会社との間で目的地まで運ぶという合意，すなわち運送契約に基づいて乗っているのである。レストランでの昼食は，ランチを提供してもらう飲食契約がなされているのである。さらに考えれば会社にはどのように入社したか。民法では雇用と呼ばれ，労働法上は，労働契約と呼ばれている。お土産を買うときは，売買契約を締結したことになる。以上のように，「水道供給」「売買」「運送」「飲食」「労働」等はみな「契約」という法律行為なのである。

　このようにわれわれは，契約に基づく権利・義務の網の目の中で生きているのである。日常生活で日々行っているものであるから，契約と聞いて難しく考えてはならない。法律行為や法律関係は柔軟であり，常識で考えれば基本的なことは簡単に理解できるものなのである。テレビやマンガのキャラクターをビジネスとして活用する場合，これらのキャラクターは，キャラクターの著作権者が商品の販売やサービスの提供のために利用する際の財産権と考えられる。テレビやマンガに出ているキャラクターを勝手に使うことは，他人の財産を勝手に利用することと同義なのである。つまり，安易にキャラクターを利用することはトラブルにつながる可能性があるわけである。しかし，キャラクターは法的に保護されたものであるわけであるから，キャラクターをうまく利用することでビジネスチャンスは広がると考えられるわけである。

2　権利と義務

　法律行為の基本である契約が成立すると，当事者の間に権利と義務が発生する。たとえば，車を購入する売買契約で考えていくと，気に入った赤色の車があったので，車の販売店にその赤色の車を購入したい旨を伝える。すると，販売店はその赤い車を提供することを約束し，他方，車の購入者が赤い車の代金200万円を支払うことを約束することで，車の売買契約が成立するのである。その売買契約成立と同時に，購入者及び販売店双方に，権利と義務が発生するのである。

　契約の成立により，購入者は車の提供を受ける「権利」が発生するが，その一方で代金を支払う「義務」も同時に発生することになる。また，販売店は代金の提供を受ける「権利」が発生するが，その一方では，車を提供する「義務」も同時に発生するのである。

　このように契約自由の原則がベースになっている現代社会において重要なことは，契約によって権利を取得し，義務を負担することであり，キャラクターを利用したビジネスを行う場合においても，契約により権利の範囲を明確にすることが重要となってくるのである。キャラクターは，商品の販売やサービスの提供の際の財産権であり，商品化権といった権利で保護されていると考えられている。しかし，商品化権という権利は，明文規定として法律に定められているわけでなく，著作権や商標権等のキャラクターに関係する法律が適用されることにより，事実上の保護を受けていることとなるのである。

2　知的財産権とは（キャラクターも知的財産）

　知的財産という言葉を聞くと，特殊な技術を持った企業や人が保有している「特許権」のイメージが強いのではないだろうか。最近では，青色LEDを発明した中村修二教授が，発明の対価をめぐって，発明時に在職していた

日亜化学と争った訴訟の一審判決で，604億円という高額の「相当の対価」が出され，注目を集めた。最終的には平成17年11月に中村教授が在職中になした全ての職務発明についての特許を受ける権利の承継の相当対価として8.4億円で和解となったが，「特許」の価値について，大きなインパクトを残した訴訟であった。このように「特許権」は有名な知的財産で一般的に知的財産＝特許のイメージが大きいかもしれないが，「知的財産」は人間の知的想像活動産物であるアイデア，発明，考案，著作等を総称しており，キャラクターも重要な知的財産なのである。つまり，キャラクターに関係するビジネスを円滑に行うには，知的財産の基本について理解しておくことが重要なのである。

1　知的財産立国

　日本では最近「知的財産」といった言葉が頻繁に使われるようになった。近年，政府も関与した方向性の中で知的財産について検討している。

　政府は，平成14年，産業の国際競争力を強化するため，知的財産戦略会議を設置し，その中で「知的財産立国」の実現を目指すことを掲げた。この知的財産とは，技術・デザイン・ブランドや音楽・映画等のコンテンツといった無形の資産を意味し，キャラクターも著作物として重要な無形資産となる。また，これらの無形資産の創造を重視し，これまでの「ものづくり」に加えて，価値ある「情報づくり」も産業の基盤に据えることによりわが国の経済の活性化を図ろうとするのが「知的財産立国」の目的とするものなのである[1]。

　日本で製作されたアニメキャラクターが，世界各地のテレビ等で活躍していることを考えれば，キャラクターは付加価値の高い無形資産と考えられ，付加価値の高いキャラクターを創造することは，無形資産の創造を目指すわが国の方針に則っているわけである。

　知財立国の実現を目指すわが国では，知的財産戦略大綱を作成し，「知的

財産立国」の実現に当たり，次のような戦略を掲げている。
- 創造戦略：大学等が世界的なレベルの研究を進め，より速やかに知的財産を生み出していく環境や，生み出された成果を権利化し，社会に還元するシステムの確立を必要としている。また，優れた知的財産を生み出す人材を育成するため，創造性を生む教育を実現することも求められている。
- 保護戦略：知的財産の創造を促すためには，知的財産の保護を行い，制度，行政機関，裁判所を使いやすくし利用者から信頼される専門性・安定性の確立を必要としている。
- 活用戦略：大学等の研究機関から，知的財産を基に活力あるベンチャービジネスが生まれ，競争力の高い新産業を生み出す必要がある。また，知的財産を有効活用するために，環境整備の確立を必要としている。
- 人的基盤の充実：知的財産創造の担い手を育成することだけでなく，その権利化や紛争処理等ができる，高度な知識をもった専門家の養成を必要としている。

　上記の戦略を掲げる背景は，技術，デザイン，ブランドや音楽・映画等のコンテンツといった価値ある「情報づくり」によって，経済の活性化を図ることがあげられる。今後の日本経済の成長には，他国の追随を許さない独自の「情報づくり」を基盤にすることが必要なのである。また，政府は，そうした情報から生み出される付加価値を最大限利用することが，アジア諸国の急速な追い上げを受けている「ものづくり」をも活性化することが可能であると考えているのである。

　近年，わが国の映画，アニメ，ゲームソフトといったコンテンツは，宮崎駿監督の「千と千尋の神隠し」がアカデミー賞を受賞する等世界で高い評価を受けている。従来からのいわゆる「ものづくり」を支える技術だけでなく，コンテンツの創造，保護さらには活用が，経済発展に重要な位置づけと

なることが予想される。そのような状況を考えれば，キャラクターのビジネスにおける位置づけもますます重要になるといえるのである。

2　知的財産の種類

知的財産権には，特許権や著作権のように「知的創造物についての権利」と，商標権や商号などの使用者の信用維持を目的とした「営業標識についての権利」に大別される[2]。

また，客観的内容を同じくするものに対して排他的に支配できる「絶対的独占権」と，他人が独自に創作したものには及ばない「相対的独占権」に分かれる。

知的財産の種類についてまとめると次のとおりである。

・絶対的独占権　→　特許権，実用新案権，意匠権，商標権，育成者権等
・相対的独占権　→　著作権，商号及び不正競争法上の利益　等

①　知的財産権とキャラクターの関係

キャラクターをビジネスとして利用する場合は，商品化権としてキャラクターが商品の販売やサービスの提供に影響するため一種の財産権的要素をもつと考えられる。しかし，前述したとおり商品化権は法律により明記されたものではなく，キャラクターの種類や利用方法により，著作権法や商標権法または不正競争防止法等の法律が適用され，保護されていると考えられる。キャラクターは著作物であるため，著作権がキャラクターを保護する重要な権利である。

②　知的財産権の中の著作権

著作権は他の知的財産権と比較して，特殊な性格を有している。他の知的財産権は，特許権や商標権のように，行政官庁（特許庁等）の登録を前提に

知的創造物に関する権利		営業識別に関する権利	
特許権 (特許法)	発明を保護	商標権 (商標法)	商品・サービスで使用するマークを保護
実用新案権 (実用新案法)	物品の形状等の考案を保護	商号 (会社法,商法)	商号を保護
意匠権 (意匠法)	物品のデザインを保護	商品表示,商品形態(不正競争防止法)	(以下の行為を規制) 混同惹起行為 著名表示冒用行為 形態模倣行為 誤認惹起行為　等
著作権 (著作権法)	文芸,学術,美術,音楽,プログラム等の精神的作品を保護		
回路配置利用権 (半導体集積回路の回路配置に関する法律)	半導体集積回路の回路配置の利用を保護	産業財産権＝特許庁所管 特許権・実用新案権・意匠権・商標権	
育成者権 (種苗法)	植物の新品種を保護		
営業秘密 (不正競争防止法)	ノウハウや顧客リストの盗用など不正行為を規制		

注：特許庁ホームページを参考

図表5－1　知的財産の種類

成立要件にしているものが大半を占めている。しかし著作権は，登録をすることなく創作と同時に権利が発生し，権利の範囲も他の知的財産権と異なり，明確に特定されることはない。これら知的財産権の種類による特徴は，方式主義（登録主義）か無方式主義の違いであるかにより表現することができる。つまり，特許権等が方式主義で登録を必要としているのに対し，著作権は登録等の何らの方式を必要としていないのである。

また，権利の存続期間に大きな差がある。著作権は条約上[3]「著作者の創作から，著作者の死後50年もしくはそれより長い期間」[4]と長期的に権利の存続が認められている。一方，著作権は，「出願から20年」と著作権と比較して，権利の存続が短くなっている。

このように，原則的に著作権は，無方式主義を採用しているが，「公表時起算主義」の考えが，以下のように例外的に採用されている。

- 無名又は変名の著作物　公表後50年（著作権法52条1項）
- 団体名義の著作物　公表後50年（著作権法53条1項）
- 映画の著作物　公表後70年（著作権法54条1項）。ただし，平成16年1月1日に著作権が存続している映画の著作物について適用。平成16年1月1日以前に著作権が消滅しているものについては従前のとおり公表後50年で消滅。

3　キャラクターを守る法律

　商品を販売する場合，キャラクターは商品の売行きを大きく左右する。キャラクターばかりでなく，著名人の氏名や有名ブランドのロゴマークが入っていたりすると，その商品を購入しようとする者の注意を惹き，販売促進に大きな力を発揮するのである。

　そのような財産的価値の高いキャラクターは，主に次のような法律で守られている。

1　著作権法による保護

　約2兆円弱の市場規模を有するキャラクタービジネス市場から判断できるように，キャラクターには非常に大きな経済的な付加価値があると考えられる。現在の経済実態を鑑みれば，メーカー等の企業が販売する商品は，どれを選択しても機能や品質には大差がなくなっていると考えられる。そのような中，商品販売において他社製品と差別化するには，キャラクターは販売促進のポイントになる。「ポケモン」は子供たちにとっても人気がある。「ポケモン」キャラクターがついたお菓子を子供たちが積極的に購入するように，キャラクターは顧客の購買意欲に大きな影響を与えるのである。つまりキャラクターは，企業の経済活動に大きな影響を与える大切な資産と考えられるのである。

　この大切な資産を守る例として，身近に次のようなケースが考えられる。

例えば，有名な「ドラえもん」の絵本やテレビアニメ，キャラクターグッズには必ずⒸマークが入っている。Ⓒマークの後には「藤子プロ・小学館・テレビ朝日・シンエイ・ADK」と書かれている。これは，最初に書かれている「藤子プロ」が原作者であることを意味する。次に書いてある小学館がドラえもんの漫画を発行している会社である。またその後に書かれている「テレビ朝日」「シンエイ」「ADK」はドラえもんのアニメーションを製作している会社であり，このⒸマークの後に出てくる人や企業が，ドラえもんのキャラクターを利用できる権利者なのである。またⒸマークの最後には，最初の発行年の表示が記載されている。

このⒸマークはCopy Rightの「C」の意味で，「著作権・版権」の意味を持っている。つまり，Ⓒマークの後に記載されている人や企業は，著作権という権利で守られているのである。商品販売を行う際，ドラえもん等のキャラクターグッズを出す場合には，著作権者の許可が必要となる。著作権者の許可が必要となることで，勝手にキャラクターを利用することができず，キャラクターが著作権法で守られることになるわけである。しかし，著作権侵害はあくまでも親告罪であるため，著作権の権利者本人が「権利を侵害された」と訴えない限り，無断使用者に対して経済的制裁等ができず，個人商店等で無断でキャラクターが利用されていることは否定できない状況である。ここで確認しておきたいことは，Ⓒマークがきっちり表示されていることは，著作権者，すなわちそのキャラクターの著作者が「このキャラクターには著作権が存在しています」と宣言していることを意味する。また表示の方法は様々であり，クリエイターの氏名を入れたものから，ペンネーム，会社名，団体名などいろいろなケースがある。近年では，著作物を管理する版権会社，代理店等が窓口を明確にするためにⒸ表示のあとに連名で表示するケースもある。ドラえもんは連名で表示しているケースである。

❷ 商標権法による保護

キャラクターには商標権でも守られるケースがある。ドラえもんの場合，

あのかわいいキャラクターそのものだけでなく「ドラえもん」という文字などのマークを商標として，グループ分けされた商品や役務ごとに登録しておくことができる。

商標権の登録がなされた商品グループにおいて，勝手にその商標を利用することはできないこととなっている。例えば，「ドラえもんパン」「ドラえもんクッキー」等はそれらの商品分類において商標登録されているので，登録した者以外の者は，勝手にネーミングすることができないのである。キャラクターのみならず，キャラクターの名前等もこのように，商標権法という法律で守られているわけである。われわれの周りにある，多くのキャラクターは，このように名前にも財産性があり商標の登録がなされているケースが多いのである。

3 意匠法による保護

意匠とは，物品の形状，模様等であり，視覚を通じて美観を起こさせるものである。また，意匠法は意匠の目的を「意匠の保護及び利用を図ることにより，意匠の創作を推奨し，もって産業の発達に寄与することを目的とする」と掲げており，商標権と同様に認識の機能としてキャラクターを保護することができるのである。つまり，商品化される様態を予測し，キャラクターが付された商品の意匠を，意匠登録出願しておくことで，事実上キャラクターを保護することができることとなる。

4 不正競争防止法による保護

不正競争防止法では，特許や商標のように登録した権利がなくなっても，一般社会の取引通念上の観点から，模倣などの特定の不正な競争行為を禁止している。不正競争防止法は，他人の商品等表示として需要者の間に広く認識されているものと同一もしくは類似の商品等表示を使用等して，他人の商品または営業と混同を生じさせる行為，自己の商品等表示として他人の著名な商品等表示と同一もしくは類似のものを使用する行為を，不正競争の態様

として規定している。アニメキャラクターが商品等表示に該当する場合，不正競争が成立する可能性があり，不正競争が成立すると，差止請求や損害賠償請求の対象となる可能性があることを認識しておく必要がある。

4 著作権とはどのような権利

　テレビや雑誌等で人気のあるアニメや漫画のキャラクターを商品のパッケージ等に利用すれば，商品の売上げに影響がでるため，販売促進においては人気キャラクターを商品と関連させたいと考える。

　また，本や文書のレイアウトを考える際，他人の物を無断で利用し，切り貼りすれば簡単に本や文書を作ることができる。例えば自分で文章を考えたり，表現を考えることはエネルギーのいることであり，ついつい他人の作ったものを利用したくなる。また，少しでも印象を残す必要がある場合は，レイアウトが大切である。インパクトがある表現にする場合にも，人の考えた表現をマネすると楽である。

　しかし，キャラクターや本のような作者の思想や感情を創作的に表現して完成させた著作物は，作者の財産であり，誰もが作者に無断で使ってよいものではないのである。つまり，商品に利用したいキャラクターがあれば，そのキャラクターの作者やキャラクターを管理している人に，キャラクターを利用するための許可をもらわなくてはならない。キャラクターを利用する許可をもらうということは，キャラクターを利用する権利を得ることになりため，契約を結ぶこととなる。このようにキャラクターの作者やキャラクターを管理している人が，キャラクターを利用したい人に契約等により許可を与えることができるのは，著作権という権利を有しているからなのである。

1　著作権法により保護されている権利

　著作権法では，第10条に著作物の主なものとして，小説，脚本，論文，講演その他の言語の著作物，音楽，舞踊，映画，版画，彫刻その他美術の著作

物，建築，地図または学術的な性質を有する図面，図表，模型その他の図形の著作物，映画，写真，プログラム等を列挙しており，幅広い範囲で著作物を保護の対象としている。

② 著作権の保護の対象範囲

著作権法第10条に列挙された著作物は，翻訳，編曲，変形，脚色，映画化翻案したものについて「二次的著作物」として保護の対象としている（著作権法第2条1項11号）。

また，コンピュータプログラムやデータベースも著作物としており，プログラムについてはビジネスモデルの発明等一定の条件を満たせば，特許法の保護の対象になることもある。このように，著作権の対象範囲は幅広いだけでなく，複雑に様々な権利が関与するため，商品の利用の際は慎重な対応が必要となる。

③ 著作権の発生及び登録

作者の思想や感情を創作的に表現して完成させた著作物は，著作権で保護されており，登録しなくても著作物が完成した時点で自動的に権利が発生する。特許が，出願して審査され，登録されてから権利が発生することとの大きな違いといえる。このように，完成と同時に自動的に権利が発生することを「無方式主義」という。

著作権は，自動的に権利が発生するため，小説などの著作物を完成させた後，放置していても権利主張することは現実的に困難である。他人の著作物で気に入ったものを利用する際，どこに許可をもらったら良いのかわからない状態になるようでは困る。そこで，著作権があることをはっきりさせるために，文化庁に著作者の実名，最初の発行年月日，著作権の移転等について登録することができる（著作権法75条等）。

なお，著作物の無断使用等により著作権の侵害をした場合は，民事上と刑事上の責任が科せられることとなるので注意が必要である。

5 商標権とはどのような権利

　商標は，人や物を区別するためにつけられている「名前」であり，他人の業務と区別するための商品やサービスにつけるネーミングやマークである。商品のデザインや模様，商品やサービスについている特別な名前，またはメーカーの名前も，商品を選ぶ目印になっている。

　消費者は，継続して使われているネーミング（商標）によって，その商品を誰が作っているか，安心できる品質の商品であるか否かを判断して，商品を選ぶ基準にしている。つまり，消費者は，商標という信用力や魅力（顧客吸引力）によって商品やサービスを選んでいるケースが多く，有名になった商標はブランドとなるわけである。また有名になったキャラクターには，キャラクター自身に顧客吸引力が発生するため，有名になったキャラクターの名前も商品を選択する際の目印となる。つまり，キャラクターの名前も法律で保護する必要が出てくるわけである。著作権のあるキャラクターの絵が，消費者が購入する商品の模様や装飾以上のものとなり，消費者にその商品を製造するメーカーのイメージに貢献するように利用される場合は，キャラクターは商標の役割を担うことになるとも考えられるわけである。

　商標を登録することは，自らが安全に商標の使用ができ，また他人が，登録している商標を使った場合に無断使用を抑え込むことができる効果があるのである。商標登録を行うことで，キャラクターの名前も，法律で保護することができることとなる。

1　商標法の目的

　商標法第1条には商標の目的が次のように明記されている。

　　「この法律は，商標を保護することにより，商標の使用をする者の業務上の信用の維持を図り，もつて産業の発達に寄与し，あわせて需要者の利益を保護することを目的とする。」

商標には，出所表示機能，品質保証機能，広告宣伝機能がある。商標のこれらの機能は，事業者の商品等の品質を保持し，商標を使用し続けることによる信用を確保し，需要者の期待に応え，引き続き優秀な品質の商品やサービスを提供する努力を行うため，商標法第1条の目的にあるように，産業の発達に貢献し，需要者の保護に役立つこととなる。

　商標の機能としては，以下のことがあげられる。

① 出所表示機能：商品やサービスの出所を示す機能
② 品質保証機能：同じ商標がついている商品やサービスは同じ品質と示す機能
③ 広告・宣伝機能：ネーミングやマークが，広告・宣伝に役立つ機能

2　商標登録の条件・方法

　上記のとおりキャラクターを守るために商標登録は重要である。ところが，商標は出願さえすれば何でも登録されて，一定の保護を受けることができるわけではない。商標には，登録できるものとできないものがある。商標法では登録できる商標にどのようなものがあるかは規定しておらず，登録できない商標を規定している（商標法3条・4条）。ここでは登録できない商標と裁判事例を紹介する。

① 登録できない商標

1) 使う意思のない商標（商標法第3条第1項）

　商標登録を行う際，従来は願書に出願する人の業務を記載する必要があったが，平成9年4月1日から出願する人の業務の記載は不要になった。これで，誰でも勝手に使う意思のない業務分野に関係のない商標を登録できるようになったわけではなく，指定商品や役務に関係する業務が，出願する人にないにもかかわらず登録された場合は，審判における登録無効の理由になっており，従来通り使う意思のない商標の登録はできないことに変わりはないのである。

2）商品サービスの区分に使えない商標（商標法第3条第1項・第2項）

たとえば，「くつ」の商標としては「メロンパン」のような商品・サービスの普通名称は使用不可，産地・販売地（例＝奈良，シドニー），原材料（例＝パンについて醤油），効能，用途，数量，形状，などを表す言葉は使えない。その他，田中，水野などのありふれた氏名や名称，かな文字の1字，ローマ字の1字または2字，キャッチフレーズ等も登録できない。

しかし，上記に掲げたような商標であっても，自然に使われた結果，誰の商標であるかがわかるほど著名になれば登録することができる。

（商標法第3条）
第3条　自己の業務に係る商品又は役務について使用をする商標については，次に掲げる商標を除き，商標登録を受けることができる。
　一　その商品又は役務の普通名称を普通に用いられる方法で表示する標章のみからなる商標
　二　その商品又は役務について慣用されている商標
　三　その商品の産地，販売地，品質，原材料，効能，用途，数量，形状（包装の形状を含む。），価格若しくは生産若しくは使用の方法若しくは時期又はその役務の提供の場所，質，提供の用に供する物，効能，用途，数量，態様，価格若しくは提供の方法若しくは時期を普通に用いられる方法で表示する標章のみからなる商標
　四　ありふれた氏又は名称を普通に用いられる方法で表示する標章のみからなる商標
　五　極めて簡単で，かつ，ありふれた標章のみからなる商標
　六　前各号に掲げるもののほか，需要者が何人かの業務に係る商品又は役務であることを認識することができない商標
2　前項第三号から第五号までに該当する商標であつても，使用をされた結果需要者が何人かの業務に係る商品又は役務であることを認識することができるものについては，同項の規定にかかわらず，商標登録を受けることができる。

3）公益を害する商標（商標法第4条第1項第1号～第7号，第16号）

国旗，菊花紋章，国連や赤十字のマーク，卑猥な言葉や図形，外国を侮辱するような公序良俗に反する商標，商品の品質の誤認を生ずるおそれのある

商標は登録することはできない。

4）他人の私益を害する商標

他人の肖像・氏名・名称・著名な芸名・これらの略称，先登録の他人の商標と同一・類似の商標，他人の商品と混同するおそれのある商標などは登録することができない。

② 事例紹介

上記のように商標登録には，登録できない商標を規定しているわけである。身近な商品（ビール）で商標登録に関する訴訟を紹介する。

知的財産高等裁判所　平成19年3月28日判決
　アサヒビールは，指定商品をビール風味の麦芽発泡酒として「本生」の商標出願をしていたが，特許庁の審査・審判では登録が認められなかった。それを不服として知的財産高等裁判所に提訴していたが，アサヒビールの主張は認められなかった。
　ビールを中心としたアルコール飲料等の競争は激しく，パッケージデザインに加え，ネーミングがブランド戦略上重要な役割を果たしている。そのような中，ビールや発泡酒のネーミングはイメージが重要であるため，商標について，同業メーカー間において同様のネーミングを利用しているケースが多いことが現状である。
　「本生」は，そのような差異化が難しい商品名をいかにして商標登録し，ブランドを確立していくかについて，争われた訴訟である。つまり，「商品の品質，生産方法等を普通に用いられる方法で表示する標章のみからなる商標」は，登録することができないという商標法の規定がある。本件は，このような商標法の自他商品識別力について争われたわけである。
　裁判所は次のように判断した。「本生」の語は，事典類には掲載されていない（事典類に掲載されていれば一般的な語と判断される）。しかし「本生」の文字は，食品分野において，広く用いられているもので，ビールや日本酒などの分野においては，「加熱殺菌していない本格的なもの」というほどの意味合いで認識されている語である。また，書体はごく普通に用いられる特徴のないデザインと言うことができるから，これに接する需要者をして，単に商品の品質を表

示したものと認識させ，自他商品の識別標識としての機能を果たし得ないものと言える。これを特定人に対して，自他商品の識別目的で，独占使用させることは適当でないとした。

1）アサヒビールの主張[5]

平成13年2月に，原告商品の販売を開始したが，大々的な宣伝広告と販売促進強化の結果，発売後2ヵ月間に200万箱（1箱は大瓶20本）の売上げを記録し，発泡酒市場での最速記録となった。商品の発売以後の販売実績等は，次のとおりであり，平成17年末までの総売上数量は，2億2840万箱（350ml缶換算で82億6152万本）であった。

	売上数量	市場シェア	広告及び販売促進費
平成13年度	3900万箱	22.3%	161億円
平成14年度	4700万箱	23.1%	176億円
平成15年度	4905万箱	24.4%	151億円
平成16年度	5336万箱	28.8%	157億円
平成17年度	3999万箱	28.7%	95億円

図表5－2　アサヒビールの売上げ

このように，本願商標は，その指定商品である原告商品の缶及び瓶に使用され，購入者が，原告商品ないし本願商標を看取した回数は莫大なものとなり，また，缶及び瓶の使用態様が商品案内及びカタログ等に使用され，大々的な宣伝広告と販売促進の結果，著名ブランドとしての地位を獲得した。

本願商標の使用例においては，「Asahi」の部分と「本生」の部分とは，デザイン及び文字の大小において明らかな相違があること，一体不可分の結合態様ではなく，両文字は視覚的にも離れた状態であること，特殊文字で構成された「Asahi」は周知著名性を有するハウスマークであることから，「アサヒホンナマ」と称呼して宣伝広告をしたとしても，「Asahi」と「本生」とは，それぞれ分離して認識され，「本生」の文字は，単独で，その商品の出

所を表示していると，取引者・需要者に認識されるものといえる。
　以上の経緯に照らすならば，原告商品の高い売上実績は，原告のハウスマークである「Asahi」及び「アサヒ」の標章に負うところが大きく，また，「本生」の文字が商品の品質・製法等を間接的に想起させる表示であることを勘案したとしても，本願商標は，原告商品の取引者・需要者により，原告の業務に係る商品の商標であることが十分に認識されているというべきである。

2）裁判所の判断のポイント[6]

(1)　裁判所は商標法3条1項3号に掲げる商標が，商標登録の適格を欠くとした趣旨を次のように説明している。

　商標法3条1項3号は，商品の品質，生産方法等を普通に用いられる方法で表示する標章のみからなる商標等については，商標登録を受けることができないと規定する。
　法が，同号に掲げる商標について，商標登録の適格を欠くとした趣旨は，
① 商品の品質等を表示する，記述的ないし説明的な標章は，これを商品に付したとしても，取引者・需要者は，当該標章を，自他商品の識別標識であるとは認識せず，単に商品の品質等を説明したものと認識するであろうから，結局，このような標章は，自他商品を識別する機能を欠くものとして，登録商標としてふさわしくないこと。
② 商品の品質等を表示する標章は，取引に際して，有用又は不可欠な手段として機能し，何人に対してもその自由な使用を確保させる必要性が高い場合があるから，商品の出所を識別させる目的で，特定人に独占的な使用を許すのは好ましくないこと等にあるものと解される。

(2)　裁判所は商標法3条1項3号の考え方を上記のように説明したうえで，本件訴訟における商標登録の適格の妥当性を次のように判断している。
① 本願商標を構成する「本生」の文字は，食品分野において，広く用いられているものであって，ビールや日本酒の酒類等の分野においては，「加熱殺

菌していない本格的なもの」というほどの意味合いで，認識され使用される語であり，また，本願商標における書体は，ごく普通に用いられる特徴のないデザインということができるから，本願商標は，これを本願指定商品中「熱処理をしていないビール風味の麦芽発泡酒」に使用すれば，これに接する需要者をして，単に商品の品質を表示したものと認識させ，自他商品の識別標識としての機能を果たし得ないものといえる。これを特定人に対して，自他商品の識別目的で，独占使用させることは適当でないと解する。

② 以上のとおりであるから，本願商標は，これを本願指定商品中「熱処理をしていないビール風味の麦芽発泡酒」に使用しても，これに接する需要者をして，単に商品の品質を表示したものと認識させるにすぎない。

上記理由で，商標法第3条第1項第3号に該当するとし，アサヒビールの主張は認められなかった。

(3) 裁判所は商標法第3条第2項の長年使用した結果，需要者が何人かの業務であるか判断できるものであるか否かについて次のように判断した。

なお，アサヒビールが，商品の販売開始時以降，原告商品及びその宣伝広告媒体で，「本生」の文字を含む標章を大量に表示してきた経緯があることは認めたうえでの判断である。

① 原告は，原告が作成，公表したニュースリリース等ですら，原告商品を表記する場合には，「本生」ではなく，「アサヒ本生」を用いてきた。
② 原告商品の缶，瓶，その他の包装，商品案内，カタログ，広告等において，「本生」の文字を単独で使用する例は，ほとんどなく，「アサヒ」等の文字と併せて表記してきた。
③ 原告は，「発泡酒の本格派『生』」などの例にみられるように，むしろ，「本」及び「生」の語を原告商品の特徴を説明する目的で，宣伝広告に使用していたことなど，「本生」の文字を含む標章の使用態様に係る諸事情に照らすならば，原告商品又はその宣伝広告媒体に接した取引者・需要者は，「本生」の文字のみによって，商品の出所が原告であると認識することはな

く,「アサヒビール株式会社」,「アサヒビール」又は「アサヒ」等の文字に着目して,商品の出所が原告であると認識すると解するのが自然である。すなわち,原告商品を他社商品から識別する機能を有する標章部分は,「本生」ではなく,「アサヒ」,「Asahi（アサヒ）を併記した本生」又は「アサヒ本生」にあるというべきである。

そうすると,「本生」の文字が相当程度使用されてきたものであって,新聞等の記事において,原告商品を単に「本生」とのみ称呼している例が存在することを勘案したとしても,「本生」の文字は,審決の時点までに,「本生」の文字のみで需要者が原告の業務に係る商品であることを認識できるほどに広く知られるに至っていたとは認められない。

当裁判所がこのように判断した理由は,原告が,本願商標について,上記のような態様で漫然と使用してきたことに起因するものであり,本願商標の「本生」の語の多義性に照らして,原告において専ら自他商品の識別のために使用した場合に,取引者・需要者をして,本願商標に係る「本生」の文字のみによって原告の業務に係る商品であることを認識できるほどに広く知られるに至る可能性のあることを一般論として否定したものではない。

上記理由にて,「Asahi（アサヒ）の本生」として知られているとまではいい得るとしても,使用の結果,「本生」の文字のみにより,当該商品が何人かの業務に係るものであることを認識できるほど,取引者・需要者間に広く知られるに至ったものとまでは認めることができないから,本願商標が商標法3条2項に該当するとはいえないとして,アサヒビールの主張は認められなかった。

3 保護を受けることができる商標具体例

わが国において保護を受けることができる商標は,図表5－3に掲げるような構成からなるものでなければならない（第2条第1項柱書）（特許庁ホームページより）。

① 文字商標　　　　　　　　　④ 立体商標

（例）

WALK MAN

アリナミン

② 図形商標

（例）

③ 記号商標　　　　　　　　　⑤ 文字，図形，記号，立体的形状の2つ
　　　　　　　　　　　　　　　　以上が結合した商標

（例）　　　　　　　　　　　　（例）

JAL

⑥　上記①～⑤に掲げるものと色彩が結合した商標

出典：特許庁ホームページより　　図表5－3　商標の例

6　意匠権とはどのような権利

　商品のデザインである意匠が知的財産権として保護される必要性は現代社会において，高まる傾向にあり，キャラクターも意匠権の保護を受ける場合がある。意匠登録を行えば，意匠法により登録制度の下で意匠権という排他的独占権として保護される。意匠法第1条には，「この法律は，意匠の保護及び利用を図ることにより，意匠の創作を奨励し，もつて産業の発達に寄与

することを目的とする。」とある。つまり，意匠は，物品のより美しい外観，使ってより使い心地のよい外観を探求するものである。また，外観は，だれにでも識別することができるため，容易に模倣することができ，不当競争などを招き健全な産業の発展に支障を来すことが予想される。意匠制度は，新しく創作した意匠を創作者の財産として保護し，さらにその利用も図ることを定めることで意匠の創作を奨励し，産業の発達に寄与しようという制度なのである。

キャラクターを製品の上に模様として表した場合や，キャラクター自体を人形として表した場合等，新規性等下記に掲げる内容を満たすことを条件に意匠登録を受けることができるため，キャラクターを上手に利用する上では重要な権利である[7]。

1　意匠法の保護対象

意匠法が保護対象とするものは，意匠法第2条に明記されている。物品の形状，模様若しくは色彩又はこれらの結合であって視覚を通じて美感を起こさせるものを保護の対象としている。また，画面デザイン（物品の本来的な機能を発揮できる状態にする際に必要となる操作に使用される画像）は物品の部分の形状，模様，若しくは色彩又はこれらの結合に含まれ保護の対象であるが，物品の外観に現れないような構造的機能は保護の対象とならない。

2　意匠が権利になるには

意匠は意匠法上の意匠に該当するだけでは，意匠権にならない。意匠権となるためには，意匠登録出願した意匠が意匠法上の意匠に該当し，意匠法第3条に記載された要件（工業上の利用性や新規性等）に該当する必要がある。

つまり，意匠の登録は，産業の発達や第三者との調和の見地から判断されると考えられる。

主な意匠登録の条件（意匠法第3条等）は下記のとおりである。

(1) 工業的に利用できる意匠（意匠法第3条第1項柱書）

意匠が産業上役に立つためには，工業的に量産できるものでなければならない。貝殻や昆虫の標本などの天然物，犬の形に折りたたんだタオルは，タオル自体の形態でないので意匠登録できない。

(2) 新規性のある意匠（意匠法第3条第1項）

意匠法で保護される意匠は，新しいものであることが必要である[8]。世間で既に知られている意匠は登録の対象にはならない。世間で既に知られている意匠に独占権を付与すると産業の発達を阻害することになると考えられる。つまり，出願前に日本国内や外国で公に知られている意匠またはこれに類似する意匠は登録できない。

(3) 創作性のある意匠（意匠法第3条第2項）

新しい意匠であっても，その事業に属する分野における通常の知識を有する者が，公知形状に基づいて安易に創作できる意匠は登録できない。

例えば，法隆寺のような有名建築物をそのまま置物に転用した意匠は登録できない。

(4) 意匠登録を受けることができない意匠に該当しない（意匠法第5条）

国旗や，元首の像，公共的な標識やマーク，わいせつなものを含む意匠は，公序良俗に反するため登録できない。

また，他人の著名な商標を含む意匠は，他人の業務に係る物品と混同を生ずる可能性があり登録できない。

(5) その他

その他意匠登録の条件には，最先の出願であること（意匠法第9条第1項・第2項）や冒認出願[9]でないこと（意匠法第9条第4項）等がある。

7　キャラクターを保護する権利のまとめ

キャラクターは思想または感情の創作的表現であり著作権の保護を受けていることは明確であるが，前述したとおり商標権や意匠権における保護をま

とめてみると次のようになる。

1 商標権・意匠権による保護

　商標とは，文字，図形，記号もしくは立体的形状等であり，商品化されることを予測して，アニメキャラクターを表す商標や商品等を指定して商標登録出願をしておくことができる。商標登録出願を行うことで，そのキャラクターを表す商標が保護されることになるわけである。この商標登録の指定商品等は，家庭用テレビゲーム，被服，菓子，パン，清涼飲料水等幅広い範囲で多岐にわたる。商標法は，意匠法や特許法のような新規性は要求されておらず，家庭用テレビゲームに使用する等，指定商品の区分を明記すれば，審査を受け，商標権を取得することができる。

　意匠とは，物品の形状や模様等であり，視覚をとおして美感を起こさせるものである。商品化される態様を予測し，キャラクターが付された物品の意匠を図面等に記載し，意匠登録出願することができる。出願登録することで，登録意匠およびこれに類似する意匠に効力が及ぶこととなり，キャラクターの保護を受けることができる。しかし，意匠権は形態または物品が似ていないものには効力が及ばず，存続期間が設定登録日から15年と短い。キャラクターを商品にする目的を考えると，一般消費者に広く知られ，商品としての魅力を訴えることができることが重要となる。商品化におけるキャラクターの大きな役割は，既にキャラクター自体が人気・知名度・パブリシティ性を備え，そのパブリシティ性を利用することで商品に付加価値を見出すことである。つまり，キャラクターを商品に利用する場合，パブリシティ性のないキャラクターには使用料を支払う価値はないといえる。しかし，そのような認知度の低いキャラクターは，消費者から見れば購入する商品のデザインと捉えられ，意匠法の保護の対象となることになる。

　しかし，現実的なビジネスにおいて，パブリシティ性のあるキャラクターを使うか，パブリシティ性のないキャラクターを使うかでは，商品の売上げに大きな差が生じることとなる。そのため，ビジネスにおいては，既に有名

になったキャラクターの利用に集中することとなる。つまり，有名になったキャラクターを商品に利用する場合は，キャラクターは商品の飾り模様として捉えれば意匠（デザイン）にすぎないが，そのデザインのビジネスにおける売上貢献度を考えれば，本質的には意匠とは違う内容を有していると考えられる。このように，キャラクターを商品に利用する際は，キャラクターを利用する状況に応じて様々な権利で保護されていることを理解しておかなければならない。

2 総合的判断の重要性

　以上のように，キャラクターは，予測される侵害形態や存続期間等を対象となるキャラクターの使用目的を考え様々な観点から検証し，著作権法だけでなく商標法や意匠法また不正競争防止法等を活用して，利用目的に必要な保護を行うことができるわけである。ただ，著作権法による保護は，設定の登録がないため，侵害認定においては当該著作物に依拠して複製されたものである必要がある。登録を必要としない著作権や不正競争防止法による保護は，係争が生じた場合は登録が必要でない分，裁判での主張や立証要件が厳格になると考えられる。一方，特許庁に登録を必要とする意匠法や商標法による保護は，事前に登録が必要であるため，係争が生じた場合における，裁判での主張や立証要件が緩和されることとなる。しかし，時間面やコスト面における負担は大きくなる。

　キャラクターを法的保護の観点から考える場合，関連法の特徴を的確に把握し，守りたい権利はどのようなものであるかを整理し総合的な判断を行うことが重要である。

注釈

1 ）内閣官房知的財産戦略推進室ホームページにて掲載　http : //www.ipr.go.jp/
2 ）特許庁ホームページ　「知的財産権について」参照　http : //www.jpo.go.jp/seido/s_gaiyou/chizai02.htm

3) 国際的に，工業所有権をたばねるものとしてパリ同盟条約，著作権をたばねるものとしてベルヌ条約がある。
4) 日本の著作権は権利の存続期間を，半世紀以上にわたり「著作者の死後30年間存続する」旨を定めてきたが，1928年のベルヌ条約ローマ規定において，保護期間は著作者の生存中およびその死後50年となった。さらに，1948年のベルヌ条約ブラッセル規定において，これより長い期間を定めることは認め，それより短い期間を定めることは認めないとした。

　従来アメリカは，著作者人格権の問題と共に，方式主義を採用するから，ベルヌ条約に抵抗を示していた。しかし，1978年の連邦著作権法改正で「著作物の発行後28年で延長28年」の定めを「著作者の生存間およびその死後50年間存続」に変更し，ベルヌ条約と同一の見解となった。その結果，著作権の保護期間は，国際的に「著作者の生存中およびその死後50年」の原則が確立されたと考えられる。
5) 訴訟における主張は数点に及ぶが，商標法第3条第2項の登録できない商標であるか否かについて争われた部分における主張を抜粋した。
6) 商標法第3条第1項第3号の判断及び商標法第3条第2項における判断について抜粋した。
7) キャラクターの意匠権の範囲は，登録を受けたキャラクターの図柄そのもの，もしくは類似する図柄が，同一又は類似の物品に表されたものに限定される。そのため，キャラクターが笑って走っている図柄をコップの表面図柄に意匠登録を受けた場合，泣いてしょんぼりしている図柄を下敷きの表面に表したものに対して，意匠権の効力は及ばない。
8) 新しいか否かを判断する時期的基準は適式な願書が特許庁に到達した日が基準となる。その基準日より前に公然に知られた意匠やインターネット等電気回線を通じて公衆に利用可能となった意匠が，出願した意匠と同一，類似であれば登録されないこととなる。
9) 冒認出願とは，創作者から意匠登録を受ける権利を譲り受けたものでないものが行った出願。

参考文献

伊藤真　『知的財産法（伊藤真実務法律基礎講座）』弘文堂，2004年

牛木理一　『デザイン，キャラクター，パブリシティの保護』悠々社，2005年

菊池武・松田政行・早稲田祐美子・齋藤浩貴　『著作権法の基礎』財団法人経済産業調査会，2005年

キャラクターマーケティングプロジェクト 『キャラクターマーティング（これがキャラクター活用のマーケティング手法だ！）』日本能率協会マネジメントセンター，2002年

髙森八四郎 『民法講義１総則〔補訂第２版〕』法律文化社，2006年

辻本一義 『特許知的財産権の教科書』PHP研究所，2004年

道垣内弘人 『ゼミナール　民法入門〔第３版〕』日本経済新聞社，2005年

富樫康明 『著作権に気をつけろ！』勉誠出版，2006年

日本弁理士会監修 『イラスト大図鑑　知的財産権２ブランド・キャラクターってなに？』汐文社，2005年

山口大学知的財産本部監修 『大学と研究機関のための知的財産教本』EMEパブリッシング，2004年

第6章

キャラクタービジネス
（商品化権）

キャラクターをビジネスの観点から考えた場合，まずキャラクターのもつ権利すなわち知的財産権の的確な理解が重要である。

　知的財産とは形は存在しないが，社会が発展するうえで重要な役割を果たすものであることは言うまでもない。知的財産立国を目指すわが国において，知的財産権制度は，社会の進歩に役立つ知的な創作活動をした人々に利益をもたらすことで，さらに創作活動をしようとする意欲を駆り立て，次々と進歩をもたらし，結果的に国民全体の生活が豊かになることに貢献する制度なのである。つまり，知的財産制度の恩恵は，技術を開発した技術者またはその技術を製品化した企業のみならず，国民全員が知的財産制度の恩恵を受けていると考えても過言ではない。キャラクターを例にとって考えた場合，キャラクターを商品化するまでは相当の労力や時間を要する。また，労力や時間をかけて商品化しても，ビジネスとして必ず成功するとはかぎらない。誰かが考えて成功したキャラクターを，そのまま真似て自分の商品にすれば一番簡単に儲かることになる。もし知的財産制度がなければ，労力や時間を費やすことをせずに，人の考えたものをそのまま利用することが頻繁に行われることになる。このような状況は産業の発展においては不健全な状態となるため，知的財産制度があるわけである。しかし，知的財産制度は特定の人に対して，ものまねを禁止する権利を与えることを原則とするため，反対にものまね的な商品（独自に考えているが，結果的にものまねのような状態になる商品）を製造・販売しようとする人や，偶然に知的財産権に抵触するような商品を作った人は，知的財産制度によって営業活動が制約されるため，そのような人々にとっては大変迷惑な制度になるわけである。また，知的財産制度があるものの，知的財産権を侵害しているか否か必ずしも明確でない場合が多い。その事案が，法律により禁止されているものまねなのか，また法的な責任をどの程度とらなくてはならないのか等，利害が対立する様々な状況が交錯した中で，知的財産制度は運用されることとなる。知的財産制度は，国民の生活を豊かにするためになくてはならない制度であるが，制度を適切に運営するプロセスにおいては，様々なトラブルが発生すること

になる。実際に，知的財産に関する訴訟は年々増加し，知的財産権関係事件の総合的な対応強化策が掲げられ，実質的な特別裁判所として，2005年4月に知的財産高等裁判所が設置されることになった。知的財産高等裁判所は，内閣の知的財産戦略本部の推進計画に則り設置され，全国全ての特許権に関する控訴事件や特許庁の審決に対する訴訟事件等，その性質内容が知的財産に関するものに特化し，専門性を十分発揮できるものである。

このような，知的財産制度に関するトラブルは避けてとおることは難しく，キャラクタービジネスに関与するには，トラブルの対応について常に考えておく必要があり，慎重な対応が求められる。

1 キャラクタービジネスに関係する法律

キャラクタービジネスにおいて，わが国における重要な法律は，著作権法・商標法・意匠法・不正競争防止法・民法である。これらの法律により，キャラクターの所有者（ライセンサー）と利用者（ライセンシー）との関係を規制し，キャラクタービジネスにおける権利関係を明確にすると考えられる。

直接的にキャラクタービジネスにおける権利関係は上記の法律が中心であるが，法令遵守・コンプライアンス経営を重視する経済界の流れは，法令遵守の範囲を幅広くとらえ，単に契約に関する法律だけではすまないようになってきている。たとえば，漫画キャラクター絵のついた玩具の操作を誤って子供が怪我をした場合等，消費者に対する製造者の製造物責任（プロダクト・ライアビリティ）による，権利者の責任が発生する余地があることを認識する必要がある。

現代社会におけるビジネスは，キャラクタービジネスに限らず特定の法律を遵守しておけばよいだけではなく，その状況に応じて適切に対応することが必要である。そのためには様々な紛争事例や，時代の状況を的確に把握することが，キャラクターの活用に必要不可欠である。

1 キャラクター利用におけるポイント

① 契約内容における注意点

　有名な漫画の1カットを利用し，自社の製品に利用したい場合，どの程度まで利用できるか明確にする必要がある。たとえば，そのキャラクターの色を勝手に変更したり，著作者が予想していなかったことに利用すれば，本来のキャラクターのイメージそのものを変えてしまうことになる可能性もあり，著作者のもつ同一性保持権[1]を侵害することになる。たとえ，漫画のキャラクターを利用する契約をしても，著作者の同意なしに著作物であるキャラクターの変更，切除その他の改変[2]を行うことはできない。

　また，その契約が，買取り契約か利用許諾契約であるかにより，利用範囲に大きな影響が出ることは言うまでもない。買取り契約であれば，前述した同一性保持権等を含む著作権者人格権[3]に配慮をした上で，その漫画のカットは買い取った者が自由に利用することができる。さらに，買取り契約により権利が移転するため，他人が同じカットを利用した場合権利侵害を主張することができ，他人の利用を阻止することができることとなる。しかし，買取り契約の場合は，有名なキャラクターであれば，その買取り価格は相当高くなることは言うまでもない。それは，有名なキャラクターは顧客吸引力が高いからであり商品価値を引き上げる要素を持つからである。たとえば，子供向け商品の場合，「ポケモン」等の有名キャラクターの絵があると，その商品の売上げが大きく伸びることは，過去の経験から予測され，そのキャラクターの商品販売における貢献度が高いと評価される。

② キャラクターを独占的に利用する

　利用許諾においても，同業他社には同じ（もしくは類似する）キャラクターの利用許諾は行わない旨の特約等を付与することで，事実上の独占的な効果を得ることができると考えられる。基本的にキャラクターの利用範囲等については，全て契約で明確にする必要があり，契約内容によりキャラク

ターの利用価値が左右される。そのため，契約は当事者間で自由に決めることができるため，契約内容の合意における交渉段階がもっとも重要である。一般的に「契約」交渉というと難しいイメージがあるが，契約に形式はなく，キャラクターをどのように利用したいか，またはどの程度まで利用させていいのか等本質部分を明確にして，考えを整理していけば「納得できる契約」にすることができるはずである。

③ 契約における対価設定

キャラクターの利用や買取り契約の場合に限らず，契約において対価（価格）は重要である。契約が当事者の合意で自由に設定できるがゆえに，当事者が納得できれば，それが契約における対価となる。しかし，実際に対価を決める際，効果が明確に想定できるものではなく，どのタイミングで支払うか，またどのような基準で支払うか等慎重に対応する必要がある。契約の形態として，初回に一括で支払い，以降一切支払いが生じないケース。契約当初の支払いを小額にとどめ，売上げや利益に応じて支払うケース。キャラクターをつけた製品の売上げや利益に対してロイヤルティを設定するケース等がある。

④ 自社所品に商標としてキャラクターを利用する場合

キャラクターの1カットを買い取った場合，原則そのキャラクターは自由に利用することができる。しかし，そのキャラクターを商標[4]として使用場合は，商標登録を行う場合はその旨の内容も含め，著作者と契約上の許諾意思を明確にしておく必要がある[5]。もし，買取り契約でなく，キャラクターの利用許諾の場合，商標として利用する場合は，商標として利用する旨の許諾は当然必要となる。

2 キャラクターの活躍

キャラクターは時には公的な任務を行うケースがある。本来なら実在する

人物が担当する公務（親善大使）をサンリオ[6]の人気キャラクターが行った事例があるので，その記事を紹介しておく。キャラクターは認知されれば，ビジネスをも超えた世界で活躍するのである。それだけにキャラクターのもつ潜在的な付加価値は計り知れないものがあるとも考えられる。

＜キティ観光大使に＞

　「キティちゃん」で観光客のハートをキャッチ。国土交通省は19日，中国と香港で日本の魅力をアピールする観光親善大使に，若い女性を中心に幅広い人気があるキャラクター「ハローキティ」を任命する。2010年に外国人観光客数を1000万人に増やすことを目指すビジット・ジャパン・キャンペーン（VJC）の一環。VJCではこれまでに9組11人が観光大使を務めているが，キャラクターの起用は初めて。

　VJCの中国語のホームページに，キティのブログ（日記風サイト）を6月下旬にも開設。国内の名所や旧跡，最新の流行スポットなどを紹介するほか，買い物や食などの情報も発信する。現地の街頭や新聞広告にも登場する。

　キティは，サンリオ（東京）の代表的なキャラクターで現在，世界約60カ国で年間約5万種類の商品が販売されている。最近は中国でも人気が高まり，大使に適任と判断した。　　　　　　　　　（平成20年5月17日　産経ニュース）

http://sankei.jp.msn.com

＜川崎市のこども110番　ステッカーにドラえもん＞

　「こわいことがあったらすぐにおいで」――。川崎市は「こども一一〇番」のステッカーに人気キャラクター「ドラえもん」＝写真＝を採用した。川崎市が「藤子・F・不二雄アートワークス」（仮称，二〇一〇年度開館予定）の整備を進めていることから，著作権を管理する藤子・F・不二雄プロ（東京・新宿）が無償でデザインを提供した。

　ステッカーは小さな「ミニドラ」をポケットで守るドラえもんが子どもたちに呼び掛ける図柄。避難場所として協力している民家や施設，約八千二百カ所に配布するほか，七月からは公用車や郵便局などの車両とバイク約二千5百台に張り付ける。市内の全児童六万八千人にも啓発用シールを配る。

（平成18年6月21日　日本経済新聞）

　以上のようにキャラクターはビジネスの枠を超えて活躍することも多いの

である。上記ドラえもんの記事にあるように，たとえ営利を目的とせず，公共的な役割を目的として利用する場合においても，著作権者から正式に提供を受けなくてはならない。

3 キャラクタービジネスにおける業務提携

　キャラクターの著作権などの権利を保有する企業にとって，キャラクターは企業の財産そのものである。近年，キャラクターの権利を保有する企業が従来の枠組みを超えて，他社と業務提携を行うケースが目立っている。これまでライバルであった企業が業務提携を行うことは珍しくなく，協力することで世界に通用する競争力をつけることが目的である。キャラクターが関与して行われた企業の業務提携に係る主な記事等は下記のとおりである。

事例1：セガによる「ピーナッツ」キャラクターのライセンス契約
　　株式会社セガ（本社：東京，代表取締役社長兼COO：小口久雄，以下セガ）は，チャールズ・シュルツ作「ピーナッツ」キャラクターライセンスを管理するユナイテッド・メディア（本社：米国ニューヨーク市，代表取締役社長兼CEO：ダグ・スターン）と「ピーナッツ」キャラクターの国内アミューズメント施設向け景品（プライズ）の製造・販売に関するライセンス契約を締結することについて合意いたしました。「ピーナッツ」は，アメリカのチャールズ・シュルツ氏を作者として1950年より連載が開始された新聞連載コミックです。「ピーナッツ」は人生の普遍的なテーマを子供達の日常を通してユーモラスに描いており，連載開始後すぐに人気を博し，現在も全世界75カ国2,400紙で連載中であり，50作以上のテレビアニメーションや総発行部数3億部に及ぶ1,400種類以上の出版物，そして4本の劇場公開映画などに展開されています。「スヌーピー」をはじめとする登場キャラクターは，アメリカはもとより日本においても様々な年代の方々に大変認知の高いキャラクターとして愛されています。セガは，アミューズメント業界におけるリーディングカンパニーとして，今後も幅広い年齢のお客様に向けた充実したプライズラインナップを提供することにより，プライズ市場の活性化を図るとともに，収益力の強化を図ってまいります。　　　　　　　（平成19年2月15日　セガホームページニュースリリース）

事例2：ユージン，タカラトミーとセガによるキャラクター商品の開発

　カプセル玩具を手掛けるユージン，ぬいぐるみ製造のハートランド（東京・葛飾，三森隆社長）のタカラトミー傘下の二社とゲーム大手のセガは，ディズニーキャラクターを使った商品を共同で開発，三月から順次販売する。共通デザインの製品を幅広く流通させ知名度を引き上げ，同時に各社の販路を相互利用する機会を探る。三社でキャラクター商品の開発，製品販売するのは初めて。

　（中略）三社は共通デザインが多様な各分野で登場するため，消費者の触れる場面が増え，売上拡大に結びつくとみている。ユージンのカプセル玩具を設置した外食店に，ハートランドのぬいぐるみを置いてもらうといった相乗効果もねらっており，目標売上高（小売りベース）はユージンが二億円，ハートランドが四億五千万円。セガは明らかにしていない。

　これまで三社はそれぞれディズニーの許可を得てデフォルメしたデザインを開発している。ただ，製品化は自社のライセンス分野にとどまることが多かった。

（平成20年2月22日　日経産業新聞）

事例3：サンリオとタカラトミーによる共同キャラクター育成

　サンリオとタカラトミーが共同でキャラクターの育成に乗り出した。サンリオが自社のうさぎのキャラクター「シュガーバニーズ」の商品化権を全面供与し，タカラトミーが商品を開発・生産する。

　（中略）タカラトミーは自社で玩具の商品化を進めるとともに，他領域の商品群拡充はグループ企業をフル回転させる方針だ。年末から来春にかけて約千二百品目を商品化し，タカラトミーの販路とサンリオ直営店の双方で取り扱う予定。シュガーバニーズ関連商品の販売額は年間百億円を見込む。

　（中略）タカラトミーは「リカちゃん」「チョロQ」などの有力キャラクターを保有し，商品開発や販売促進などを通じた独自のキャラクター育成ノウハウを持つ。サンリオはこうしたタカラトミーの強みを生かせれば消費者へのキャラクターの認知度向上を図れる。

　サンリオは従来，個別品目ごとにキャラクターのライセンスを供与していたが，〇四年に子犬キャラクター「シナモロール」の商品化権をバンダイに全面供与し，昨年度の関連商品販売額は約三百億円に達した。（後略）

（平成18年12月4日　日経産業新聞）

事例4：NHNJapanとT2iエンーテテイメントによる共同開発

　オンラインゲーム運営のNHNジャパン（東京・渋谷，千良鉉社長）とタカラトミーの関連会社T2iエンーテテイメント（東京・中央，上村高広社長）は四日，NHNジャパンのオンラインゲーム内アイテムを共同開発すると発表した。タカラトミーの人気キャラクターを活用し，ゲームの利用者層を広げる。

　NHNジャパンが提供するゲームサイト「ハンゲーム」内で利用者が使う家具や人型のデジタルアイテムを共同開発する。第一弾として車の「チョロQ」，人型の「こえだちゃん」のアイテム計十点を四日から発売する。

（平成18年10月5日　日経産業新聞）

事例5：バンダイのTYO及び円谷プロダクションとの提携

　バンダイは映像制作大手のティー・ワイ・オー（TYO）及び，「ウルトラマン」シリーズの制作で知られる円谷プロダクション（東京・世田谷）と出資を通じ提携した。

　TYOから，円谷プロの発行株式の三三・四％にあたる三万三千四百株を，約九億円で取得し，玩具を中心に独占販売権も獲得した。三社で連携する内容は今後詰めるが，新作の企画段階から積極的に参加するほか，旧作を復刻するなど幅広い分野での取り組みが可能になる。

　（中略）円谷プロへの出資は，TYO側からの働きかけに応じて決めた。バンダイは円谷プロに二％，グループ全体では四％出資していたことがあるが，TYOが円谷プロを子会社にした昨年十月以降，TYOがこの株を買い取っていた。TYOは，円谷プロの最大のライセンス権の販売先であるバンダイとの関係強化のため，今回の株式取得を依頼したという。

　円谷プロに非常勤監査役を一人派遣するほか，映像制作現場などでの人材交流も検討する。円谷プロはTYOの連結子会社のままで，バンダイの持ち分法適用会社にはならない。

　TYOがグループ会社とともに所有する「こまねこ」などのキャラクターについても，今後商品化などをバンダイとTYOで検討する。

　円谷プロは近年業績が低迷し，〇七年十月にTYO傘下に入った。今月七日には円谷プロが存続会社となり，円谷プロの親会社の円谷エンタープライズ，TYOの子会社のビルドアップと合併している。

（平成20年1月23日　日経流通新聞）

事例6：サンリオとセガサミーホールディングスによる新しいキャラクターの共同開発

　サンリオ（8136）とセガサミーホールディングス（6460）は十五日，新しいキャラクターを共同開発したと発表した。両社が〇六年十二月に発表した業務提携の第一弾。二〇〇九年三月期に両社合計で五十億円の増収効果を見込む。

　新キャラは主に小学生の女児を対象とした魔法使いのペット「ジュエルペット」。三十三種類のキャラが異なる種類の宝石の目を持つという設定で，セガサミー傘下のセガトイズが七月以降，人形などを投入する。

　サンリオはセガサミー以外の企業へのライセンス供与を担当，文具や雑貨など九社との契約が決まっている。「早い段階での海外展開も考えている」（国分功セガトイズ社長）という。利益は原則として両社で折半する。セガサミーはサンリオの筆頭株主。　　　　　　　　（平成20年1月16日　日経金融新聞）

　このように近年積極的な業務提携が行われる背景には，映画や音楽，ゲーム，放送，出版，キャラクターなどのコンテンツ産業のインフラ整備が背景にあると考えられる。つまり，インターネットや携帯電話，ブロードバンド（高速大容量）通信環境の整備に伴い，コンテンツビジネスの国際化や企業の提携，競争が急速に進んだと考えられる。

　経済産業省の発表では，コンテンツ産業の平成17年における日本国内の市場規模は約13兆7000億円。コンテンツ産業の将来性に着目した政府は，平成18年の「経済成長戦略大綱」で，10年間で市場を約5兆円拡大させることを目標に掲げている。

　日本のコンテンツ産業の規模は13兆円でも世界的にみれば小規模であり，厳密な比較は難しいものの，全世界の約1割に満たないのが現状である。コンテンツ産業での全世界の市場規模の約半分はアメリカが占めている。つまり，日本は業務提携等により，世界における競争力を強化する必要があるのである。

2 キャラクター利用における問題認識

1 契約締結の重要性

　キャラクターを利用して，販路拡大や売上を伸ばし，ビジネスを拡大するには，何らかの形で他社と提携することが必要になることは前述したとおりである。しかし提携先の企業が，期待したとおりの働きをしてくれずに提携が無駄になってしまい提携が失敗となることは可能性としてよくあることである。提携の失敗は，業績に悪影響が出るだけでなく，ときには長年かけて築き上げてきた"会社の信用"を失ってしまうことになる場合がある。

　たとえば，アニメ作品でヒットした有名キャラクターを持つ企業が，他の玩具メーカーに対して，キャラクターを使用した商品の製作，販売を許諾するようなケースにおいて，許諾先のメーカーが粗悪な商品を販売して消費者の信頼を裏切る行為があり，商品の販売不振から極端な値引きや乱売をしてしまう行為があると，キャラクター自体までイメージダウンにつながってしまう。その結果，キャラクターを保有する企業の業績に悪影響が出るとともに，企業の信用に傷がついてしまう結果となるのである。

　このようなライセンス・ビジネスにおける問題を回避するため，有名なキャラクターの著作権等を数多く所有する企業は，キャラクターのライセンス管理を徹底し，ライセンス許諾先の会社がキャラクターの価値を失墜させないように管理体制を構築しているケースが多い。反対に，資金力に乏しい新興企業が，所有する人気キャラクターに関する商標・特許権等を大企業に対して使用許諾する場合は，新興企業のライセンス管理のノウハウが乏しいために，大企業側に都合のよいように扱われ，経済的合理性を著しく欠いた大企業の有利な契約を結んでしまうケースがある。

　キャラクターを利用してビジネスを行う場合は，契約の重要性をしっかり認識しなくてはならない。つまり，キャラクターに関する利用範囲等はすべ

て「契約書」の書面に集約されるため，その内容を十分に当事者間で検討しておくことが必要なのである。また，問題が発生した際の違約金等についてもキャラクター（ライセンス）を所有する会社（ライセンサー）とキャラクターを利用する会社（ライセンシー）で，具体的に決めておくことが重要である。契約はトラブル発生時にその効力が重要になるため，権利侵害等のトラブルを前提とした契約を締結することが肝心といえる。

2　キャラクターの権利侵害

　キャラクターをめぐる問題は，キャラクターが身近なものであるだけに簡単に権利侵害等が発生してしまう。キャラクターの権利を侵害することは意識しないまま行っているケースも考えられるが，れっきとした犯罪であることの認識が必要である。キャラクターの権利侵害は，刑事事件に発展することになり刑罰も重いので注意し，特にビジネスにキャラクターを利用する場合は細心の注意が必要である。キャラクターの権利侵害に関する事案とキャラクターの商品販売と使用権をめぐり争われた事案を民事訴訟を紹介する。

事例1：小学館ホームページより
　ドラえもん，ディズニー，サンリオのキャラクターを無断複製した携帯電話用ストラップなどを販売したとして，大阪府警生活安全特別捜査隊と住之江署は，著作権法違反の疑いで雑貨店を展開する「I」の社長，M容疑者を逮捕し，事務所や店舗から違法ストラップなど628個を押収した。
　M容疑者は約2年前から大阪，兵庫，奈良の3府県の16店舗でこれらの無断複製品を販売して約540万円を稼いでいたという。
＊　＊　＊
　上記事件は，当社がウォルト・ディズニージャパン，サンリオと連携して告訴し，逮捕に及んだ事件です。同様の事例は，平成5年に「クレヨンしんちゃん」で愛知県警が業者を逮捕したことがありますが，それ以来のことだとのことです。
　今回，対象となった商品が携帯電話用ストラップで小さい商品とはいえ，著作権侵害に変わりはありません。最近の著作権法の改正により，法人の代表者

がその業務上,著作権侵害をしたときは,1億5000万円以下の罰金刑が科されることになりました(著作権法第124条第1項)。実際のところ,著作権侵害は5年以下の懲役刑が規定されているなど意外に罰則が重いのです。著作権侵害案件は警察では「生活環境課」あるいは「生活安全課」の管轄になります。知的財産立国を目指す国の方針もあり,以前にも増して積極的に取り上げてくれるようになったようです。

事例2:東京地判平成18年2月21日判決

全国的に有名な100円ショップを営むD社が,「TOMY」という標章が付されているポケモンキャラクターのフェイシャルステッカーを販売。またP社が当該商品を製造していた。これに対し,「TOMY」の商標権を有している玩具メーカーT社が,この商品の販売の差止,全国紙新聞社会面への謝罪広告,損害賠償等を求め提訴。判決では,D社に対して当該商品の販売差止め,T社への損害賠償の支払い,謝罪広告の掲載を命じた。また,P社に対して,当該商品の譲渡及び引渡しの禁止,T社への損害賠償の支払いを命じた事案である。

なお,別訴訟で,本件商品の販売に関しては,「ポケットモンスター/ADVANCED GENERATION/アドバンスジェネレーション」の商標権者である任天堂株式会社,株式会社ゲームフリーク及び株式会社クリーチャーズから,被告D社に対し,同商標権を侵害しているとして損害賠償請求訴訟が提起されていた(東京地方裁判所平成16年(ワ)第11209号損害賠償等請求事件。被告P社は被告D社の補助参加人として同訴訟に参加した。)。しかし,同訴訟は,平成17年1月17日,被告D社及び補助参加人(本件の被告P社)が,連帯して,別件訴訟の原告らに対し,100万円を支払うこと,被告D社が,本件商品に上記商標を付して販売したことについて,全国紙2紙に謝罪広告を掲載することなどを内容とする和解が成立し終了している。

事例2について少し詳しく紹介をしておく。

1) 事実の概要

原告T社は,おもちゃ,ゲームの企画,製造及び販売などを業とする株式会社である。

被告D社は,いわゆる100円ショップと呼ばれる店舗を日本全国に展開している株式会社である。

被告Ｐ社は，シール及びラベルの販売・輸出入などを業とする株式会社である。

(被告らの行為)

Ｐ社は，平成16年1月中旬ころから，Ｔ社の保有する各標章を付した本件商品の製造を開始し，同年2月27日ころまでに，Ｄ社に対し，本件商品を，合計23万5000枚販売した。また，Ｄ社は，遅くとも平成16年3月上旬ころから，同社が経営する「100円ショップ」店舗において，本件商品を販売していた。

2) 主な争点

(1) 被告らが本件各登録商標を使用するにつき，原告から許諾を得ていたか。

(2) 被告らの本件各商標権侵害行為についての過失の有無。

3) 判決のポイント

(1) Ｐ社の過失：注意義務を果たしていない

Ｐ社の商標権侵害について次のような理由でＰ社に過失があるとしている。Ｐ社は，本件商品の商品化に必要な原告Ｔ社との間の本件各登録商標の使用許諾契約の成立の有無を，原告Ｔ社に対し，直接確認した事実はないこと。またＰ社は本件商品の製作に必要な本件キャラクターデータ入手に関する経緯を原告Ｔ社に対し直接確認したこともなく，その主張によっても，概ねＡを通じて入手した情報に基づいて行動しているだけであること。キャラクター商品ビジネスにおいては，キャラクターを使用する商品について，当該キャラクターの権利者と商品化許諾契約書を交わし，権利者から製造数量相当の証紙を発行をしてもらい，商品に証紙を貼ることは通常の方法である。Ｐ社が，証紙を貼らなくてよいとの第三者の意見を信じて，商品の出荷をしたことは，通常の取引者として負うべき十分な注意義務を尽くしたとはいえないこと。

(2) D社の過失：注意義務を果たしていない

一方，P社より商品を購入していたD社の商標権侵害についても次の理由で過失があるとしている。キャラクター商品ビジネスにおいては，キャラクターを使用する商品について，当該キャラクターの権利者と商品化許諾契約書を交わし，権利者から製造数量相当の証紙を発行してもらい，商品に証紙を貼ることは通常の方法である。したがって，被告D社が，本件商品に証紙が貼られていないことを認識した段階で，その発売元と記載されている原告T社に対し，本件商品の発売元かどうかを確認するなどすべきだった。また，確認をすることが容易であったのに，これをしなかったD社については，通常の取引者として有すべき十分な注意義務を尽くしたものということはできない。また被告D社は，全国的にも有名な小売店であり，本件のようなキャラクター商品の販売について，どのような手続が必要であるかは，十分知り得る立場にある。被告D社が，発売元である原告T社に対し問い合わせをすれば，本件紛争が生じることを未然に防げたのであり，被告D社が，本件の権利関係を確認しないで本件商品を販売したことは，通常の取引における注意義務を欠いたものであると言わざるを得ない。

判決では上記のとおり，商標権の権利侵害において，通常考えられる注意義務を果たしていないことを理由にして過失があると判断している。本件訴訟は，知的財産をめぐる訴訟であるが，知的財産の利用者が取引の実情を認識し，その取り扱いにおいて慎重な権利関係を確認することが重要であるとした。一般的な権利侵害行為における過失の立証責任[7]は，侵害を受けた側が負うが，特許権や商標権等知的財産権の場合，権利を侵害した事実により，侵害者に過失があると推定され，侵害者がこの推定を反証しないかぎり過失が認定される点が特徴である。それゆえに，知的財産権を取り扱う場合は，権利関係の確認を慎重に行う必要があるのである。

ここで問題になった証紙は，キャラクターなどの商品を利用する際に，商品化使用契約書で添付を義務づける場合が通常である。

3　海外取引の問題認識（キャラクター（著作権）ビジネスの矛盾）

　人気キャラクターは国内にとどまることなく全世界で活躍することが多い。「ドラえもん」や「ポケモン」は日本で生まれたキャラクターであるが，海外旅行などに行った際に見かけることはよくある。法律は，各国の立法機関（日本なら国会）で，その国の文化的背景なども考慮して制定されるものであるから，著作権法に限らず，日本と日本以外の国で法律の考え方や適用範囲等が違うのは当然である。そのため国家間の調整のため「条約[8]」が存在するのである。

　キャラクタービジネス（著作権ビジネス）において，日本の司法判断が必ずしも相手国において通用するとは限らない。キャラクター関連グッズ販売における独占利用権をめぐり，日本と相手国とで正反対の司法判断が下された事案を紹介する。

事案：キャラクター「ウルトラマン」利用をめぐる日本とタイ判決（日本経済新聞　平成20年3月10日）
　　ウルトラマンのDVDや関連グッズ販売の海外での独占利用権をめぐり円谷プロダクション（東京・世田谷）とタイの映画制作会社が争っていた日本とタイでの裁判で，それぞれ相手国側に有利な正反対の判断が下された。日本の裁判では既にタイ企業側の勝訴が確定。逆に，このほどタイの最高裁は，円谷側に利用権を認めた。（後略）

(1)　タイ最高裁判断
　タイの映画制作会社社長が，当時円谷プロの社長と交わしたとされる，ウルトラマンシリーズの海外市場での独占利用許諾契約が無効と判断。1070万バーツ（約3500万円）の賠償金の支払いをタイ企業側に命じた。
(2)　主な判決理由
　　① 　筆跡鑑定の結果，契約書の署名が円谷氏本人のものではないとの結論が出た。

② 契約書にはウルトラマンシリーズの名称やエピソード名称のつづり間違えがあり，円谷氏本人が作成した書類であるか疑わしい。
　③ 円谷プロが日本国以外の地域すべてにおける，独占利用権をタイ企業側に無期限に与えることを承認すること自体が疑わしい。
(3) 日本最高裁判断
タイ企業側の主張を認めるタイ最高裁と逆の内容の判決が確定。
(4) 主な判決理由
　① 許諾契約は成立している。
　② 本人の署名でないと断じることはできない。
　③ 真正な印鑑が押印されている。
　④ 多額の債務が返済できなかった状況などから，契約締結の動機は十分である。

ビジネスへの影響（前掲，日本経済新聞原文）
　（前略）契約書の真偽をめぐり，タイと日本で示された異なる判決である。今後，少なくともタイや日本で，今後個別の侵害案件を争う場合は，譲渡契約についての判断はそれぞれの国の確定判決が尊重される。
　円谷プロの親会社ティー・ワイ・オー（TYO）の吉田博昭社長は「タイ企業側のビジネスは九割がタイ国内。タイ最高裁判決を受け，タイで個別の侵害訴訟が，よりしかけやすくなった」と話す。
　一方，タイ企業側は日本で攻勢に出る。日本での確定判決を受け，〇六年に東京地裁に十二億五千万円の損害賠償を求める別の訴えを起こしている。両者間の裁判は，ビジネスの権利関係から名誉棄損などにも及び，現在「タイで三十件，日本で二件が係争中」（TYO）という。
　ただ，タイと日本以外の国でビジネスを展開する場合は「許諾契約の有効性も含め，各国の裁判所がそれぞれ改めて独自の判断を示すことになる」と，国際私法に詳しい道垣内正人・早稲田大学法科大学院教授は指摘する。キャラクター商品などを販売したい企業にとっては，タイ企業と円谷プロ側双方にライセンス料を支払わない限り，自らも訴訟リスクを抱えることになってしまう。
（後略）
　　　　　　　　　　　　　　　　　　（平成20年3月10日日本経済新聞）

このように，キャラクターなどの著作権ビジネスは国境を越え海外展開する場合，日本の法律のみを考えていては危険である。対象や範囲が広いキャラクター商品化ビジネスは，訴訟合戦になった際のコストも事前に考え，慎重な取組みが必要なのである。逆に海外のキャラクターを安易に模倣することは，無限のリスクが潜在的にあることを認識することが必要である。

3 裁判事例からみるキャラクターの法的性質

　キャラクターをビジネスとして考える場合，どこまで商品として利用できる権利があるのか理解しておく必要がある。アニメキャラクターの1コマの絵は，美術の著作物として著作権法で保護されている。しかし，長期の漫画連載やシリーズ化されたキャラクターの絵やタイトルが模倣された場合，模倣されたシーン（コマの絵）を特定することは困難である。著作権法では，著作権侵害により差止請求（著作権法第112条）や損害賠償請求（民法第709条）等の対象となるケースを，第三者が著作権者の許諾なしに，その絵に依拠して複製した場合としている（著作権法第21条・第63条）。アニメのキャラクター自体がどのように著作権法で保護されているかについては，単純に結論を出すことは難しい。

　法律の解釈や争いの判断として，判例が重要な解釈の指標となる[9]。

　わが国でキャラクターを著作権法で保護することを認めた裁判例等過去の裁判所の判断を知ることで，キャラクターが著作権法でどのように保護されているかを検証していく。

1　キャラクター自体の著作物性

　わが国でキャラクターを著作権法で保護することを最初に認めた裁判事例として「サザエさん事件」（東京地判昭和51年5月26日）がある。著作権者に無断で観光バスの車体にサザエさん等の似顔絵が描かれた事件であった。判示内容は，話題や筋がどのような内容であっても，そこに登場する人物が

サザエさんやカツオ等と認められるのであれば，それは漫画『サザエさん』である。また，「サザエさん」のように長期間にわたり連載される漫画の登場人物は，漫画の登場人物自体の役割，容貌，姿態のような恒久的なものとして与えられた表現であり，特定のコマと対比するまでもなくキャラクターを利用しており，著作権の権利侵害としている。つまり「サザエさん事件」においては，キャラクターそのものに著作物性を認めていることになる。キャラクターの絵柄が，漫画について成立する著作権に保護されていることで，キャラクターの著作物性につながるとも考えうる。

　逆にキャラクターそのものに著作物性を認めない判決に「ポパイ事件」（最判平成9年7月17日）がある。「ポパイ事件」判決で最高裁は，「キャラクター」について次のように判示している。「一定の名称，容貌，役割等の特徴を有する登場人物が，反復して描かれている一話完結形式の連載漫画においては，当該登場人物が描かれた各回の漫画それぞれが著作物にあたり，具体的な漫画を離れ，右登場人物のいわゆるキャラクターをもって著作物ということはできない。けだし，キャラクターといわれるものは，漫画の具体的表現から昇華した登場人物の人格ともいうべき抽象的概念であって，具体的表現そのものではなく，それ自体が思想又は感情を創作的に表現したものということができないからである」としている。つまり著作権の侵害があるというためには，連載漫画のどの回の漫画について，侵害しているのかを明確にしなくてはならないことになるわけである。

　最高裁判決が示すように，漫画のキャラクターについては，キャラクター自体の著作物といえないと考えることが判例・通説と考えられる。

　その他，キャラクターそのものの著作物性を問題にした，「ケロケロケロッピ控訴審事件」（東京高判平成13年1月23日）がある。ここでは，擬似化したカエルのキャラクター自体はありふれたもので創作性はないが，細部の表現においては，カエルの図柄に形状，配置，配色によるバリエーションにより創作性を認めることができると判示した。さらに被告の図柄を見た者が原告の図柄を想起することはできるとはいえないとして複製権及び翻案権の

侵害はないと判示している。アニメキャラクターの権利侵害については，このように裁判においても判断が異なっており，権利侵害の要件である「依拠」を立証することが難しい。上記事案のように，キャラクターの著作権侵害においては「依拠」の要件を立証することが困難であるが，商標権侵害や意匠権侵害については「依拠」の根拠を示さず保護される。

❷ サザエさん事件から検証するキャラクターの法的性質

　わが国で最初にキャラクターを著作権で保護することを認定した判決は，昭和51年に東京地裁で出された通称サザエさん事件の判決である。サザエさん事件からキャラクターの法的性質を検証していく。

東京地裁昭和51年5月26日（別冊ジュリスト　157号122頁・判時815号27頁）

1）事実の概要

(1)　争いのない事実

　漫画『サザエさん』は1日4コマの画面によって構成された新聞連載漫画である。原告（漫画家）は，昭和21年以降にこれを著作し，当初は夕刊ニチフクに掲載発表し，昭和24年以降は，朝日新聞に掲載している。被告（バス会社）は，本業である乗合バス部門のほかに昭和26年4月に観光バス部門を設け，その名称を「サザエさん観光」とし，昭和26年5月から昭和45年12月までの間，バスの車体の両側に『サザエさん』の登場人物であるサザエさんを中央上部に，カツオを下部右側に，ワカメを下部左側にして，それぞれの頭部を描き，そのバスを運行して貸切バスの営業を営んだ。

(2)　原告（漫画家）の主張

① 　漫画『サザエさん』は，1日4コマの部分を，1つの著作物ということもできるが，連載の間，主役のサザエさんをはじめ，脇役のカツオ，ワカメその他の人物が，常に同一性を保って登場し活躍しているものであり，一個独立の著作物ということができる。従って，原告は，この漫画『サザ

エさん』全体について一個独立した著作権を有する。
② 特定の日の新聞に掲載された特定のコマを，そのまま引き写したものであると判断することは困難であるが，本件頭部画の内容から明らかなとおり，本件漫画から，サザエ，カツオ及びワカメの頭部に表現されたキャラクターを再製したものであり，それ自体複製権の侵害というべきである。
③ これらのキャラクターは，漫画に登場する人物の図柄，役柄，名称，姿態などを総合した人格というべきものである。漫画の登場人物の姿態，特に登場人物の顔面を含んだ頭部には，その人物の特徴が出ており，これは漫画の生命たるものであり，そこには著作者の思想感情が，創作的に具現されている。そこで，著作者の思想感情の創作的表現としての登場人物の頭部に表現されたキャラクターを，著作者に無断で複製する行為は，著作権者が有する当該漫画の複製権の侵害を構成するものというべきである。
④ 複製権の侵害を構成していることは，漫画中の特定の一個の頭部画の複製であるといえないとしても，一般普通人によって，当該漫画中の登場人物の頭部を描出したもので，その同一性が認識されれば十分である。被告が複製した各頭部画は，何人にも，これが原告著作の漫画『サザエさん』に登場するサザエ，カツオ及びワカメの頭部を画いたものであることを即座に且つ明瞭に認識できるに足りるものであり，被告自らもそのような意図をもって複製したことは，被告観光バスが「サザエさん観光」の愛称を公募のうえ使用した事実に徴して明らかである。
⑤ 原告の著作権侵害行為であることを知りながら，または知りえたにもかかわらず過失によりこれを知らないで，昭和42年3月1日から昭和45年12月31日までの間，その運行に係る観光バス27台の車両側に，頭部画を作出した。従って被告は，原告に対し，著作権の行使により通常受けるべき金銭の相当額の損害を受けたというべきところ，通常受け取るべき金銭の額は，バス1台につき1カ月当たり少なくとも3万円であるから，バスの台数27台と本件行為期間の月数46を乗じた3,726万円が，前述の期間内に被った損害となる。

(3) 被告（バス会社）の主張
① 原告（漫画家）は，被告（バス会社）の行為を，特定の日に新聞に連載された特定のコマをそのまま引き写したものであると判断することは困難であるが，頭部画の内容から明らかなとおり，サザエ，カツオ及びワカメの頭部に表現されたキャラクターを再製したものであり，それ自体複製への侵害を構成するものと主張している。しかし，被告の行為は単に観光バスの車体の側面に本件頭部画を作出したに過ぎないものであり，本件漫画からサザエ，カツオ及びワカメの頭部に表現されたキャラクターを再製したものではない。
② 原告は，キャラクターとは，漫画に登場する人物の図柄，役柄，名称，姿態など総合した人格とでもいうべきものと主張するが，被告の行為は，漫画の登場人物のキャラクターを再製したものではない。従って，漫画について有する複製権の侵害を構成するということはありえない。
③ 原告は，被告の行為が，漫画についての複製権の侵害であると主張する以上，端的に漫画のどの部分についてどのような複製権を具体的に主張すべきであり，抽象的なキャラクター理論をもってする著作権侵害の主張は認められるべきでない。

2）裁判所の判断
① 漫画『サザエさん』は昭和21年に新聞紙上に連載され，被告は昭和26年頃に観光バスの名称「サザエさん観光」を一般から募集した。昭和26年5月から車両の両側に，サザエ等の頭部画を描いた観光バス1台をもって観光バス事業を開始し，昭和39年にはバスが27台になり，そのバスを原告から使用差止めの要求があった昭和45年12月まで引続き使用した事実が認められ，その事実によれば，被告の本行為当時，既に漫画『サザエさん』は，現に当裁判所に顕著な事実である漫画『サザエさん』の内容であったと認められる。
② 漫画『サザエさん』には，主役としてサザエさん，その弟のカツオ，妹

のワカメ，夫のマスオ，父の波平，母のお舟等が登場し，サザエさんは平凡なサラリーマンの妻として，家事，育児あるいは近所付合い等において，明るい性格を展開するものとして描かれている。また，その登場人物にしても，その役割，容ぼう，姿態などからして各登場人物自体の性格が一貫した恒久的なものとして表現されており，更に特定の日の新聞に掲載された特定の4コマ漫画『サザエさん』はそれ自体として著作権を発生せしめる著作物とみられる。

③ 特定の4コマの漫画には，特定の話題ないし筋とでもいうべきものが存在するが，たとえ原告自身が作成した漫画であって，その話題ないし筋が特定の4コマの漫画『サザエさん』の話題ないし筋と同一であっても，そこに登場する人物の容ぼう，姿態等からしてその人物がサザエ，カツオ，ワカメ等であると認められなければ，その漫画は漫画『サザエさん』であるとは言えないし，逆に話題ないし筋がどのようなものであっても，そこに登場する人物の容ぼう，姿態等からしてその人物が，サザエ，カツオ，ワカメ等である認められれば，その漫画は，原告自身が作成したものであればもちろん漫画『サザエさん』である。

④ 他人が作成した漫画であっても，そこに登場する人物の容ぼう，姿態等からしてその人物が原告の作成する漫画『サザエさん』に登場するサザエ，カツオ，ワカメ等と同一又は類似する人物として描かれていれば，その漫画は漫画『サザエさん』と誤認される場合があると解される。

⑤ 長期間にわたって連載される漫画の登場人物は，話題ないし筋の単なる説明者というより，むしろ話題ないし筋の方こそ登場する人物にふさわしいものとして選択され表現されることが多いと解される。換言すれば，漫画の登場人物自体の役割，容ぼう姿態など恒久的なものとして与えられた表現は，言葉で表現された話題ないし筋や，特定のコマにおける特定の登場人物の表情，体の動きなどを超えたものである。

⑥ キャラクターという言葉は，そこに登場する人物の容ぼう，姿態，性格を表現するものとして捉えることができる。

4 商品化権とキャラクター商品

　漫画やアニメーション等のキャラクターを利用した玩具や文具，食品等が販売されていることは，自然な光景と言える。このように，商品販売にキャラクターを利用することに関する権利の総称を「商品化権」と呼ぶことがある。「商品化権」そのものは法律に規定されているものではなく，一般には著作権または商標権者といったキャラクターに関連する権利者からそのキャラクターを商品に使用する許諾を受けることによって得られる権利と考えられている。

　著作権や商標権等がキャラクター権と考えるなら，キャラクター商品を販売する場合などキャラクタービジネスにおいて注意することは，キャラクターに関する権利である著作権や商標権の侵害についてである。

　前述した，キャラクターの権利侵害に関する判例（東京地判平成18年1月21日）において，キャラクターの商品化ビジネスにおいて一般的に行われている取引形態について下記のとおり具体的に述べている。

① 　キャラクター使用を希望する企業は，権利者に対し，商品化についての企画書を提出してキャラクターの使用申込みをし，権利者から提案企画の許諾を得られた場合，権利者と商品化許諾契約書を交わす。

② 　ライセンシーは，その後，権利者に対し，製品サンプルを提出し，権利者の監修を受け，権利者からデザイン，色，品質，機能等に修正の指示があった場合は，製品サンプルを指示に沿って修正し，製品サンプルが，権利者の監修に合格すれば，権利者に製造数量相当の証紙発行申請を行う。

③ 　証紙[10]は，製品1個につき1枚の証紙を製品のパッケージ（または製品本体）に貼付するよう商品化使用契約書で義務づけられているのが通常であり，実際のキャラクター商品1個につき，証紙1枚が貼付されていることが多い。

④ 　数量が多い商品の場合，当該製品の販売時にインナーカートン（出荷時

に段ボール箱の中に小分けして商品を梱包する厚紙でできたカートンのこと）に入れた状態で，商品棚に陳列する販売方法をとるものについては，代表証紙としてインナーカートンに証紙を1枚貼る場合もある。

商品化権に係る諸権利の権利侵害は，権利を侵害した事実により，侵害者に過失があると推定され，侵害者がこの推定を反証しないかぎり過失が認定されることが特徴である。一般的な権利侵害は，不法行為の過失立証責任の考え方で被害者に立証責任があるが，知的財産権の権利侵害は反対となる。

上記のようにキャラクターの商品化ビジネスにおける取引形態が判決にて示されたことで，キャラクター商品と知的財産権の確認の注意義務を怠ることは，権利侵害の立証に直結することとなる。キャラクター等の知的財産権が関係する取引において，販売者は取引の実情を十分に認識し，慎重な権利確認と権利処理を行うことがキャラクターの商品化ビジネスにおいては最も重要だと考えられる。

著作権や商標権の侵害が問題となることが多い商品化権の性質から考えれば，損害賠償責任がポイントとなることから民法の不法行為は重要な関連法と考えられる。またそのベースとなる契約も民法の考え方が基本となるわけである。このように，キャラクタービジネスを取り巻く関係法は多岐に及ぶのである。

5 キャラクター商品化ビジネス実務の基本知識

1 キャラクターの商品化権

商品化権（マージャンダイジング・ライツ）とは，漫画やテレビキャラクターなど顧客吸引力のあるキャラクターなどの形状，肖像，名称などを商品化する権利をいう。対象となるキャラクターなどは，テレビ，ラジオ，映画，ゲーム，漫画，小説などに登場する実在・架空の人物や動物，スポーツ

や音楽・演劇・演芸などに関する人物など幅広い範囲が対象となる。

　また，法律上，商品化権という権利があるわけではなく，デザインやネーミングなどが関係することが多いため，著作権法，意匠法，商標法や，不正競争防止法，民法などの法律で守られる権利について，商品化するキャラクター等に関する権利を総称と考えられる。例えば，漫画キャラクターをパン菓子に利用する場合は商標権，ぬいぐるみに利用する場合は意匠権等，商品化する局面により関係する権利に違いがある。

　キャラクターには様々な権利があり，著作権等で保護されていることなどは，前章にて説明してきた。しかし，キャラクターそのものの著作権を有しているだけで，何もせずにビジネスとして成立するわけではない。キャラクターの権利者は，お菓子のラベルに利用すること商標権や，ぬいぐるみに利用する等積極的にその権利を利用してビジネスに応用していく必要がある。キャラクターは，不動産と同じように自分で利用して利用価値を満足させるのか，もしくは人に貸して収益をあげることで価値を高めるのか様々な利用方法があると考えてよい。

　キャラクターをビジネスとして考え，商品としての価値を導き出していく商品化としての権利について理解することがビジネスにおいては重要なのである。そもそも，商品化権という言葉は，英語の Merchandising Rights を語源とするものだとされているが，その定義は明確でない。

　牛木氏は商品化権の定義を「商品の販売やサービスの提供の促進のためにキャラクターを媒体として利用する権利」と定義している[11]。そのほかにも，「キャラクターを利用したオモチャや文具などが売られているが，そのようにキャラクターを商品化することに関する権利」[12]あるいは「人気アニメのキャラクターを利用した，ぬいぐるみ，人形等の玩具，文房具，衣類等が製造，販売され一定の経済的市場価値が形成される。そのような商品にキャラクターを利用することに係る一種の財産的な権利」[13]などといわれている。しかし，キャラクターは販売されている商品だけでなく，飛行機の側面に広告や，企業のPR等にも幅広く利用されており，商品の利用に限定する

ものではない権利といえる。いずれにせよ，商品化として利用されるキャラクターは，商品やサービスのための顧客吸収媒体として利用されるわけであり，商品販売や企業PR等における促進効果のある権利である。

2 ライセンスについて

① ライセンスの意義

ライセンスとはラテン語の，許可もしくは同意といった意味が語源になっている。

知的財産の活用の観点からみたライセンスの意義は次のとおりである。知的財産分野におけるライセンスとは，許諾によるライセンス，法律の規定によるライセンス，行政処分によるライセンスなどのことを意味する。ライセンス契約においては，ライセンサーがライセンシーに対して，ライセンスの対象である知的財産に関する権利（実施権，使用権，利用権等）を許諾する。ライセンス契約の対象は，主に知的財産である。その知的財産には，文化的側面と経済的側面，人格的側面等複数の相反する側面が存在する。ライセンス契約はこれらの複雑な側面を調和させながら，契約当事者が円滑に利用できる契約なのである。

② ライセンスの位置づけ

ライセンス契約はライセンサーとライセンシーによって立場が異なるため，それぞれの立場によりライセンスの考え方が異なることは当然である。

(1) ライセンサーの立場からの考察

知的財産権の特殊性として独占的排他権があげられる。この特徴は，知的財産権に係る商品を独占的に自己実施し，競合相手の市場参入を妨害することができ，市場において独占的にビジネスを行うことができることにある。

しかし，この市場の独占は，どのような局面においても通用する絶対的なものではなく，権利関係のねじれなどから独占できなくなることもある。つまり，相対的な権利であり経営戦略において慎重に検討する必要がある。

ライセンサーはライセンス許諾による収益へ期待がかかる。ライセンス許諾に対する対価を取得することによって，製品の製造・販売等以外の手段による収益の増加につながる可能性がある。また，余剰・遊休技術・知的財産権の商品化を図り，ライセンスビジネスの対象として収益増加を図ることもできる。

(2) ライセンシーの立場からの考察

ライセンシーにとって権利を譲り受けることは，コストパフォーマンスを意識する必要がある。基本的にはビジネスに必要なアイデアや技術は自分で考え，開発することが通常である。他人のアイデアや技術を譲り受けて自らの事業に役立てるわけであるから，研究開発時間が大幅に短縮されるため，時間を購入したとも考えられる。

他人のアイデアや技術を自社のものにして商品を開発するケースでは，利用している権利が他社の知的財産権であることも考えられる。その場合，権利侵害対策として契約を締結する対価も考慮に入れなくてはならない。この費用は，自社技術や自社権利の補完的なコストであり，リスクマネジメント費用とも考えられる。

3 商品化権の保護

キャラクターを商品に利用して販売促進するケースや，キャラクターを企業PRに利用するなど，商品化事業を行う場合は，その商品の媒体はキャラクターそのものであるため，大切なキャラクターが第三者から権利侵害されないように意識しておく必要がある。つまり，保有するキャラクターがどのような権利で守られているのか，法的根拠を把握しておくことが重要である。それは，自らが保有するキャラクターを利用する場合だけでなく，ライセンシーとして他人が保有するキャラクターを利用する場合も，権利者からライセンスを受ける際に許諾範囲の法的根拠を理解しておかなければならない。

キャラクターに関する商品化権は前述したように，1つの権利で保護され

ているものではない。個別に関係する，わが国における重要な法律には，著作権法・商標法・意匠法・不正競争防止法・民法などがある。これらの法律により，キャラクターの所有者（ライセンサー）と利用者（ライセンシー）との関係を規制し，キャラクターを商品等ビジネスに利用する場合における権利関係を明確にするものと考えられる。

特にキャラクターは，直接的には著作権との関係が強い。つまりキャラクターは著作権法第2条第1項第1号に記載されている著作権法上の著作物「思想又は感情を創作的に表現したものであって，文芸，学術，美術又は音楽の範囲に属するもの」であり，著作権法の保護を受けることとなる。

4　キャラクターの商品化ビジネスにおける注意点

キャラクターを商品に利用するなどは，実務において，商品化権に関する契約を行うことが通常のケースである。前述したとおり，キャラクターの多くは著作権にて保護されているため，他人が作成したキャラクターを自社の商品に利用したり，PR広告に利用する場合には，事前に権利者から商品化権に関する利用許諾を受けなくてはならない。これは，キャラクターやイラストは著作権法で規定されている「美術の著作物」に該当するからである。

また二次著作物[14]を利用する場合においても，著作権法により原著作物の著作権者とその二次的著作物の著作権者の両方の承諾を得ることが必要となる。また，絵や原画を雑誌の表紙にするような場合には，この雑誌の表紙は，原著作物の複製物であり，原著作者から複製権の許諾を得ておく必要が出てくる。しかし，実務において，権利の許諾を，直接イラストを作成した権利者に許諾するケースは少ない。実際には，商品化権管理会社などが，ライセンシーとの契約手続きを行うライセンシング業務を行っているケースが多い。商品化権管理会社が介入すると，管理会社がライセンサーとなって契約を行うが，当該キャラクターについてどの範囲で許諾権限を有しているかは，それぞれのキャラクターによって異なってくる。そのため，ライセンシーは契約の相手方であるライセンサーが，キャラクターについてどの範囲

で許諾権限を有しているか，交渉の前に把握しておく必要がある。

　ライセンシーが利用できるライセンスは契約で決まる。契約は法的拘束力のある約束であるため，契約の成立要件が整えばお互いの意思の合致で成立するため，口頭でも成立する。しかし，契約は係争関係になった際に重要となってくるため，取り決めた事項を書面にしておき，調印しておく必要がある。契約書の作成が必要であるのはキャラクターのライセンスの場合だけではない。クリエイターがキャラクターの製作を委託される場合や，クライアントからキャラクターに関する権利（著作権等）を譲り受けたい申し出があった際なども，契約書で内容を明確にしておく必要がある。特にキャラクターなどの知的財産は無形資産であるためわかりにくいので注意が必要である。たとえば，制作者と依頼者のどちらに著作権が帰属しているか，譲渡代金など，気になることは全て契約書に証拠として残すことが重要である。契約書の雛形どおりにする必要はなく，契約する当事者が自由に取り決めることが契約の基本であることを認識する必要がある。契約で一番大切なことは，当事者の意思の合意であり，その合意内容を証拠として残した書面が契約書なのである。それゆえに，キャラクターに関する契約は様々な形態が考えられるため，契約書の雛形にこだわらず，取り決めた内容について確実に記載しているかのチェックに重点を置くべきである。

❻ 命名権ビジネス

　近年注目されているビジネスに，球場や競技場などの施設に企業名などを付け，施設の所有者が命名権料を受け取るビジネスが注目を集めている。
　命名権とは，施設やキャラクター，科学的な発見などに名称を付けることのできる権利をいう。特に施設命名権においては，ネーミングライツ（naming rights）と呼ばれ，スポンサー企業の企業名や製品名などのブランド名を付けることのできる権利を指し，近年注目を集めている。施設命名権（ネーミングライツ）は，1970年代にアメリカで生まれ，アメリカの4大プ

新名称	旧名称	契約金額等	主な利用
味の素スタジアム	東京スタジアム	5年　12億円（平成15年3月～20年2月）	サッカー　J1 FC東京本拠地
日産スタジアム	横浜国際総合競技場	5年　23億5000万円（平成17年3月～22年2月）	サッカー　J1　横浜Fマリノス本拠地
クリネックススタジアム宮城15)	宮城県営宮城球場	3年　年間2億5000万円	プロ野球　東北楽天ゴールデンイーグルス本拠地
Yahoo! JAPANドーム	福岡ドーム	5年　25億円	プロ野球　福岡ソフトバンクホークス本拠地
フクダ電子アリーナ	千葉市蘇我球技場	5年半　4億5000万円	サッカー　J1　ジェフユナイテッド千葉本拠地
サロンパス ルーブル丸の内	丸の内ルーブル	平成17年12月～20年11月	映画興行
ユアテックスタジアム仙台	仙台スタジアム	3年　年間7000万円（平成18年3月～）	サッカー　J2　ベガルタ仙台本拠地
九州石油ドーム	大分県総合競技場	3年　2億1000万円（平成18年3月～）	サッカー　J1　大分トリニータ本拠地
京セラドーム大阪	大阪ドーム	5年（平成18年7月～）金額非公開	プロ野球　オリックス・バファローズ本拠地
渋谷 C.C.Lemon ホール	渋谷公会堂	年間8000万円（平成18年10月～23年9月）	音楽ホール
東北電力ビッグスワンスタジアム	新潟スタジアム	年間1億2000万円（平成19年3月～22年3月）	サッカー　J1　アルビレックス新潟本拠地
ホームズスタジアム神戸	神戸ウィングスタジアム	3年　年間7000万円	サッカー　J1　ヴィッセル神戸本拠地
日本ガイシスポーツプラザ	名古屋市総合体育館	5年　6億円（平成19年4月～）	総合体育施設
開成駒ヶ谷体育館	駒ヶ谷運動公園体育館	年間100万円（平成19年5月～22年3月）	体育施設
マツゲン有田球場	有田市民球場	年間60万円（平成19年11月～10年間）	市民球場
レベルファイブスタジアム	博多の森球技場	年間3150万円（平成20年1月～）	サッカー　J2　アビスパ福岡本拠地
正田醤油スタジアム	県営敷島公園陸上競技場	3年　年間700万円（平成20年2月～）	サッカー　J2　ザスパ草津本拠地

図表6－2　主な命名権の契約

ロスポーツ施設を中心に広がった経営手法で，ビジネスとして20年以上前から定着している。日本では，平成15年に味の素スタジアム（旧名称：東京スタジアム）が公共施設で初の事例として導入され以降急速に拡大している。

　ネーミングライツは，施設集客能力やマスコミへの露出度等が評価され，企業等がブランドイメージの構築を目的に購入するものである。キャラクターが企業のブランドイメージに関与することからキャラクターの商品化ビジネスと似た要素を持つと考えられる。

　キャラクターの場合は，権利評価の対象となるものがキャラクターであり，キャラクターの持つ集客力などに対して価値評価されることに対し，命名権は施設の持つ集客力などに対して評価される点が，大きな違いである。

1　命名権の価格

　命名権の価格は競技場等の施設の持つ集客力のみならず，新聞やテレビへの取り上げられる頻度など総合的な観点から決められる。図表6－2の中で一番高額な金額となっているのは，5年で25億円の「Yahoo! JAPAN ドーム」である。プロ野球人気球団の本拠地であるこの施設の命名権の価格の価値は，そのスポンサーとなる企業の戦略に合っているか否かがポイントである。契約自由が原則であるため，命名権のような無形資産の価値は無限に拡大する要素を持つとも考えられる。日本の施設の命名権は，アメリカのそれと比べ，まだまだ安い水準である[16]。またアメリカの命名権料は期間も長期契約のケースが多く，アスレチックスはシスコと30年・年間600万ドルで契約を締結している。スポンサー企業の営業戦略において，命名権等の無形資産を使いこなす文化がまだまだ定着していないことも，命名権の価格の差と考えられる。命名権の価値評価は，キャラクターや特許をはじめとした，知的財産に対する国の取組み評価のバロメーターともいえる。

2　命名権をめぐる問題（注意点）

　命名権は集客力の高い施設は，広告効果も高く契約金額にも大きく影響す

る。高額な金額での契約となる事案は，プロ野球やサッカーＪリーグのケースが目立つ。プロ野球はシーズン中ほぼ毎日開催され，テレビや新聞で球場名すなわち企業名が毎日のように広告されるわけである。試合のたびにアナウンスされる本拠地名は球団の第２の顔とも考えられる。

そのように考えれば，命名権を取得した企業と球団はある意味一蓮托生の関係といっても過言ではない。もし，命名権を取得した企業が不祥事を起こせば，球団そのもののイメージダウンに直結するわけである。本拠地の命名権の許諾には，マイナスのリスクすなわち命名権を取得した企業の不祥事リスクがあることを認識することが大切である。一見長期の契約は経済的安定性がありメリットが大きいように考えられるが，コンプライアンスを重視した現代社会において長期間の企業との契約は果たして得策かを検討する必要はあると考えられる。

以下に，企業の不祥事と命名権が関与した事案を紹介する。

① 東北楽天ゴールデンイーグルス本拠地

東北楽天ゴールデンイーグルスの本拠地であった宮城県営球場は，平成17年１月から３年間，年間２億円で宮城県と人材派遣会社フルキャストが契約を締結し，「フルキャストスタジアム宮城」となった。しかし，フルキャストが不祥事を起こし平成19年８月に厚生労働省から事業停止命令を受け，平成19年９月に命名権の契約が正式に解消された。その後，球場名は再び「県営宮城球場」になり，宮城県と株式会社楽天野球団は，再び契約は年２億円以上の３年間とする命名権スポンサー募集を開始した。その結果，平成19年12月に日本製紙と契約を締結し，新名称は同社の主力商品であるティッシュペーパー「クリネックス」の名前を冠にした「日本製紙クリネックススタジアム宮城」と決定した。略称は同商品名の頭文字（のアルファベット）を採って「Ｋスタ宮城」となった。宮城県らの審査では，前回の契約解消問題があり経営状況やコンプライアンスが重視された。

ところが，平成20年１月に日本製紙の古紙配合率偽造問題が発覚し，契約

解除条件となっている「法廷違反」や「社会的信用の失墜行為」になるか検討された。その結果，日本製紙がネーミングライツ契約の継続を希望していることもあり，宮城県は平成20年2月，契約継続を正式に決定した。その際の契約維持の条件として，契約期間中，現球場名から「日本製紙」の社名を削除して「クリネックススタジアム宮城」とすることとなった。

② 埼玉西武ライオンズ本拠地

埼玉西武ライオンズは，平成18年12月に19年1月からグッドウィル・グループと5年間25億円の命名権契約を締結。本拠地球場名を「グッドウィルドーム」，2軍チーム名を「グッドウィル」にそれぞれ変更した。しかし，同グループの子会社グッドウィルが，違法な派遣業務（データ装備費等）を行っていたことが発覚し，同社は厚生労働省から事業停止命令の行政処分が通告され，事業停止処分を受ける見通しとなったことから西武は平成19年12月22日，グッドウィル・グループと交わしていた本拠地と2軍チームの命名権の契約を解除することを明らかにした。

上記の事案から，球団は企業の不祥事で振り回されることが露呈したといえる。本来の野球と何ら関係のないところで，球団のイメージダウンとなるリスクを背負うことになるわけである。特にライオンズの2軍球団は球団名そのものが変わってしまう事態に陥っている。命名権の取り扱いにおいては，契約先を慎重に吟味する必要があるのである。

3 命名権ビジネスの拡大

命名権は，プロ野球やJリーグの球技場のみならず，体育館や音楽ホール等対象が広がりつつある。そのような中，サントリーが劇場映画のタイトルで命名権を取得した事案があるので紹介する。企業の商品ブランドが映画の中で正式な権利として利用されることは，今後，知的財産権を利用したビジネスの広がりを示唆するものである。

そして，知的財産や命名権ビジネスは無限に広がる可能性をもつわけである。その広がりはキャラクターの商品化権にも共通するものがあると感じられる。

事例：サントリーの劇場映画の命名権

　サントリーは劇場映画のタイトルで命名権を取得した。電通や東宝などが共同制作したアニメ映画のサブタイトル部分に，自社製品名などを使うことができる。テレビCMや雑誌広告に加え，ポスターやチラシで全国に告知されるため，通常の製品広告に比べ高い宣伝効果が期待できる。映画タイトルに命名権を持たせるのは世界初の試みだという。

　電通，東宝，テレビ朝日，ソニー・ミュージックエンタテインメントなどで構成する製作委員会が命名権を販売した。映画は「秘密結社　鷹の爪　THE MOVIE II」で，五月末から全国で公開する。昨年春に公開したシリーズ第二弾で，サントリーはサブタイトル部分に「私を愛した黒烏龍茶」を使う。黒烏龍茶は同社の主力商品。

　作品内にも主人公が黒烏龍茶を飲むシーンを盛り込み，関連性を持たせた。三月末からポスターの掲示やCM公開を始める。劇場やチケット売り場などに掲示・配布するポスター約三千枚，チラシ三十万枚を用意。雑誌やインターネットでの広告も同時に始める。時間や掲載枠が決められたテレビCM・雑誌広告に比べ，より多くの人が商品名を目にすることができると判断した。商品の販売促進，企業イメージ向上を狙う。

　命名権の契約期限は無期限で，劇場公開だけでなく，テレビでの放送やDVDでも権利は継続する。　　　　　　　　　　（平成20年3月27日　日本経済新聞）

7　キャラクターに関する諸問題

　キャラクターをはじめとする知的財産は無形であるため，権利侵害があったかどうか，また自分の行動が権利侵害に該当するかの判断は難しい。権利をもっているものの立場からすれば，模倣品が出回ったりするような権利の侵害があれば，何とかしてすぐにやめさせたいものである。しかし，たとえ権利を侵害されたとしても，自分で実力行使を行って商品の回収を行った

り，相手の販売を止めてしまうような行動は，「自力救済」となり法律が禁止している。他人の権利を侵害した場合，侵害されたものは，侵害行為に対して差止め，損害賠償，不当利得返還などの民事上の救済や，刑事罰を求めることができる仕組みになっている。しかし，どのような場合においても，他人の行動をやめさせることは簡単ではない。例えば，権利侵害による模倣品を発見して勝手に持ち帰れば窃盗となり，こちらが権利侵害と判断しても，相手は権利侵害でないと主張することも考えられる。権利の侵害を発見した場合は，自分の権利の確認，権利侵害が本当に成立しているか否かを検討する必要があり，後の対応を考え慎重に対応する必要がある。

1 キャラクターの権利主張と防衛策

　キャラクターの利用許諾を受ける場合，所有権と著作権を明確に区分して考える必要がある。キャラクターは権利関係を明確にしなくてはいけないものの，そこに関与する別個の権利を明確に理解することが大切である。たとえば，所有権は前述したとおり，物を自由に使用・収益・処分することができる物権であり，著作権はキャラクターを複製することができる権利である。つまり，キャラクターを利用する場合は，所有権と著作権の両面を意識する必要がある。たとえば，キャラクターの原画の所有権者の承諾をもらい，キャラクターを掲載した企業PRのチラシを作成した場合，所有権者の承諾をもらっているから問題が発生しないとは限らない。つまり，そのキャラクターの所有権者と著作権者が別々に存在する可能性もある。その場合は，著作権者の承諾も得ておかなければ，キャラクターの複製利用はできないのである。逆に著作権者の承諾を得ていたとしても，所有権者の承諾を得ていなければ，キャラクターの原画を勝手に持ち出したことになる可能性もあり，所有権の侵害となることも考えられる。また，実務上の問題として，キャラクターがビジネス上の利用を目的として複製され市場に出回ると，財産的な価値を低下させる恐れがあるため，所有権や著作権の枠組みを超えて，キャラクターの複製利用において詳細な取決めが行われるケースがあ

る。

　キャラクターのように著作権が存在する場合の利用許諾の取り方は，まず利用を決定することを確定する前に，そのキャラクターの著作権者と著作権利用許諾契約の交渉を行うことが第1である。もし，利用することを決定した後に交渉を行うと，利用許諾を得ることができないことで，それまでの計画が白紙にもどることになる。それだけに，著作権の関与するキャラクターなどを利用する場合は慎重な対応が必要である。

2　著作権の侵害

　キャラクターには著作権があるため，キャラクターを著作権者に無断で利用した場合は，著作権の侵害となる。また，キャラクターそのものを無断で利用する以外にも，無断でキャラクターを改変したり，無名の著作物に断りもなく実名を付けてビジネスに利用すると，著作者人格権の侵害となる。キャラクター等の著作物の著作者は，著作権法により著作権と著作者人格権が認められている。著作権は前述したとおり，財産権の1つであり，原則として著作物の創作の時から著作者の死後50年を経過するまで存続する。

　著作者人格権は，人格的利益に関するものであり公表権，氏名表示権，同一性保持権（勝手に著作物の内容を変更させないという権利），名誉・声望保持権からなっている。特に同一性保持権が権利侵害の問題になることが多い。また，権利の集まりでできている著作財産権は，数多くの権利からなっており[17]，知らず知らずの間に権利侵害をしてしまうこともあり，また権利侵害されることもある。権利関係が複雑な著作物の侵害に関することは，弁護士や弁理士等の専門家に相談することが必要と思われる。

　権利侵害があった場合は，権利者は差止請求と損害賠償請求をすることができる。

　著作権の侵害において問題となるのは，著作物と著作物を無断で利用した者の表現に類似性があるかということである。キャラクター等の著作権の侵害があったかどうかの判断は，元になる著作物の創作的な表現が類似してい

るか否かを判断するわけであるが，その判断は難しい。

　キャラクターに関する権利侵害だけの問題でないが，もし模造品が販売されていた場合には，まず警告書により相手方に権利侵害の事実や要請事項を通知することが一般的である。警告は口頭でもできるが，後になってから警告した事実や内容を証明することができるように，配達証明付内容証明郵便[18]で送付することが望ましい。なお，権利侵害があった場合に必ず警告書を送付しなければならないわけではない。警告書を送付せずにいきなり裁判で対応することも可能である。しかし，一般的に裁判は長い時間を要し，費用もかかることや，また必ず裁判に勝てるとは限らない。権利侵害が問題になるケースの多くは，ビジネス上の問題が関与しており，時間的にも経済的にも合理的に進めていくことが大切である。裁判で争うより，話し合いで決着をつける方が，時間的にも経済的にもビジネスの観点からは有益と思われる。そのため，裁判に持ち込む前に，権利侵害をしていると思われる者に対して，警告書を送付して，話し合いで決着できるか否か様子をうかがうことが多いのである。

3　警告書

　権利侵害があった場合，裁判に持ち込む前に話し合いで解決することが，経済的にも時間的にも合理的である。警告書は権利を侵害していると思われるものに対して送付して，話し合いで決着できるかどうか相手の様子をうかがうものである。

　通常の場合，警告書を送付すれば回答書が送り返されてくるが，その回答内容は，権利侵害を認めたり，権利侵害を拒否するものであったり様々である。警告書を送付することは，企業や個人が自由に行うことができる。しかし，警告書を送付した相手が，その内容を拒否することも十分考えられ，後に本格的な係争案件になることは十分考えられるため，専門的な知識をもって対応すべきであり，警告書を作成する段階で専門家に依頼するのが望ましい。

① **警告書記載内容**

　警告書には，自分の権利と相手方が行った権利侵害と思われる内容を特定し，相手方の行為がどの権利を侵害しているかを記載する。

　キャラクターは様々な権利が関与するが，著作権のように登録番号のないものは，自分が保有している権利につき具体的な特徴なども交えて記載する必要がある。また実用新案，商標，意匠等の場合は登録番号を記載することで，侵害された権利を特定することができる。

　警告書の内容は，送付する相手によって攻撃的な内容にするのか，ソフトな内容にするのか検討することが大切である。たとえば，普段から頻繁に競合しているようなライバル企業であれば，多少攻撃的な内容にしたほうが効果的である。ただ，攻撃的な内容で注意が必要なのは，脅迫的な内容になった場合，脅迫の責任を追及されることも考えられることである。一方，こちらの商品も取り扱ってくれるような取引先が権利侵害を行っている可能性がある場合には，相手の気分を害さないようなソフトな警告内容にしたほうが得策と思われる。

② **警告書の送付先**

　警告書の送付先を模造品の場合で考えていく。単純に模造品を製造したメーカーだけではなく模造品が関与しているルートを考えることが大切である。製造元が特定できない場合は，問屋や小売店へ警告書を送付することも必要である。勿論，メーカーに製造を止めさせることが，模造品の供給中止につながるため，メーカーへの警告が最も効果的で重要である。また，問屋や小売店に対する警告が，メーカーに直接に発する警告より大きな効果が期待できる場合もある。信用を第一とするデパートやスーパーであれば，違法な商品を売ることで，デパートやスーパーの信用が失墜してしまうことになる。そのため，仕入担当者は警告に対して敏感に対応することが考えられ，警告対象となった商品を店頭に陳列することや，商品を仕入れることを止めることが期待される。メーカーは問屋や小売店との取引が断ち切れると，模

倣品を作る意味がなくなる。そのため，問屋や小売店に警告書が送付されることが，メーカーに対する警告より効果が大きくなることも考えられるわけである。

しかし，安易に問屋や小売店に警告書を送付しても，その内容が侵害行為でないと判断された場合は，メーカーは商品が売れなかっただけでなく，問屋や小売店に対して信用を失うことになるため，莫大な損害賠償責任を負う可能性もあり，問屋や小売店に警告書を送付する場合は，メーカーへ警告書を送付する場合よりも慎重に対応する必要がある。

③ 警告書が送付された場合

知的財産の侵害行為は，被害者となる場合だけでなく，こちらが侵害行為を知らずに行うケースも考えられる。一般的に警告書は，配達証明付内容証明郵便で行われる。

警告書には，過激なケースでは，侵害行為に対して，懲役刑や罰金刑が課せられる旨の脅迫的な内容が記載されるケースもある。警告を受けた場合は，それまで知らなかった自らの権利侵害に気づくこともあるが，警告内容が必ずしも適正でなく不当な場合も考えられるので，落ち着いて対応しなければならない。

警告された場合，通常は自分に過失があり「侵害をしてしまった」と考えてしまうが，権利の拡大解釈や，侵害品の見誤りなど，警告を行う権利者の勘違いで警告されるケースも少なくない。そのため，権利侵害を指摘する警告書が届くなどして，警告を受けた場合には，権利内容の確認と，侵害したと思われる内容を対比して，権利侵害の有無を正確に判断することが必要である。

ただし，権利侵害を本当にしているか否かの判断には，高度な専門的な知識が必要であるため，弁理士や弁護士に相談をすることが必要と思われる。

注釈

1) 同一性保持権：著作権法第20条第1項は，著作者はその意に反して，その著作物およびその題号につき，変更，切除その他の改変を受けることはない旨規定している。同一性保持権とは，著作権法20条に規定される，著作者が有する地位のことである。同一性保持権の目的は，著作権者の人格的利益を保護し，著作物という文化的財産の同一性を維持することにあると考えられる。

2) 著作物の変更，切除：感性によって認識される著作物，たとえば絵画や音楽のような著作物の場合は，その表現それ自体を改変することをいう。改変の方法は問わず，キャンパスに描かれた絵画の著作物の場合は，たとえば加筆したりする行為のほか，キャンパスの寸法を縮めたりすることによって媒体——著作物の有形的固定物——を毀損する行為も，同一性保持権を侵害することになる（渋谷達紀，2000年，p.198）。

3) 著作者人格権：著作権法第17条第2項は，著作物の利用に関して著作者が有する人格的利益の保護を目的とする権利を定めている。著作者人格権は，公表権，氏名表示権，同一性保持権の総称である。公表権とは，著作者が，未公表の著作物を公衆に提供または提示する権利を有することである（著作権法第18条第1項）。氏名表示権とは，著作者が，その著作物の原作品に，または著作物を公衆に提供または提示する際に，その実名または変名を著作者名として表示するか否か決定する権利を有することである（著作権法第19条第1項）。

4) 商標として利用する場合：キャラクターの絵が商品の単なる模様や装飾以上の効果をもち，消費者にその商品の出所を暗示できる状態になることが商標として利用する場合と考えられる。

5) 著作権のみが利用される場合との相違点：著作権は期間が過ぎれば消滅するが，商標はそのキャラクターが使用されているかぎり有効である。さらにそのキャラクターの名前は商標として保護することができる。キャラクターの絵に付けられた名前には，著作権はない。これは，おそらく，キャラクターを複製してコピーすることができないならば，名前だけのコピーではほとんど意味がないという限定的な意味合いから区別されたものであろう。なお，名前だけをコピーしようとしても，キャラクターには原作者を連想させるものが内在されているから，法廷に不正競争による法的救済手続きをとることができる（牛木理一，2000年，p.51）。

6) 東京品川区本社のソーシャルコミュニケーションギフト商品等を取り扱う業界最大手企業。

　　同社が有する著作権および著作隣接権等には，「ハローキティ」のほかに「シナモロール」「マイメロディ」等有名なキャラクターがある。

7) 過失は不法行為の要件であるため（民法第709条），その立証責任は被害者側にある。被害者が損害賠償請求権の権利者となることから，加害者の故意または過失の証明を行わなければならない。しかし，債務不履行の場合は逆となる。債務不履行の場合は，当事者は信義に従い誠実に履行する義務を負っていると考えるため，債権者側は不履行の事実だけを述べるだけで契約解除や損害賠償請求が可能となる。
8) 条約とは，国際法上で国家間（国際連合等の国際機関も締結主体となり得る）で結ばれる成文法のことである。日本国においては，国家が同意したものは，公布され，日本国内では法律より優先される（憲法第98条第2項）。ただし位置づけは憲法には劣る。
9) 判例には大きく分けて2つの意味がある。1つは，紛争内容を構成している生活事実に対する裁判所の行う決定を判決といい，この判決の集積を判例と呼ぶ。2つは，後の裁判（所）を拘束しうる先例たる裁判を判例という。このケースにおいては，キャラクターの著作権法での保護範囲で，複数の解釈ができる場合において，後の裁判を拘束しうる先例たる裁判事例を知ることが重要であると考える。
10) 証紙を貼付することで権利者は次の管理を行うことができる。①ロイヤルティの徴収管理，②製品の品質の管理，③許諾製造数量の管理。
11) 牛木理一　『キャラクター戦略と商品化権』発明協会，2000年，p.10
12) 文化庁編著『著作権入門』著作権情報センター，2007年
13) 著作権法令研究会編著　『実務者のための著作権ハンドブック〔第6版〕』著作権情報センター，2005年
14) イラストなどをもとにしてテレビ漫画や映画を製作した場合，テレビ漫画は映画の著作物として新たな著作権が発生することとなり，この著作権のことを原著作物であるイラストなどの原画に対する「二次著作物」という。
15) 当初はフルキャストスタジアムであった。その後2007年12月に日本製紙が命名権を獲得し現在は「クリネックススタジアム宮城」略称「Kスタ宮城」となった。
16) アメリカのメジャー球団の命名権料は，メッツ（シティ・フィールド）年間2000万ドル・2009〜2029年，アスレチックス（シスコ・フィールド）年間600万ドル・2012〜2042年，アストロズ（ミニッツメイドパーク）年間600万ドル・2003〜2030年。
17) 著作財産権に関する具体的な権利は，複製権，上演権，演奏権，公衆送信権，伝達権，口述権，展示権，上映権，頒布権，貸与権，翻案権等がある。
18) 内容証明とは，特定の日に誰から誰あてにどのような内容の文書が差し出されたかを差出人が作成した謄本により日本郵政グループの郵便事業株式会社が証明するものである。しかし内容証明郵便であってもいつ相手に届いたかということは証明できな

い。配達証明とは，郵便事業株式会社が配達した事実を証明するものである。配達証明付内容証明郵便とは配達された事実と内容を証明するものである。

参考文献

牛木理一　『キャラクター戦略と商品化権』発明協会，2000年
渋谷達紀　『知的財産法講義Ⅱ　著作権法・意匠法』有斐閣，2004年
椙山敬士・高橋龍・小川憲久・平嶋竜太　『ビジネス法務大系Ⅰ　ライセンス契約』日本評論社，2007年
角田政芳・辰巳直彦　『知的財産法〔第3版〕』有斐閣アルマ，2006年
高森八四郎　『民法入門講義ノートPART Ⅰ』八州会，2003年
著作権法令研究会　『実務者のための著作権ハンドブック』著作権情報センター，2006年
辻本一義・平井昭光　『特許　知的財産権　トラブルの勝ち方』通商産業調査会，1999年
土井輝生　『キャラクター・マーチャンダイジング─法的基礎と契約実務─』同文舘出版，1989年
富樫康明　『著作権に気をつけろ！』勉誠出版，2006年
トッパンキャラクター商品化研究会　『キャラクター・商品化権実務ガイド』東京書籍，2004年
中村俊介　『どこまでOK？　迷ったときのネット著作権ハンドブック』翔永社，2006年
文化庁　『著作権法入門』著作権情報センター，2007年
八代英輝　『コンテンツビジネス・マネージメント』東洋経済新報社，2005年
山上和則・藤川義人　『知財ライセンス契約の法律相談』青林書院，2007年
吉川達夫・森下賢樹・飯田浩司　『知的財産のビジネス・トラブル』中央経済社，2004年

第7章 キャラクター(知的財産)とファイナンス

1990年代に入り日本の金融の考え方は大きく変化した。バブル崩壊後，金融機関は従来までの不動産担保に頼る金融手法の限界を認識し，従来型の不動産担保に代わる新たな資金供給の手法を模索し始めたのである。企業のバランスシートに計上されていない資産で，従来は担保として評価されることがなかった知的財産を担保にする融資は，企業の新たな資金調達の手法として注目を集めている。

　1995年頃より政府系金融機関の日本開発銀行（現在は日本政策投資銀行）が知的財産権担保融資の取り組みを行い，その後民間金融機関が知的財産担保融資の取り組みを積極的に行おうとした。金融機関にとって担保の評価，すなわち知的財産の価値評価は重要であるが，知的財産の価値評価は難しく，さらには流通市場[1]が存在しないことや，権利自体が不安定であることなどが障壁となっている状況である。

　無形資産である知的財産には無限の担保価値があるとも考えられる。突然キャラクターを担保にするファイナンス手法が広がる可能性は小さいかもしれないが，不動産以外のものを担保にする金融手法が確立されれば，キャラクターに関連する権利を利用して資金調達を行うことも期待できるように思われる。

　知的財産権は，その発明者の「権利保護」が重要な要素の１つであり，逆にいえば，その知的財産権の有する経済的な価値を活用して資金調達をすることが極めて少なかったことから過去のデータ蓄積がなく，知的財産権自体の経済価値判定を資金の供給者である金融機関等が判断できないことが，最大の問題点と考えられる。

　本章では知的財産とファイナスの関係について様々な角度から検証していく。

1 知的財産とファイナンス

1 知的財産を利用した資金調達手法

　企業が保有する知的財産を利用して資金調達を行うことは価値評価の問題や，知的財産の権利確定における安定性の問題など，企業が理想とする資金調達ができていないのが現状であるように思われる。知的財産を利用して資金調達を行うには，大きく分けて次の3つの手法がある。1つめは，知的財産を保有する企業の企業信用力に基づく企業価値に着目する「コーポレート・ファイナンス」による方法。2つめは，知的財産自体の価値そのものを評価し，知的財産を保有する企業の信用力とは全く関係なく切り離して資金調達を行う「アセット・ファイナンス」による方法。3つめとして，知的財産を用いた事業単独の事業と考え，その事業を企業の信用力から切り離して資金調達を行う「プロジェクト・ファイナンス」による方法がある。さらに，これらのファイナンス手法は，企業が借入の形態で資金調達を行う手法，および株式などの出資として資金調達を行う方法に峻別される。前者はローン（借入）や社債による調達を意味し「デット・ファイナンス」と呼ばれ，後者は株式や組合出資などによる調達を意味し「エクイティ・ファイナンス」と呼ばれている。知的財産を利用して行う資金調達は，その調達手法においても複数の形態があるわけである。たとえば，信用力の高い企業が，企業の信用力を背景に，銀行からキャラクターの著作権を担保に借入を行う資金調達は，デット型のコーポレート・ファイナンスなのである。知的財産を利用して資金調達を行うことを理解するには，まずどのような資金調達手法で取り組むかを検討することが重要である。

2 コーポレート・ファイナンス

　コーポレート・ファイナンスとは，企業の信用力を評価ベースとして，企

業の保有する知的財産等の全ての資産を引き当てに行う資金調達である。つまり，価値の高い知的財産を保有することは，間接的に企業価値を高めることになり，企業にとって有利な資金調達を可能にするわけである。担保に提供していた知的財産を債権者が処分した場合において，債務者企業が債務を弁済しきれなかった場合は，債権者は債務者である企業の他の財産に対して，残された債権の弁済のために権利行使を主張することができるわけである。またコーポレート・ファイナンスの特徴は，担保に提供していた知的財産の価値が大きく毀損したとしても，毀損したことが判明した段階で，債務者に対して追加担保の確保を図ることが可能であることがあげられる。これは，資金の出し手となる金融機関などの債権者にとってはメリットと考えられる。しかし，コーポレート・ファイナンスは債権者にとって次のようなデメリットも考えられる。債権の回収可能性は企業全体の信用力の変動に大きく左右され，担保にとった知的財産の価値とは関係なく企業全体の信用力の影響を受けてしまうことがあげられる。つまり，企業活動の範囲が広ければ広いほど，リスクの不確定要素が広がると考えられる[2]。

3 アセット・ファイナンスとプロジェクト・ファイナンス

① 特殊なファイナンス手法

アセット・ファイナンスおよびプロジェクト・ファイナンス[3]は，債権者の引き当てとなる資産が知的財産等の資産に限られることがコーポレート・ファイナンスとの大きな相違点である。すなわち知的財産権または知的財産を用いた事業のみを評価したうえで，債権者（資金の出し手）は，ファイナンスに対応することとなる。つまり，債権者は，債務者の有する他の資産に対し，何ら処分を行う権限等有することがない。したがって，引き立てにしていた知的財産を利用した事業から捻出するキャッシュ・フローまたは知的財産の処分により債権を回収することができなかった場合は，債権者にとって回収不能債権となるわけである。これは一見，債権者にとって不都合に感じるかもしれないが，単純に判断はできない。つまり，アセット・ファイナ

ンスおよびプロジェクト・ファイナンスは，引き当てにしている知的財産および知的財産を利用する事業を，債務者の信用リスクから切り離すこととなり，純粋に当該知的財産および知的財産権を利用した事業のみを裏づけとする資金調達ができ，債務者の行う他の事業の影響を受けることを回避できるわけである。知的財産を債務者（企業等）の信用リスクから切り離すことがポイントとなるため，このファイナンス手法で資金調達を行う場合は，通常何らかの仕組みが施されることとなる。

当該資産（知的財産権）を債務者の信用リスクから切り離す手段として，当該資産を切り離す目的で設立された特別目的会社を利用することが多く，特別目的会社はSPC（special purpose company）と呼ばれている。

② アセット・ファイナンスとプロジェクト・ファイナンスの違い

アセット・ファイナンスの場合は，当該知的財産の現保有者（企業等）が，資産の譲渡対価として資金調達を行うこととなる。またプロジェクト・ファイナンスの場合は，SPCが債務者となり対象事業に必要な資金を金融機関等から調達することとなる。

つまり理論的には，当該知的財産の現保有者（企業等）における事業活動の結果が，資金調達の引き当ての裏づけとなっている知的財産に影響を及ぼすことがなく，仮に資産を有する企業が倒産しても，知的財産やSPCが行う事業には影響がないこととなるわけである。

アセット・ファイナンスは純粋に資産（アセット）のみの価値を資金調達の引き当てとするものである。つまり，アセット・ファイナンスは知的財産の価値のみの評価であるため，その資産が事業に積極的に関与しないケースと区分される。一方，資金調達の引き当ての対象となる知的財産が，何らかの事業に積極的に関与していればプロジェクト・ファイナンスの区分となるわけである。しかし，アセット・ファイナンスは知的財産（資産）の価値のみに着眼すると区分したものの，適切な利用があって価値が実現するのであり，不動産や金銭債権を対象とするアセット・ファイナンスのように完全に

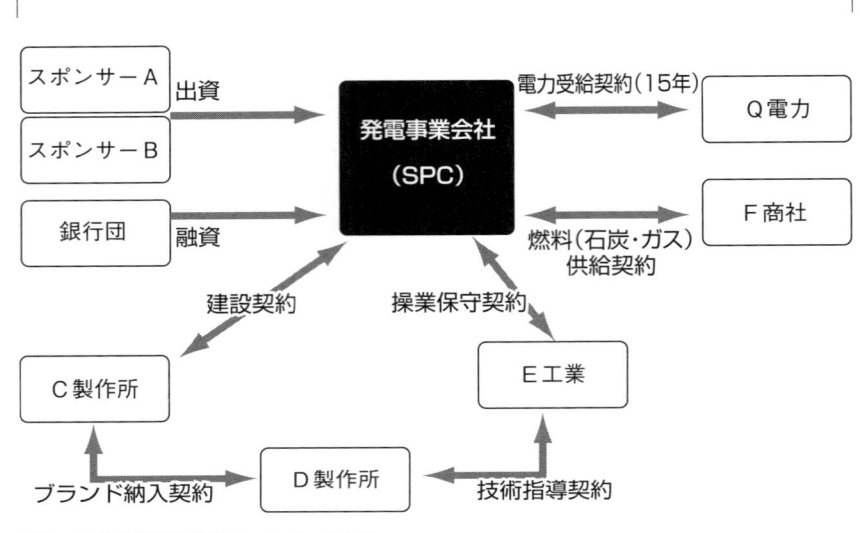

```
                          ((•))
                            |
┌─────────────────────────────────────────────────────────┐
│                                                         │
│  ┌─────────┐  出資                    電力受給契約(15年)  ┌──────┐
│  │スポンサーA│─────┐     ┌────────┐◄──────────────────►│Q電力 │
│  └─────────┘     │     │発電事業会社│                   └──────┘
│  ┌─────────┐     ├────►│  (SPC)  │
│  │スポンサーB│     │     │        │                     ┌──────┐
│  └─────────┘     │     └────────┘◄──────────────────►│F商社 │
│  ┌─────────┐ 融資 │       ▲  ▲      燃料(石炭・ガス)    └──────┘
│  │ 銀行団  │─────┘       │  │        供給契約
│  └─────────┘       建設契約│  │操業保守契約
│                         │  │
│                         ▼  ▼
│  ┌─────────┐                    ┌──────┐
│  │ C製作所 │                    │ E工業│
│  └─────────┘                    └──────┘
│       ▲                            ▲
│       │    ┌─────────┐              │
│       └────│ D製作所 │◄─────────────┘
│  ブランド納入契約 └─────────┘  技術指導契約
└─────────────────────────────────────────────────────────┘
```

出典：日本政策投資銀行ホームページより

図表7-1　プロジェクト・ファイナンス―発電プロジェクトの例―

事業の関与から切り離すことは事実上不可能とも思われる。ファイナンスの厳密な区分を行う場合，一見，アセット・ファイナンスに分類するほうが適当と思われるケースであっても，事業性の関与を加味して考えたほうが好ましいケースが多く，知的財産を引き当てにするファイナンスにおいては，アセット・ファイナンスとプロジェクト・ファイナンスを厳密に区分することは不可能とも考えられる。

4　ファイナンスの観点から考察した知的財産権

① 知的財産の性質

ファイナンスの実質的な引き当ての観点から知的財産権に着目すると，所有権と知的財産権の違いを認識する必要がある。一般的な資金調達において，引き当てとなる資産の代表的なものは不動産，動産，有価証券，金銭債権などである。有価証券および金銭債権と知的財産権の違いは，利用の観点からは明確であるが，不動産や動産の所有権と知的財産権の違いは区別しに

くく，所有権と知的財産権の権利の利用は誤解されやすい[4]。所有権も知的財産権も他人が権利を勝手に利用することに対して排除する効力を持ち，その効力が契約の相手方からロイヤルティを取得したり，事業を独占したりすることができる根拠となるわけである。その独占できる権利やロイヤルティなどが，経済的な付加価値を持ち，知的財産の価値評価のベースになるわけである。知的財産とは前述したとおり，無形の創作物である。その創作物が知的財産権と表現されるのは，知的財産である意匠や商標そして著作物には，他人が勝手に使うことを排除する権利が発生するためである。つまり，他人が勝手に利用することを妨害する権利を有することが，知的財産を有することであり，所有権との違いがわかりにくくなるわけである。また，知的財産と知的財産権の区別は，ファイナンスの観点から考察した場合，特に明確にする必要性はないと考えられる。

なお，所有権と区別がつきにくい知的財産権は物権的な要素[5]を持つか否か考えた場合，排他的な要素を持つ点で所有権（物権）と類似しているが，本質的に排他的権利でしかないため，絶対的権利である物権とは大きく異なっている。

② 知的財産の特殊性

知的財産を資金調達の引き当てに利用する場合，金銭債権や不動産とは異なる知的財産の特殊性について把握する必要があり，その特殊性から発生する問題点を認識する必要がある。知的財産を，資金調達の引き当て資産として考えた場合，前述のアセット・ファイナンスとプロジェクト・ファイナンスの相違点で論述したように，知的財産は「適切な利用があって初めて現実の価値を生み出す」ものであることを考え方のベースにすると，主に次の図表7－2に示したような特殊性が認識できる。

価値評価の困難性	知的財産自体には普遍的な価値があるわけでなく、利用されて初めて価値が生じるため、利用する人、利用する目的などに応じてその利用価値は大きく変化する。また、知的財産は不動産などと比較して流通性も乏しく、資産価値評価が小さく多額のコストをかけた価値評価を行いにくい背景がある。そのため、市場での取引事例・価値評価事例が極めて少なく、統一的・客観的な価値評価が困難である。
キャッシュ・フローの予測困難	将来における知的財産の利用状況は、当該知的財産が陳腐化・退廃化するリスクなどにより変動する可能性が高く、知的財産から生ずる将来キャッシュ・フローの予測は、不動産等の場合と比べて困難である。
流通市場が未整理	知的財産を流通させる市場が整備されておらず、当該知的財産の処分が困難であること。
権利としての安定性が低い	見えざる資産であることが、権利範囲や権利帰属が不明確なものであり、第三者から簡単に侵害される。また、さらには著作権は自然発生する権利であるがゆえに権利の確定は難しい。

図表7－2　知的財産の特殊性

　以上のような特殊性が資金調達を行う際の弊害となるわけである。これまでの一般的な担保と比較した場合における特殊性とも解釈することができる。それだけに、知的財産を担保とする一般的な資金調達手法には限界があるように感じられる。

5　知的財産の価値評価に関する考え方

　知的財産の価値評価の難しさは、前述のとおり困難であることは明確である。平成16年6月に経済産業省知的財産政策室が、知的財産の価値評価及び資金調達に対する考え方について、銀行、証券会社、商社、知的財産流通・評価会社に対してヒアリングを行っている。その主な内容を図表7－3にまとめて紹介する。

都市銀行・政府系金融機関

(A銀行)
- 証券会社はアッパーサイドを狙う観点から評価するのに対し，銀行はダウンサイドリスクをどこまで低減できるかの観点から評価する。各々の立場により価値評価の方法も目的も違ってくる。
- 銀行としては，価値評価の外部への委託は，通常の融資額の場合，コストが高すぎるためできない。

(B銀行)
- アセット・ファイナンスの場合は，SPC等への売却額算定の際に知的財産の価値評価が必要であろうが，コーポレート・ファイナンスの場合は，企業・事業（信用力）の評価で事足りるため，知的財産の価値評価ニーズは感じられない。
- 他の財産（例えば，不動産）の場合，①評価期間中のキャッシュフロー（インカムゲイン）と，②出口での処分価値（キャピタルゲイン）を基にその価値の評価を行う。しかし，知財には転売市場（マーケット）が無いため，②を期待することができず，①だけに頼らざるをえない。これが，知的財産を持つ側（資金需要側）との間で，評価額に大きな相違が生じる原因。
- 知的財産は専門性・個別性が高く，管理が困難であるため，銀行としては，最終的なリスクコントロールができず，非常に扱いにくい。

(C銀行)
- これまでに特許権を担保に取ったのは数件であり，担保といっても何もないよりはましという程度の気休めでしかない。
- 知的財産の担保としての難点は，個別性が高いことと，トラッキングレコードがなくボラティリティが高いこと等。

(D銀行)
- 現在のところ，投資家側から見ても，企業側から見ても，知的財産を元にアセット・ファイナンスする必要性が感じられない。ベンチャー企業にとっては，新株予約権発行の方がコストがかからないし，投資家にとっては他に魅力的な商品が多数ある。
- 知的財産についての格付けがあったらないよりはましだろうが，トラックレコードが無いと使えない。また，格付けがあってもそのコストを払うだけのインセンティブが働く案件は出てこないのではないか。

地方銀行

(A銀行)
- 特許権の担保としての難点は，①価値評価の困難性，②管理のコスト，③処分（換金）可能性。
- 担保として取るからには，価値がゼロということはあり得ない。行内の審査部を通すために，少なくとも形式上は，価値評価は必要。指針があれば参考になる。

(B銀行)
- 融資部としては，担保としての価値よりも，キャッシュフローを重視する。また，審査部としては，処分の困難性を考慮して，担保評価額をゼロと判断した。

証券会社

（A 証券会社）
- 現状，日本の投資家はほぼデット（debt）を念頭においている。エクイティ（equity）に投資家を集めるためには，それ以上の魅力的なストーリーを描けること（客観性，信頼性，成長性等が揃っていること）が必要。
- ①キャッシュフローが読めないこと，②トラックレコードが無いこと，③出口（処分価）が見えないことから，知的財産に関する検討は難しい。

（B 証券会社）
- 格付の基本は元本を保証できるかどうかで判断するものなので，知的財産の格付は時期尚早ではないか。仮に，公的機関が格付けを行ったとしても，どこまで公正・公明な格付けができるかわからない。一方で，日本には公的機関を盲目的に信用する風潮があるので危険。

（C 証券会社）
- 知的財産を切り出して価値評価する必要性がない。プロジェクト・ファイナンスの場合，事業の評価で十分。それには，少なくとも製品が作れるところまではパッケージ化する必要がある。知的財産権という観点からは，競合他社に対する優位性を見るが，それだけで十分であって価値評価までは必要ない。

商社

（A 社）
- 実務上の価格設定は，売り手は当該特許にかかった費用や DCF で判断するが，買い手は，業界で相場とされるロイヤルティを踏まえ，実際に買える価格の範囲内かどうか，事業が将来成功する見込みがあるかどうかで判断する。

（B 社）
- 融資と投資の考え方の違いは大きい。しかし，日本では，敗者復活が困難であること，安定志向であることなどから，リスクマネーは流れにくい。リスクを取る仕組みを作るのは大変であり，日本の信託銀行や証券会社には，投資はできないのではない。

知的財産評価会社・コンサル・流通会社等

（A 会社）
- 金融機関（資金供給側）は，知的財産を本気で流通・流動化させようとは考えておらず，特許権の価値評価のニーズはない。
- 知的財産の評価は，企業内の意志決定のためには必要となる。

（B 会社）
- 価値評価にあたっては，コスト・マーケット・インカムの全ての手法を使って，相互のすりあわせを行っている。一番堅実なのはコストアプローチ。双方の納得が得られやすいという点では，マーケットアプローチ。このためにも発明協会が出している実施料率のように，集積された事例が公開されれば参考になる。

出典：経済産業省ホームページより

図表7－3　経済産業省知的財産政策室が行ったヒアリングの結果

知的財産の評価の難しさが，資金調達を円滑に行うことを阻害していることが共通した意見となっている。知的財産を引き当てに資金調達を行うニーズの高い企業は，規模的にも小さいケースが多い。規模的に小さい企業の資金調達額は小規模にとどまるため，知的財産の評価を外部に委託した場合のコスト負担が，資金調達額との関係で相対的に高くなりすぎ，取り組むことができない状況である。また，規模的に大きな企業は，知的財産に頼る必要のない企業・事業の信用力をベースにしたコーポレート・ファイナンスで対応するほうが手続きも簡素であり，知的財産の評価価値のニーズは必要ないこととなる。さらに，ヒアリング結果において，トラッキングレコードがないことが知的財産を担保として利用できない要因とする回答が多かった。整理すると次のようになる。

(1) 価値評価を行うには莫大な費用がかかり，小規模企業にはコスト負担が大きすぎる。
(2) 企業及び事業の信用力の高い大企業は，知的財産を担保に資金調達を行わず，コーポレート・ファイナンスで対応するケースが多い。
(3) 知的財産を担保とするにはトラッキングレコードが重要である。

　結局のところ，知的財産の評価を行うきっかけそのものが自然体では難しいこととなる。潜在的な価値が高い資産であることが感覚的に理解できるものの，明確な価値評価ができないことで，投資家及び企業ともジレンマに陥っている状況である。将来におけるキャッシュ・フローを算出しやすい著作権などを担保にした資金調達の実績を地道に構築することが重要であるように感じられる。

6　知的財産を用いる資金調達

① 知的財産の移転

　特許権，意匠権，商標権，著作権等の知的財産権には一定の経済的価値がある。その経済的価値とは，権利によってある種の事業を独占することができることによるものである。つまり，独占することで収益をあげることが可

能となり，第三者へのライセンスによりロイヤルティが得られることも可能となる[6]。そのように，収益を生むことのできる価値のある権利であるなら，第三者に譲渡することで資金調達を行うことができる。

　知的財産権は前述したとおり，第三者が知的財産を利用することを妨害することができる排他的権利であり，この権利を第三者に移転することは，他人によって知的財産権が行使され，知的財産の譲渡人ですら安心して知的財産を利用することができなくなる。

　通常資金繰りに窮して機械等の資産売却を行った場合，売却後資金に余裕が生まれれば，同じような別の機械を購入すれば，機械売却前と同じ状況に戻ることが可能である。しかし，知的財産権を譲渡（売却）した場合は，同一の知的財産権を譲り受け（買い戻す）ないと，同じ知的財産の利用ができなくなってしまう。そのように考えれば，資金調達のためとはいえ，知的財産権を譲渡してしまうことで，企業の収益の基盤（頭脳）を失うリスクがあることを認識する必要がある。一般的には，資金を必要とする知的財産権の譲渡人が，同じ知的財産を利用し続けることができるような仕組みを構築するケースが多い。

　知的財産権の譲受人である資金供給者は，実際に当該知的財産権を行使したり，事業に利用しようとする事業者ばかりではなく，投資ファンドや，SPCなどが存在する。しかし，投資ファンドやSPCはその仕組みにおいて，その存続期間が知的財産権の存続期間より短い場合が通例であり，投資ファンドやSPCは譲り受けた知的財産権を，最後まで保有することができず，適切な時期に知的財産権を売却（譲渡）する必要がある。この売却の相手は，その知的財産権を最も必要とする者が，元の保有者（資金需要者）であるケースが多く，元の保有者が買い戻すケースが簡単で合理的な処分方法と考えられる。このように考えれば，知的財産権の移転を利用した資金調達は，限られた関係者の間で，出口（知的財産権の処分）まで見据えて行われるケースが多くなるともいえる。

　しかし，資金供給者（知的財産権の譲受人）が投資ファンドであった場

合，投資ファンドの責任者（ファンドマネージャー）は，その投資ファンドにとって有益な形で知的財産権を処分した合理的な理由が必要となる。その合理的な理由は，知的財産権の価値であり，やはり価値評価が重要となってくるわけである。

キャラクターのような著作権の場合は，どの範囲まで譲渡対象とするのか，契約で明確にしておく必要がある。

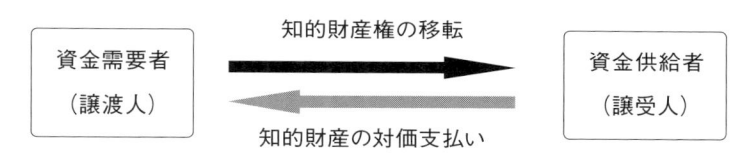

```
┌─────────┐   知的財産権の移転   ┌─────────┐
│ 資金需要者 │ ──────────────→   │ 資金供給者 │
│ （譲渡人） │ ←──────────────   │ （譲受人） │
└─────────┘   知的財産の対価支払い  └─────────┘
```

図表7－4　知的財産権の移転による資金調達

② セール・アンド・ライセンスバック方式

資金需要者は，保有する特許権や著作権等の知的財産権を，資金供給者に譲渡した後においても，知的財産権を継続して利用したいニーズがあるケースが多い。しかし，資金供給者に当該知的財産権を譲渡した後に，安易に知的財産を利用すると，権利を譲り受けた者から差止め請求や損害賠償請求を受けることとなる。知的財産権の特殊性として，知的財産権は，そのライセンスを利用したい人にしか価値がないため，譲渡できる第三者を見つけ出すことも難しい。そのため，知的財産権の譲受人である資金供給者は，資金需要者から移転された知的財産権を，転売する方法をとらず，当該知的財産権の価値を最も必要としている資金需要者（譲渡人）に利用させた上で，資金供給者が投下した資金を回収する方法が合理的とも考えられる。

もともとの知的財産権の保有者である資金需要者が，譲渡した知的財産権を自ら利用する方法としてセール・アンド・ライセンスバック方式が考えられる。この手法は，資金供給者が知的財産権を譲り受けた後，知的財産権を譲り渡した資金需要者に対してライセンスし，ロイヤルティの支払いを受けて，投下資金の回収を行う方式である[7]。

しかし，この方式の問題点として，もともとの知的財産権の保有者である資金需要者が，その権利を引き続き利用できる効果があり，事実上権利は移転していないとも考えられ，真正売買（譲渡）の疑いは完全に否定できないことが考えられる。真に知的財産等の資産が移転できたか否かは，法律上の問題が内在することとなり，知的財産権の利用許諾に少なからず影響が出てくる。たとえば，当事者間で真に知的財産権を移転する意思がある場合には，知的財産権の譲受人である資金供給者から，知的財産の元の保有者である資金需要者に対する知的財産の利用許諾が存在する。しかし，真正な譲渡として認められず譲渡担保権者となった場合，形式上は担保物件の権利者と構成され，担保目的以上に権利行使をしない義務を負うことから判断すれば，譲渡担保権者である知的財産権の譲受人に対する知的財産の利用許諾は存在しないことも考えられる。知的財産権は利用するものにとって様々なパターンが考えられ一般的に論じることは難しいが，知的財産権の利用許諾の問題や，その利用条件は常にお互いの経済状況に応じて交渉されること，さらには資金需要者が将来的に知的財産権を買い戻せることが確実である保証はどこにもないことを考えれば，結果的に真正譲渡に疑いが出ても，それは結果論である。知的財産権の元保有者である資金需要が，その知的財産権を最も有効に利用できることはごく自然な状況であるから，真正譲渡の問題は解消されているとも考えられる。しかし，資産の譲渡には前述したような法的な問題が内在していることを認識することが重要なのである。

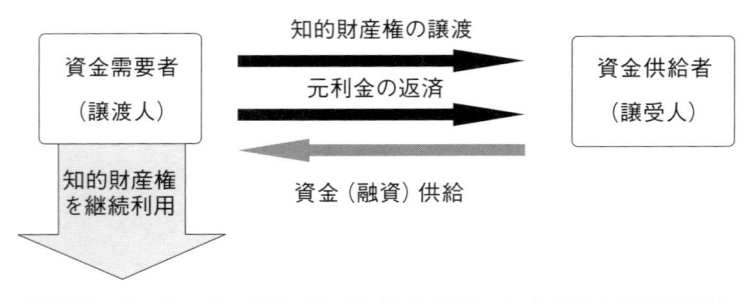

図表7－5　セール・アンド・ライセンスバック方式による資金調達

③ 知的財産権担保（譲渡担保）

知的財産権の元保有者である資金供給者から，資金需要者が金銭消費貸借契約などを締結し融資を受ける際に，その弁済を担保するため，資金需要者（借入人）から資金供給者に対して知的財産権を譲渡する方法を譲渡担保という[8]。

譲渡担保と譲渡の違いは特許法第27条の特許原簿，著作権法第78条の著作権登録原簿等の記載などの外見から判断できないことである。外見から判断できない弊害として，資金供給者が譲渡担保権の設定条件に反して知的財産権を第三者に譲渡したり，許諾したりするなどしても，資金需要者は第三者に対抗する手段を持たないことがあげられる。

知的財産権の特殊性を考えた場合，知的財産権の元の保有者である資金需要者以外に，その知的財産権の譲受希望者が出ることは極めて稀である。資金供給者が知的財産権を担保取得しても，担保を処分して資金供給者が資金回収することは困難である。資金供給者が知的財産を事業として利用する必要性がなく，それでも何らかの担保が必要で知的財産権を担保とした場合は，知的財産権を有効利用できる資金需要者に知的財産の利用許諾をすることが経済合理性を考えれば有益である。資金供給者が資金供給の際における担保設定の意義を考えると次のような理由も大きな要因である。知的財産権担保融資に限らず，知的財産の利用に関係して資金調達が行われる場合には，資金供給者の貸付金債権を保全する目的だけでなく，知的財産権そのものや知的財産権から得られる収益（潜在的な収益も含む）が第三者の手に渡ることを防止する目的で知的財産権に担保権を設定する意義はあると考えられる。知的財産権の譲渡担保による資金調達は，知的財産の評価の問題に加え，流通市場が未整備であることなど，まだまだ弊害は多い。

7 知的財産の証券化

証券化とは，一定のキャッシュ・フローを生み出す資産を，資本市場で流通させる仕組みである。知的財産などの資産はそのまま形では取得する買受

人を見つけにくい。しかし，その資産そのものが生み出すキャッシュ・フローや，資産を集合化することにより生み出されるキャッシュ・フローを，資本市場の参加者である投資家の需要に応じて，投資家が取得しやすくすれば買受人の対象は拡大する。このように証券化は，投資家が投資するにふさわしい金融商品を生み出す手法といえる。

近年は証券化のニーズが多く，社会的にも広く認知されている。これまでは，証券化または証券化的手法を大企業が資金調達に利用するケースが中心であったが，最近では，知的財産を活用した資金調達の多様化が求められる中，知的財産の証券化・流動化手法による資金調達が積極的に行われるようになっている。企業にとって知的財産の開発や維持には莫大なコストが必要となるケースが多く，知的財産を自己利用や譲渡・使用許諾するだけでなく，知的財産を利用すれば将来にわたって得ることができると思われる価値を具現化したうえで，開発や維持にかかる費用を賄うニーズが増加する傾向にある[9]。

そのようなニーズを現実的なものにするには，単純に知的財産を担保に供したうえで資金調達を行う手法では限界があり，知的財産の証券化・流動化を検討するケースが増加しつつある。

知的財産の証券化・流動化において想定される手法としては，大きく分けて次の3つのパターンが考えられる。

① 知的財産そのものの証券化・流動化

最も単純な証券化のスキームである。対象となる知的財産は，評価の観点から一定期間にわたり安定的なキャッシュ・フローを生み出してきた実績のある知的財産に事実上限定される。真正譲渡が担保されていることが前提であることと，譲渡価格が合理的に算出されていることが事実上の条件となる。また，流動化の対象となる知的財産の管理を知的財産の譲渡人以外の者が容易に行えることが必要となる。

② ライセンス契約[10]などに基づくライセンス料や，知的財産を利用して得ることができる金銭債権の証券化・流動化

この場合における対象資産は，ライセンス料債権でありいわゆる金銭債権にすぎない。知的財産の保有者とライセンシーとの間におけるライセンス契約が解除されるリスクがないことを前提である。

③ 知的財産を保有する企業そのものを証券化・流動化

知的財産そのものを直接的に譲渡するものではないため，真正譲渡性は条件にはならない。また，借入人と知的財産を完全に倒産隔離することを前提としない。

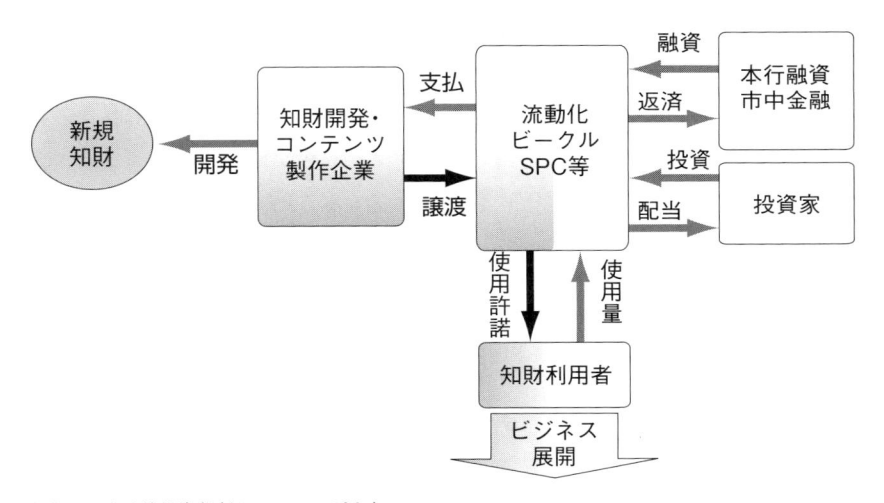

出典：日本政策投資銀行ホームページより

図表7－6　知的財産権有効活用支援事業融資の概念図

8　知的財産証券化のメリット

知的財産を証券化することは，メリット・デメリットを考える場合，知的財産を保有するもの（資金需要者）にとってのメリット・デメリットと，投資家（資金供給者）にとってのメリット・デメリットは異なる。

① 資金需要者にとってのメリット・デメリット

1）メリット

・証券化の対象となる知的財産を，知的財産の原保有者（資金需要者）の信用リスクから切り離すことができる。たとえば，証券化のために作られたSPC等に移転された知的財産が生み出すキャッシュ・フローのみを引き当てとして証券化を行うことで，現有者の信用リスクを受けず，万一原保有者に信用不安が発生しても，その影響を受けることなく，より高い格付けを取得することが可能となる。その結果として，長期固定金利，低コストでの資金調達が可能となる。資金調達の引き当て対象資産は当該知的財産のみのノンリコースによる資金調達であるため，知的財産の原保有者の他の資産は，調達する資金の引き当ての対象にならない。

・知的財産が生み出す将来にわたるキャッシュ・フローを引き当てに，前倒しでまとまった資金を調達することが可能となる。その資金を成長性の高い事業等に投資することで，高いレバレッジ効果が期待される。また，金利面で不利な調達（高コスト）資金を返済することで，期間収益の改善効果が期待される。

・証券化により資金調達を行った場合，現保有者のバランスシートには負債として計上されることはなく，バランスシートの改善効果が期待される。

2）デメリット

・不動産や金銭債権の証券化であれば，対象資産がバランスシートからオフバランスされ，表面的な財務内容の効果がある。しかし，知的財産の場合は，そもそもオフバランス資産であるため，バランスシートに計上されていないケースが多く，知的財産のオフバランス効果は期待できない。一般的に，証券化のニーズは，純粋な資金調達以外に，資産のオフバランス効果を期待するケースが多い。そのため，知的財産の証券化案件が増加しない要因になっていると考えられ，その結果，トラックレコードが増加せず，知的財産を引き当てとする資金調達が思うように伸びない要因になっている。将来的に，知的財産を時価評価してオンバランス化するような会

計制度が導入されれば，知的財産の証券化ニーズは一気に高まると考えられる。

ただ，知的財産のオンバランス化が検討されても，その前提となるのは知的財産の評価の問題であることを考えれば，時間を要するテーマである。

・知的財産に限らず，証券化には様々な専門家が必要である。たとえば，権利関係が適切であるかを判断するため法律専門家の意見書が必要であり，資産の価値が適切に判断されているか判断するためデュー・ディリジェンスが必要となる。また，金融商品を作るわけであるから，金融機関のスキルが必要であり，さらに信託商品などであれば信託銀行のスキルが必要である。投資家の意向や，現資産保有者の意向を調整し，総合的にスキームをコントロールするアレンジャーも重要である。そのような専門家に対する，アレンジメント・フィーやリーガル・フィー，デュー・ディリジェンス・フィーさらには発行に係る費用などは莫大な金額になるケースが多い。

この莫大なフィーを吸収できるだけの金額ボリュームは，事実上大企業クラスのレベルであり，中小企業が必要とする資金調達金額ではコスト面で見合わない。

・一般的な融資（ローン）であれば，資産等の内容開示は，金融機関のみで収まるが，証券化の場合は，格付機関や投資家など幅広い範囲で開示する必要がある。知的財産は，無形資産であり形がないため，幅広い範囲で開示することは，資産の保有者にとって消極的になる要因となる。しかし，特許権などを有する場合は企業秘密に直結するケースが多いが，著作権の場合は，直接的に企業秘密に関与することは少なく，知的財産の中では比較的取組みやすい資産である。

② 資金供給者（投資家）にとってのメリット・デメリット

1）メリット

・倒産隔離が図られているスキームであるため，資産の原保有者の信用リス

クに左右されず，切り離された対象知的財産のみの信用リスクで対応できる。
- 証券化は実質的な効果が，融資（ローン）であった場合においても，形式上は証券であるため，関連法規制などの理由で本来は投資（融資）できない投資家であっても，投資できる可能性がある。
- 優秀な技術を有しているが，財務基盤が脆弱な中小企業に対する投資を考えた場合，その中小企業（ベンチャー企業）の事業リスクから切り離され，対象資産のリスクのみで検討できることは，投下資金の回収において優位なケースが多い。

2）デメリット
- 投資家サイドから判断した場合，特に大きなデメリットはないが倒産隔離が図られているスキームであるため，対象の資産すなわち知的財産のみの信用に頼ることが債権回収の中心的手段となる。資産保有者の全体的な信用力評価（コーポレートの評価）を行わずに投資判断することがないように注意が必要である。

2 知的財産の価値評価

1 著作権は財産

著作権は，著作物を作成した者の財産であり，それを利用してビジネスに活用することができる。ビジネスに関与する方法として著作権自体の譲渡や，著作権を利用させるライセンスにより対価を得ることも可能である。さらには，金融機関等から資金調達を行う際に，担保として利用する方法もある。このように，権利の譲渡や質権の設定等は可能であるが，譲渡の事実を第三者に対抗するには，文化庁長官が所管する著作権登録原簿への移転登録が必要とされる。つまり，著作権はれっきとした財産なのである。財産はその価値を金銭価値で表現することがわかりやすく，必要なことである。しか

し，資産の価値はその資産を必要とするものが，評価することが妥当ではないのだろうか。使用価値・利用価値があり，その資産が生み出すキャッシュ・フローが価値評価のベースになるとも考えられる。

金融機関等の資金の出し手（いわゆる投資家）サイドは，有形な資産背景だけではなく，知的財産権に限らず無形資産のような最も重要な資産を正当に評価できるよう，知見を深めていく必要があるように思われる。

一方，知的財産権を生み出した知的財産権者が本当はその価値を一番理解しているはずである。その知的財産権がどのようなキャッシュ・フローを創出し，経済価値（効果）が具体的にいくらあるのかを，明確に提示していくことが，著作権等の権利を有する知的財産権者の責務とも考えられる。つまり，資産の保有者，資金の出し手等関係者が情報提供を行いながら，知的財産の価値評価を行うことが必要なのである。

2 ブランド資産の価値

日常何気なく接しているブランドにどれだけの価値があるか，改めて考える機会は少ない。しかし，ある鞄を購入した際，その鞄の機能そのものでなく，デザインでもなく「ブランド」に価値評価を感じ購入するケースがある。ブランドとは「商品やその記号体系を基盤に集団的に共有された記憶のセットであり，意識を同定し，行動や関係性をドライブする魅力の源泉である。そして，ブランドは，企業だけの所有物でなく，顧客をはじめとするステークホルダーとの『共有物』である。企業や顧客などの立場の違いを超えて共有されるものである。さらにブランドは，企業サイドだけの一方的な行動で生まれるものではなく，企業とステークホルダーとの間のコミュニケーション・プロセスの中ではじめて，その価値が築かれていくものなのである」と刈屋氏は定義している（『ブランド評価と価値創造』）。つまりブランドの価値は，客観的に判断しにくい様々な要素が含まれるわけである。また，無形資産全般に言えることであるが，人の経験や記憶に左右される要素が大きく，それはそこに資産としての不安定さが露呈し，脆弱性が問題にな

るわけである。ブランド資産の価値を維持するには，絶えずそのブランドのイメージを喚起し，評価される環境を維持することが重要となる。例えば，高級ブランドといわれるものは，その商品の機能性やファッション性または利便性を断片的に評価されるだけでなく，市場において人々の記憶に常に残っており，その記憶が呼び起こされるだけでなく，そのブランドのもつ高級感という印象をもたせること等において社会に共通のイメージを認知させることに成功したものと考えられる。

ブランドの評価は，その目的などにより大きく変化する。それゆえ，ブランド概念を利用目的に合わせて特定できなければ，定量的な評価を行うことはできない。また，ビジネスにおけるブランド戦略の主な目的は，競合他社との差別化を図り，中長期的に優位な競争力をつけ安定的な収益を確保することにあるように思われる。

3　ブランド資産の価値評価方法

ブランド資産の価値評価方法は，ブランドの考え方などにより異なり，絶対的な評価法を定義するのは困難である。ブランド評価に限らず，知的財産などの無形資産は，評価者の立場によって経済的な価値は大きく異なる。近年，発明者の報酬に関する訴訟で話題を集めている特許の価値評価について考えてみると，特許権の発明者は，自分に対する賞与や対価などの報酬が大きくなることを期待して，発明者が考えた特許権が利用されている製品から生じる利益の全体を特許の価値と考えるかもしれない。別の立場で考えると，特許権を担保としてお金を貸そうとする金融機関ならば，確実なロイヤリティ収入から必要な利回りを控除した金額を特許権等の知的財産の価値と考えるかもしれない。さらに，特許権等の知的財産権の使用に対価を支払うライセンシーならば，その特許権等を使用することによって得られる予定である経済的付加価値を見積もって価値を算出することも考えられる。つまり，特許権等の知的財産の価値は評価者の立場や置かれている場面によって変化することが一般的なのである。異なる立場の人々が合意して取引が成立

した価格が客観的な価値といえるが，知的財産については取引のための市場が未発達であり[11]，取引が成立してもその内容までは公開されることは少なく，経済的な価値の評価は困難である。

しかし，知的財産の評価は長年の課題であり，経済産業省は報告書でブランドの評価方法[12]を公表しており，その内容を参考にすると評価方法は次のようになる。まず，大きく分けて残差アプローチと独立評価アプローチに分けることができる。

① 残差アプローチ

残差アプローチとは，株価時価総額などを企業価値とみなし，そこからバランスシート上のオンバランス資産（流動資産や固定資産等）を差し引いたものが，バランスシート上で認識できない無形資産の価値と考えるものである。すなわち，その無形資産の価値がブランド評価と考えるものである。しかし，この評価方法は，大きな含み損を抱えた土地があるケースなど，オンバランス資産の価値が必ずしも適切とは限らないこともあり，オンバランス資産の評価そのものが難しいケースが多い。また，この手法では，企業価値を行う基礎情報が公開されていることが前提となり，投資家が企業評価を行ったその株価が評価の基礎になってくるため，算定に際し不安定要素が多いと考えられる。

② 独立評価アプローチ

独立評価アプローチとは，ブランドそのものに着眼し，ブランド自体を評価するアプローチ方法である。実務における評価手法では，独立評価アプローチを利用することが多く，その手法は，1）コスト・アプローチ，2）マーケット・アプローチ，3）インカム・アプローチ，の3つに分類される。それぞれの特徴は次のとおりである。

1）コスト・アプローチによる評価方法

　コスト・アプローチとは，資産を取得するために，要するまたは要した費用（コスト）に基づいて評価する考え方である。この手法は，取得原価会計に基づく会計帳簿の作成が行われていることが必要になる。またこの方法が利用されるケースとして，商品価格の決定などにおいて経済合理性の説明がしやすいことから用いられることが多い。

　この手法において用いられる「コスト」とは，「歴史的原価」と「取替原価」に分けられる。歴史的原価とは評価対象である知的財産等の資産を取得するために，実際に過去に支出した金額のことをいう。一方，取替原価とは，知的財産等の資産を，その評価する時点において再調達する場合における必要な金額である。

　ブランドやキャラクター等の知的財産は，その資産が将来に生み出すであろうと予想される収益が，価値評価のポイントとなる。そのように考えれば，コスト・アプローチは資産を取得に要した費用を基礎として資産価値を算出する方法であり，将来における収益は考慮していないことから，ブランドやキャラクター等の知的財産の評価には適していないと考えられる。

（コスト・アプローチのメリット）

　コスト・アプローチ評価は，評価の前提とする数値に関して，比較的客観性があることが特長である。そのため，コスト・アプローチは，マーケット・アプローチやインカム・アプローチ等の手法による評価を行う際に，その前提条件が不足している場合などにおいて利用されることがある。また，知的財産においては特許権などの資産譲渡のケースで，売り手が投資の回収を目的とする場合などにおいて利用されることがある。

2）マーケット・アプローチによる評価手法

　マーケット・アプローチは，マーケット（市場）において流通されている価格に基づいて評価する考え方である。市場における実際の取引価額を基礎

とするため最も客観的な方法であるといえるが,そもそも市場が存在しない場合には,マーケット・アプローチを取り入れることは難しいといえる。

しかし,マーケット・アプローチ手法では,市場価格が存在しなかった場合など,直接その価格を用いることができない場合に,類似する市場取引を参考に評価を実施することがある。マーケット・アプローチが利用されるケースで非公開株式の評価があるが,その場合における類似取引を参考にする方法として,「類似業種比準方式」や「類似会社比準方式」という方法がある。

(1) 類似業種比準方式

類似業種比準方式とは,相続税法の「財産評価基本通達」に定められている方式である。国税庁が公表する業種別の月平均株価を基礎として,類似する業種と評価対象会社の配当額,利益額,純資産額を調整した上で,評価対象とする会社の株価を求める方式である。

(2) 類似会社比準方式

類似会社比準方式とは,評価の対象とする会社と業種・規模が類似する公開企業の株価に基づいて,その会社の株価を評価する方法である。類似会社の平均株価を基礎にして,類似業種比準方式と同様に,利益金額,配当金額,純資産価額を調整して株価を算出する方式である。

(マーケット・アプローチのメリット)

マーケット・アプローチを用いて,特許やキャラクター等の知的財産の価値評価を行うならば,先に説明した非公開株式の場合と同様の考え方になり,類似する知的財産の価格があることが前提になる。

この手法で評価を行う場合の代表的なケースである非公開会社の株式評価は,評価の対象とする会社の株式自体に取引市場はないが,株式という資産の市場が存在するため,類似する業種の株価を算定基礎にすることが可能となるのである。しかし,特許やキャラクター等の知的財産の場合,キャラクター等を売買取引される一般的な「市場」が現状では存在しないため,類似

する知的財産の取引データなどが得られないかぎり，マーケット・アプローチでの経済的価値評価は難しいと考えられる。しかし，前述したように知的財産を評価できるマーケットが確立されれば，客観的な手法として有効に活用できる，今後資金調達における担保などとして積極的に活用されることが期待される。

　知的財産の流通市場が確立されていない現状においては，マーケット・アプローチによる評価手法は客観性に欠け，実務において採用することは難しいと考えられる。

3）インカム・アプローチによる評価手法

　インカム・アプローチは，将来の経済的価値を見積もることで評価するアプローチである。インカム・アプローチの評価手法が利用されているものには，不動産鑑定における「収益還元法」などがある。

　また，実務上頻繁に利用されているインカム・アプローチ法の代表的な方法として「DCF（discounted cash flow）法」がある。DCF法は，「将来のキャッシュ・フロー（資金の流れ）を予測し，そのキャッシュ・フローを適正な割引率によって現在価値に引き直すこと」による評価手法である。キャッシュ・フローには「時間価値」が存在するため時間的価値概念を入れて評価する必要がある。DCFが大きいほど，将来その資産から獲得するキャッシュが多いということを意味する。つまり，DCF法とは，将来の正味キャッシュ・フローを現在価値に直す方法である。

　具体例として現在1,000万円の現金があった場合，この現金を10%で運用できると想定する。すると1年後に現金は1,100万円になるわけである。この状況を表現を変えれば「1年後の1,100万円は現在の1,000万円相当」となる。時間的概念が入ることで，キャッシュの価値が変化するわけである。この考え方を取り入れると，1年後の1,000万円は現在の909万円，2年後の1,000万円は現在の826万円になるわけである（計算式下記参照）。

　DCF法で価値評価を行う場合，「将来キャッシュ・フロー」「割引率」の

2つの係数が重要になるわけである。
(計算方法)

　仮に年利を10%（0.1）とする。
1年後の1,000万円は現時点での1,000×（1／1.1）＝1,000×0.909＝909万円
2年後の1,000万円は現時点での1,000×（1／1.1^2）＝1,000×0.826＝826万円になる。

　以上のように、インカム・アプローチは将来の経済的価値を見積もり、それに基づいて評価する考え方である。収益（インカム）について、「現在−将来」といった時間軸に基づいて評価するアプローチ手法である。

　特許やブランドなどの知的財産の評価においては、知的財産が将来の収益に重点が置かれていることを考えれば、これらの手法が基本的な考え方となる。しかし、問題は、将来のことを予測するため、評価者の立場によって様々な変数、条件が加わり評価手法そのものが多様化する傾向にある。

(将来キャッシュ・フローの算出)

　将来キャッシュ・フローには、リスクを見積もりに反映する方法と、反映しない方法がある。将来キャッシュ・フローを予測するためには、事業が置かれている経済環境・競争環境、キャッシュ・フローの存続期間、事業の収益性、などを見積もる必要がある。このように、キャッシュ・フローの予測は非常に難しい作業であり、その前提の設定で大きく評価が異なることになる。

　キャッシュ・フローの予測は通常、企業であれば「事業計画」に示される。そのため、DCF法に基づいた評価を実行するためには、事業計画の実現可能性の検討が重要となる。

　事業計画の実現可能性の検討にあたっては、過去の財務情報から予測される基礎的情報、過去に予測した計画との乖離情報、を比較することなどが必要になる。また、前提となる計画は1つではなく複数パターンあり、それぞ

れの発生確率が見積もられている場合には，最も起こる確率が高いパターンから得られるキャッシュ・フローを採用する方法と，それぞれのパターンを発生確率で加重平均して算出したキャッシュ・フローを採用する方法がある。

また，複雑な計算方法として，将来のキャッシュ・フローに影響を与えるパラメータ（売上数量や価格など）を設定して特定の確率分布を仮定し，乱数発生によるシミュレーションを実行してキャッシュ・フローの分布を求める方法もある。

（インカム・アプローチのメリット）
インカム・アプローチは過去でなく，将来を評価する手法であるため，これから収益が期待される知的財産のような資産にはぴったりな評価手法と考えられる。

しかし，将来を評価する前提が難しく，過去の実績データや事業計画（知的財産の利用計画）などが必要となり，その実現可能性の検証が評価のポイントとなる。そのように考えれば，過去におけるトラッキングレコードが重要になることになり，結局は過去の評価がなければ，その資産の評価ができないケースもありうる。そのため，まったく同一の資産でなくとも，類似性のある資産の過去のレコードなども合理的理由を見つけ出し，評価におけるデータとして取り入れる努力も重要となる。特に知的財産のケースは，その資産の性質上，同一資産の過去のレコードが存在することは稀であり，類似資産の過去のレコードなどを有効に利用し，その採用理由に合理性を見出すことが必要である。

4 知的財産の価値評価の課題

知的財産の価値評価が困難である要因は，知的財産を担保として金融スキームを考えるケースや，M&Aにおける企業の価値評価を行うにあたり，各方面で認識されてきた。

知的財産の価値評価が困難とされる要因には，公開された知的財産の取引事例が少なく，評価のためのトラッキングレコードがないため，評価するにあたりコストが膨大な金額になってしまうことがあげられる。そもそも特許や著作権などを担保に資金調達を行おうとする企業などは，資金面で余力がないケースが多く知的財産の評価のために莫大なコストを捻出することは不可能なケースが多い。その結果，知的財産の取引が行われる機会が減少し，取引事例が増えずに，インカム・アプローチに必要な将来予測もできず，知的財産の評価ができない悪循環に陥っていると考えられる。

　仮に評価事例が増加しても，知的財産は同一内容であるケースは少なく，類似資産の評価が必ずしも役立つとは限らない要素をもっている。知的財産の価値評価は相対性が強く，活用主体や活用手法にその価値を大きく依存していることや，そもそも活用主体である知的財産の所有者と切り離して評価することが難しい。知的財産の評価事例においても，客観的な価値評価手法により機械的に決まるものではなく，当事者の相対的な交渉により価格が決まるのが現実である。つまり，帰納的な手法による価値評価にそぐわない資産であることが，知的財産の評価を必要とする関係者を悩まし，価値評価手法の確立を阻害する要因となっているように考えられる。

　そのようにそもそも評価が困難な資産である知的財産を何らかの方法で評価しようと，様々な手法が考えだされている。知的財産の評価のベースになる手法は，前節において説明したとおり，大きく分けてコスト・アプローチ，マーケット・アプローチ，インカム・アプローチの3種類に分けられる。しかし，どの方法にも知的財産を評価する上では，完全なものはなく様々な手法を取り入れて検討しているのが現実である。そのような中，経済産業省から平成16年6月に「知的財産（権）の価値評価手法の確立に向けた考え方・中間論点整理」が発表され，価値評価モデルが公表されている。

　知的財産の評価において重要なことは，まず，「何のために評価を行うのか，目的を明確にすること」にあるように思われる。知的財産の価値評価を行う場合において，資金調達を行う場合と，M&Aを行う場合等でライセン

ス契約を行う場合，さらには研究開発などにおける事業計画作成の場合等，その目的により評価基準に変化があると考えられる。たとえば，評価対象が知的財産の所有者（企業）から移転するか否かで大きく異なる。知的財産自体が移転しないのであれば，それは社内的な価値評価である。一方，資金調達を行うようなケースで，知的財産を担保もしくは流動化の対象にするケースでは，知的財産は移転を伴う対外的評価が必要となり，社内評価と評価手法が異なって当然と思われる。

次に知的財産の評価において重要なことは，「評価対象を明確にすること」である。ここでいう評価対象を明確にする意味は，単に知的財産を特定するような単純なことではなく，対象となる知的財産が，現在の保有者から離れて，独立した評価対象になりうるか否かを明確にすることである。たとえば，特許権や商標権などは現在の事業を行っている事業者から切り離して独立評価することは困難であるが，著作権は著作者から切り離して，著作権自体を独立評価することは，さほど困難でないように考えられる。

そのように考えれば，著作権をベースにした知的財産の評価モデルを積極的に行うことが，知的財産の評価モデルの構築には有意義ではないかと考えられる。

5 価値評価手法の構築

知的財産の評価モデルの構築には，著作権の評価が独立評価に適しているように考えられる。また，知的財産の評価手法とされるコスト・アプローチ，マーケット・アプローチ，インカム・アプローチの3手法は，どれも単独で完全な手法ではない。

ここで，それぞれの手法について再度検証すると，コスト・アプローチは，評価対象となる知的財産権と同等の利用価値がある知的財産権を再調達するために必要となる金額を評価額とするアプローチである。

インカム・アプローチは，評価対象となる知的財産権が将来どのくらいの利益を生むかという能力に基づいて算定した金額を評価額とするアプローチ

である。

　マーケット・アプローチは，同等の優位性を発揮しうる知的財産権が市場において取引されている場合に，その取引価格を評価額とするアプローチである。

　そのように考えれば，著作権をベースに，評価手法をマーケット・アプローチとインカム・アプローチの混合で考えてみる手法も現実的であるように思われる。

　たとえば，演劇にかかる知的財産権の価値評価で採用する手法を検討すると次のようになる。

　まず，コスト・アプローチは，単独の演劇に対するブランド及び著作権の価値評価には，再調達という概念がなじまないことから適さない。

　次に，インカム・アプローチは，知的資産の経済的寄与（インカム），及び将来的リスクを考慮して算出するため，演劇を行う劇場の入場のキャパシティが明確であり，及びリスク要因も比較的予想しやすく明確である演劇の評価に最も馴染む手法である。

　ここで，インカム・アプローチにおいては，初期利益額の算定が困難であるとされるのに対し，前述したマーケット・アプローチは，不動産売買のように多数の取引事例がある場合，客観性の高い値を算出しうる。演劇においては，主催者，脚本家，及び出演者がすべて演劇の実績を有するため，初期利益額の算定としてマーケット・アプローチ的手法が馴染むように考えられる。

　上記の検証により，演劇においては，インカム・アプローチを基本手法としてこれにマーケット・アプローチ的要因を取り入れ，インカム・アプローチに修正を施す手法が，現実的評価に近づくように考えられる。

　また，演劇はコンテンツの一部であり，「コンテンツ評価・ビジネスモデルに関する調査研究報告書」[13]など，参考にできる資料が公表されているため検討するベースは構築されていると考えられる。

3 知的財産の評価と金融機関の対応

1 担保機能としての知的財産

① 企業評価の考え方の変化

　金融機関が知的財産を担保として中小企業に対して融資を行うには，乗り越えなくてはならない課題が多いことは，前述の内容において説明を行った。その課題を乗り越えるには，やはり知的財産の価値評価の確立が最重要と考えられる。

　これまでの金融機関が担保に取得する資産は，主に土地・建物などの不動産が中心であった。それは，その資産価値の算出が単純であり，企業が破綻した際に，融資金の回収を少しでも円滑に行うには有効な手段と考えられてきたことが要因である。しかし，20年以上前は，不動産などの資産をたくさん保有する企業の評価が高かった。しかし，バブル崩壊後，不動産価格の下落が代表するように，資産を保有することは潜在的な損失を抱えるリスクと考えられるようになってきた。特に2000年以降は，公開企業においてアメリカの企業評価基準（新会計基準）が厳格に導入され，保有資産を常に時価に評価して潜在的な損失（含み損失）は，資産価値をマイナスにする考えがスタンダードになった。その結果，多くの公開企業等が，不動産を保有することは，将来的に不安定な要素につながると考え，資産を持たない企業の評価が高まるようになったのである。2000年以降において，大企業が実際に利用している本社ビルを信託し，所有権の移転を行うようなことが頻繁に行われていたのは，企業評価につながることが大きな要因であった。そのように不動産をもつことは，潜在的に損失が出る可能性があるとの考え方は，大企業だけの考え方だけでなく，中小企業にとっても同じような考えが適用されるわけである。資産をもつ企業から，資産をもたない企業の評価が高まってきたといっても言い過ぎではない時代が到来している。

② 担保機能の考え方

　財務データや担保を重視した融資判断を行うことは，少しずつ考え方に変化があるものの，財務内容も調査せずに担保も不要であることは考えられない。担保の考え方に変化が出る可能性は十分考えられる。特許や著作権等の知的財産は，目に見えない資産である。会計的には資産性が認識されているが，バランスシートには計上されない資産である。しかし，企業の将来の競争力を計るうえでは，重要な資産であり，実質的な資産価値は知的財産の所有者の個性により決まるのである。つまり，経営者や従業員のスキルにより資産の利用価値に変動があり，ロイヤルティ，データベースなど，その資産価値を判断する要素は多岐にわたるのである。

　もし金融機関が，知的財産の資産価値の本質を見抜くことができ，価値を認識できれば，「見えない資産」の資産価値は事実上高まり，これまでの不動産担保に偏った担保主義からは完全に脱却できると考えられる。知的財産を積極的に活用できる金融機関は，銀行の保有する資産（融資）の質が向上するのみでなく，取引を行う企業の経営にも大いに貢献できるのである。知的財産を保有する企業は比較的，前向きに事業を考えている企業が多いように考えられる。少ない企業の評価は難しいが，ある程度の企業が集まれば，確立・統計の原理により，融資金の回収可能性などを算出することも検討すべきであろう。

　知的財産を保有する企業は，知的財産の性質上企業経営に大きく影響を与え，企業評価イコール融資金の回収可能性につながるため，直接的でなくとも資金調達に大きな影響を及ぼす。銀行も利益を追求した企業であり，融資金の回収可能性を検証しながら，確実に返済をしてもらえる企業に融資を行うのは健全な姿である。つまり，銀行が自らの資産（融資金）の質を高めるために，取引先である企業の強みとなる知的財産を評価することは，自然な姿と考えられる。銀行が知的財産そのものを評価できなくとも，知的財産を活用して積極的に企業の将来性を評価することは，これまでの物的担保から知的財産を中心にした事実上の担保を活用した効果があるわけである。

2　銀行の融資対応

　経済産業省が行った調査コメント[14]の中で，知的財産を担保として企業が資金調達を行う際における問題点のポイントを次のとおりまとめている。

・知的財産権に着目した融資に関し，地方銀行が，金融庁のリレーションシップバンキング[15]というプログラムの下で積極的であるのに対し，都市銀行はコストパフォーマンスの観点から消極的であるという点。

・知的財産権のマーケットがない中，特許流通アドバイザーを活用してゆくべきという点。

・知的財産担保融資については，どれくらいのクレジット（融資）を与えるかという観点も重要であり，たとえば，10～20億円の知的財産担保融資は難しいが，ベンチャー企業にとって必要な少額（1～2億円以下程度）ならば対応可能である。

・信託銀行には，銀行としての資金供給の立場と資金運用する投資家としての立場の両方がある。資金の出し手である年金基金等は，保守的な投資態度をもっていることから，そういった資金の出し手のニーズを踏まえて検討を行えば，知的財産の流動化も進むのではないか。

・無体財産権を譲渡する場合，リスクは，客観的に存在するものではなく，表明保証条項や無効であった場合の補償条項等の付加される契約条項及びこのような条項を付加する当事者（の信用）にも依存するものであるから，今後，価値評価の事例の集積にあたって，リスク軽減も1つのファクターとして考慮すべき。

　以上のように，知的財産について資産価値は認識しているような印象も受けるが，なかなか具体的に取り組めない壁があるような印象を受ける。
　銀行は伝統的に，融資の際における審査実務において，まず安全性を重視した審査が行われ，将来性や収益性，さらには公共性など総合的に判断して意思決定を行っている。これは，銀行は預金者から預った資金を，責任をも

って運用する義務があるため、預金者にとって銀行の健全性を担保することは重要であり、慎重な審査対応は、銀行の義務でもありそれなりの評価がなされてきた。しかし、担保の考え方を誤っている銀行が問題なのである。つまり、担保はあくまで融資が回収できなかった場合における、債権回収のための補助的な回収手段であるにもかかわらず、その補助的手段の評価のみを行い、その債権者の評価を行わないケースが問題と考えられる。この点については、金融庁が発表した「新アクションプログラム」において指摘しており、担保に頼らない融資を行うように具体的に啓蒙している。この考えは、企業が潤沢な担保を有していても、収益性や将来性のない企業に対して安易に融資を行ってはいけないのである。

　企業に融資を行う際、一般的には企業の営業担当者が取引先企業から融資の依頼を受けた後、稟議を作成して融資案件とすることがスタートである。また、銀行の事情によるが、その営業店の支店長の判断のみで融資が実行される場合と、本店における審査が必要な場合に分かれる。いずれにしても、ポイントになるのは、営業担当者が有する情報と営業担当者の判断が重要となるのである。中小企業の場合、代表者と銀行の営業担当者のコミュニケーションは、営業担当者のもつ企業情報量に直結し、企業価値とは情報から推測される将来性の評価も大きいため、融資判断において大きな影響が出てくるのは当然のことなのである。

　これからの時代は、銀行などの金融機関に対し、企業の価値を的確に表現できることが重要である。前述したように、担保の考え方や、銀行の取組み姿勢も大きく変化しており、その変化を的確に捉えることができる経営者の能力も円滑な資金調達には重要である。特許や著作権等の見えない資産は、保有者がその価値を一番理解しているのであり、逆に言えば保有者が理解できず表現しなければ、誰も理解できないのである。経営者が知的財産の価値を表現できないようでは、事実上の担保になることは考えられず、円滑な資金調達に役立つことは考えられない。銀行に円滑な資金調達を期待するには、銀行の営業担当者と企業経営者の両面からの努力が不可欠と考えられ

る。

3　不動産担保や保証に頼らない取り組み姿勢

　金融機関は金融庁の策定した，新アクションプログラム等を意識して融資に取り組んでいる。上記においても説明したように，金融機関は不動産担保に頼らない資金調達手法の構築に注力しており，知的財産を担保にした金融手法は，金融機関にとっても積極的に取り組みたい手法である。中小企業白書（2008年度版）によれば，「中小企業における資金調達手法の認知度」調査において，知的財産権担保融資の認知度は，2005年度調査で19.1％であったが，2007年度調査では53.3％と大幅に上昇している。

　一方，「地域金融機関における担保・保証に過度に依存しない融資推進上の課題」調査において，金融機関の回答が次のように出ている。中小企業の技術力や将来性を見る目利き能力の不足が課題とするもの59.7％，また担保・保証で保全できない融資リスクを取ることが困難とするもの39.4％となり，認知度は高まるが，技術力の評価が最大の課題となっている。

　白書には，その課題に対して，地域金融機関が地域の産業，企業，資源に関する情報を蓄積していることより，今後地域金融機関が中小企業に関する情報を蓄積し，目利き能力を向上させることにより，地域の中小企業に対して担保や保証に過度に依存しない資金供給を拡大していくことが期待されると，明記されている。

そのような状況下，近年知的財産を利用した金融機関の取組み事例が増えてきているので，紹介しておく（ニュースリリース原文掲載）。

① **兵庫県下初の特許権担保協調融資を実施**
　　みなと銀行，日本政策投資銀行が連携し，兵庫県下初の特許権担保協調融資を実施
　　・株式会社みなと銀行および日本政策投資銀行は，このたび株式会社ウイ

ンテックインターナショナルジャパン（社長：安田進二，本社：兵庫県西宮市，Tel. 078-903-5304, URL：http//www.wintec-japan.com）の行う開発投資に対して，特許権を担保とする協調融資を実施しました。本件は，兵庫県では初の知的財産権を担保とした協調融資となります。
・今般の融資は，プラスチックレンズの短所である各ポイントにおける屈折力差を解消する非球面レンズの開発資金を提供するものです。この開発はサングラス用レンズで最も厳格な欧州工業規格（EN 規格）に適合した PC 偏光レンズの製品化を可能とするものであり，業界の技術進歩をリードする取り組みとして高い注目を集めています。
・みなと銀行は，「リレーションシップバンキングの機能強化計画」の中で創業・新事業支援機能の強化を目標に掲げ，本件や「みなと元気ファンド」の創設など，日本政策投資銀行との連携を進めてきました。両行は，今後も新産業の創出・活性化を推進し，高い成長性が見込まれる企業に対する多様な資金調達支援を行うべく，更に連携を強化していく考えです。
（みなと銀行プレスリリースより抜粋〈http://www.minatobk.co.jp/news/252.html〉）

② 北日本銀行，特許権および商標権等を担保
・「鋳鉄製品の表面処理方法及び鋳鉄製品」の特許権，及び「上等鍋」の商標権です。
・上記特許権は南部鉄瓶に伝わる伝統的なサビ止め技法である「金気止め」を進化発展させた「上等焼」の技法が特許取得となったものです。「上等焼」とすることで，化学物質を一切まとわない（ノンフッ素，ノンホーロー，ノン塗料）錆びにくい鉄鍋が完成します。そして塗膜がないため熱がダイレクトに食材に伝わり家庭の火力でプロの味が楽しめるのです。地球環境に配慮した商品，おいしさを追及する商品として期待されます。

当行の今後の取り組みについて
・昨今，不動産担保に頼らない資金調達手法として動産担保融資（ABL）が注目されていますが，高い技術力の裏付けとなる知的財産権を活用した資金調達も，不動産を持たないベンチャー企業や高い技術力を持つ中小企業に新たな資金調達手段を提供できるものと確信しております。
・今後も不動産担保や個人保証に過度に依存しない融資手法に積極的に取り組んでいきたいと考えております。

（北日本銀行プレスリリースより抜粋〈http://www.kitagin.co.jp/news/pdf/070604_1.pdf〉）

　知的財産を担保にする資金調達の認知度の高まりや，金融機関が担保や保証に頼る融資に限界を感じている状況において，地域金融機関が上記の事業にあるような取組みを積極的に行い，金融機関としての理想的な役割を果たしていくことが中小企業金融にとって，最も重要である。
　また，無形資本を担保にする取組みが積極的に行われることにより，キャラクター（知的財産）を担保にしたファイナンスが理想的な形で行われることになると考えられる。
　これから地方金融機関等の取組みが注目される。

注釈
1）ここでいう市場とは当事者間の相対取引等を指しているのではなく，金融取引市場のようなマーケットを想定している。
2）債務者が破綻した場合，担保権の行使において倒産法上の一定の制約が及ぶことなども考えられる。
3）プロジェクト・ファイナンスの定義：一般に，プロジェクト・ファイナンスとは，インフラ整備や発電所，高速道路などの建設における特定のプロジェクト（事業）に対するファイナンスであり，そのファイナンスの利払いおよび返済の原資を，原則として当該プロジェクト（事業）から生み出されるキャッシュ・フローに限定し，その担

保も当該プロジェクトに係る資産に依存した手法である。
4）キャラクターを含む著作権をはじめとして，知的財産権の中核である特許権，意匠権，商標権等が，妨害排除請求権や登記と対抗要件の問題など所有権の法的構成に似ていることが考えられる。
5）物権とは，一定の物を直接的かつ排他的に支配しうる権利である。たとえば，土地の所有者は，自らその土地をどのように利用しようと，それを他人に賃貸したり，または売却しようとすべて自分の意思にのみもとづいて自由にすることができる。すなわち物を直接的に支配するということは，物の所有者は，その権利内容を実現するにあたり，直接その物について権利行使が可能であり，そのために他の人の行為の介在を必要としない。また，物権は物を支配することを内容とするため，Aがある物の所有者であれば，BやCはその物の所有者には決してなりえないのである。すなわち，ある1つの物の上に内容上両立しえない2つ以上の物権が同時に存在することは原則的に認められず，これを物権の排他性という。所有権は物権の王様と呼ばれ，物の使用価値と交換価値の両面を支配する，全面的支配権である。そのため，占有権をのぞく他の物権（地上権・留置権・質権・抵当権等）は，全面的支配権である所有権との関わりにおいて「制限物権」と呼ばれたりする。ここでいう制限とは，所有権の機能の一部を制限する物権という意味である。なお，使用価値を制限する物権を用益物権（地上権・永小作権・地役権・入会権）といい，交換価値を制限するものを担保物権（留置権・先取特権・質権・抵当権）という。
6）もし知的財産権により守られている知的財産が事業上の価値がないことになれば，その知的財産権は実質的に無価値な権利でしかないこととなる。
7）このケースのロイヤルティは，元本保証はないが，逆にレートや支払総額にも制限がないため，当該ファイナンスに伴う相応のリスクを許容できることになる。また，知的財産の利用状況に応じてロイヤルティ率の増減も可能であり，資金需要者に対してのインセンティブの調整も行うことができる。
8）譲渡できる資産は移転可能な知的財産に限られる。そのため，著作権人格権や不正競争防止法上の権利は譲渡担保として提供することはできない。
9）知的財産は無形資産であるため，知的財産権の多くは，当該知的財産を有する企業のバランスシートには計上されていない。一般的な証券化のニーズの主なものとして，不動産や金銭債権などを流動化することでバランスシートの計上をなくすことができることによる「資産圧縮によるバランスシートのスリム化」があるが，知的財産権の場合はもともとバランスシートに計上されていないため，資金調達を目的とするケースが多いと考えられる。

10) 一般に「ライセンス契約」という契約類型は，知的財産を有する者が，自ら知的財産を利用することなく収益をあげるための手段である。つまり，知的財産の保有者が，第三者に対して，金銭の支払いなど一定の条件を承諾することを前提に，知的財産権を行使しないことを約束する契約と考えられる。ライセンス契約を締結した相手方は，知的財産権の行使が行われない保証を得ることで，知的財産を利用して収益をあげることができ，その一部を知的財産の保有者が得ることになる。

11) 平成20年2月，知的財産の価値評価が難しく中小企業の保有する知的財産を担保に融資を行うことが困難であることを背景に，知的財産を的確に評価するノウハウをもつ日本弁理士会知的財産価値評価推進センターと，創業融資や中小企業融資の審査ノウハウをもつ国民生活金融公庫が相互に連携した。知的財産を活用する企業を積極的に支援し，地域活性化ならびに産業の振興を推進していくことを目的にするものである。

12) 平成14年6月24日　経済産業省企業法制研究会がブランド価値評価研究会報告書を公表している。http://www.meti.go.jp/report/downloadfiles/g20624b01j.pdf

13) コンテンツ評価・ビジネスモデルに関する調査研究所が平成17年に発表した調査報告書（文化庁からの委嘱を受け，株式会社UFJ総合研究所が行った調査）
http://www.bunka.go.jp/chosakuken/pdf/16_contents_report.pdf

14) 経済産業政策局知的財産政策室が，産業構造審議会知的財産政策部会「流通・流動化小委員会（第5回）」（平成16年6月16日開催）において，「知的財産（権）の価値評価手法の確立に向けた考え方・中間論点整理」に関して公表した。

15) 平成15年3月28日，金融庁が「リレーションシップバンキングの機能強化に関するアクションプログラム」を公表している。
http://www.fsa.go.jp/news/newsj/14/ginkou/f-20030328-2/02.pdf
平成17年3月29日に「新アクションプログラム」を公表。
http://www.fsa.go.jp/news/newsj/16/ginkou/f-20050329-4/02.pdf
その中で，中小企業の資金調達の多様化を推奨し，事業価値に着目した融資手法（知的財産権担保融資，ノンリコースローン等）への取組みを積極的に行うように，明記している。その後，平成18年7月4日に「地域密着型金融の機能強化の推進に関するアクションプログラム（平成17～18年度）」を公表し，金融機関の進捗状況について公開している。

参考文献

刈屋武昭　『ブランド評価と価値創造』日本経済新聞社，2005年
古賀智敏・榊原茂樹　『知的資産ファイナンスの探求』中央経済社，2007年
小林卓泰　『知的財産ファイナンス　特許・著作権等を活用した資金調達手法』清文社，2004年
髙森八四郎・髙森哉子　『物権法講義＜第1分冊＞―物権法総論―』関西大学出版部，1998年
西村総合法律事務所　『ファイナンス法大全（下）』商事法務，2005年
西村ときわ法律事務所　『新しいファイナンス手法』きんざい，2006年

おわりに

　オーストリアの動物行動学者コンラッド・ローレンツ（Konrad Zacharias Lorenz；1903-1989年）によれば，人間は，幼児や幼児的な形態をもつもの，すなわち丸くて大きい顔，小さな突起状の鼻，寄り気味の黒目，ふくよかな頬と物欲しげな口許，体躯に比べて短い手足などを見ると，それを保護し可愛がらずにいられない本能的衝動─先天的解発装置─をもっているという。

　このような幼児的形態をもつものに対する慈しみは，確かにローレンツが述べるように，種の保存のために子供に高い価値をおく現生人類，さらに広く哺乳動物に共有される本能かもしれない。したがって，かわいいキャラクターに寄せる現代人の愛好も，人間の遺伝子にあらかじめビルトインされたシステムの，消費社会における発現に過ぎない，といわれれば，確かにそのとおりかもしれない。

　しかし，消費社会の記号として戦略的に開発されるキャラクターは，たんにかわいいだけの存在ではない。それは，ときに企業や公共機関のメッセージを積載するヴィークルであり，ときに人々を購買や参画に導くアイ・キャッチであり，第2章で述べたように釈明や謝罪の代弁者であることもある。こうしたキャラクターの多彩な役どころについて，本書を通読された読者は了解されたことと思う。

　ところで，本書は，辻幸恵女史が「はじめに」で書かれているように，キャラクターに寄せる，筆者らの長年の関心をまとめたものであるが，企画から出版までに2年以上の年月を閲している。こうして上梓された本書を手にとって，あらためて思うことは，当初，思い描いていたイメージとは，かなり違った本に仕上がったな，という感慨である。

　その理由は大きく2つ考えられる。

ひとつは，キャラクターをめぐる時事的な話題が，われわれの執筆を鼓舞するように，あるいは翻弄するように，次から次へと惹起したことである。周知のように，2007年春には，戦後最強の企業キャラクターの一つ，「ペコちゃん」の"凋落と復活"のドタバタ騒ぎがあった。そして，10月には，英会話学校最大手のNOVAが擁する「NOVAうさぎ」が突然"経営破綻"し，さらに2008年春には，平城遷都1300年祭のイメージキャラクター「せんとくん」が，難産の末"誕生"した。そのほかにも，彦根城の「ひこにゃん」だの，和歌山電鉄貴志駅の駅長「たま」だの，ソフトバンクの「お父さん」だの，そそられる話題に事欠かなかった。その結果，筆者らの論考は，あいつぐ加筆と修正でずたずたになったものの，思いもよらない深まりとアイデアも同時にもたらされたと自負している。

　もうひとつは，われわれ共著者を襲った一身上の"珍事"や"凶事"の数々である。標記のキャラクターの"跳梁"に，さんざん手を焼き，書きあぐねているうちに，ある共著者は，クラブの指導も重なり健康をそこねた。また，ある共著者は，息子の中学受験のために，昼も夜もなく奮闘せざるを得なくなった。また，ある共著者は，最愛の父親が急逝し，悲嘆の淵に立たされた。さいわい，今では3人が3人とも苦境を脱して，ひとりはすぐにもとのサッカー青年にもどり，ひとりは春から有名中学校生の母親となり，ひとりは法要の準備に忙しい。

　このような経緯で，当初，思い描いた内容からは程遠い本がめでたく上梓されたわけだが，その陰には，たくさんの方々の励ましや協力があったことを書きとどめておかなければならない。まず，追手門学院大学経営学部の辻幸恵研究室のゼミ生諸君は，筆者らの悪文から丹念に語句を拾い上げ，立派な図表を作成してくれた。また，キャラクターについて真剣に議論をかさねてくれた。ここに感謝をこめてゼミ生諸君の名前を記す。田中孝典君，千本茂弘君，西静仁君である。どうもありがとう。また，アンケート集計や入力作業に，長い時間をかけて協力してくれた岩本聡君，川瀬琢也君，中川晃士君，索引の言葉を丁寧にひろってくれた光枝宏剛君にもお礼を言いたい。

最後に，本書の編集を担当してくださった白桃書房の平千枝子さんについては，なにがなんでも書いておかなければならない。平さんは，ときに自棄に陥り，ときに怠けがちな筆者らを，叱咤激励しながら，細かな校正や版権者との交渉にあたってくださった。もし本書になんらかの取り柄があるとすれば，それは平さんの肌理細かなプロの手並みに負うところが大きいのである。ここに深甚の感謝を申し上げる次第です。

　2009年2月

追手門学院大学
国際教養学部　アジア学科
梅村　修

索 引

あ 行

アイコン　3, 7, 8, 32, 38, 65, 94, 98, 111
アキバ系　13
アサヒビール　199, 200, 202
アート　27, 36, 38, 39, 41, 42, 44
アド・キャラクター　24
アニメーション　7, 8, 12, 14, 17, 38, 192, 234
アメリカ流商業主義　30
アンディ・ウォーホル　43
育成者権　189, 190
意匠権　189, 190, 204, 205, 265
意匠法　193, 206-208, 213, 236, 239
イデオロギー　91, 96
イメジャリー　37
インカム・アプローチ　277, 278, 280-285
印象　65, 86, 154
インターネット　107-109, 121, 124, 128, 245
ウォルト・ディズニー　13, 27
営業秘密　190
SPC　259, 266, 272
エンターテイメント　5, 24, 33
オタク　32, 35, 43
物体（オブジェ）　34

か 行

外交的キャラクター　26, 27
仮想空間　4
カリスマ　123
かわいい　11, 17, 21, 26, 27, 38-40, 47, 114, 119, 120, 122, 129-131, 138, 141, 144, 146, 148, 151, 152, 155, 157-160, 163, 168-170, 174, 175, 178
関係性　70
感受性　30, 31
擬人化　4, 88
キャラクター（人格）　92
キャラクター権　234
キューピー人形　14
極小化志向　34, 35
クオリティ・コントロール　50
口コミ　107, 108, 117, 127, 128
グルーヴィジョンズ　38
グローバル・キャラクター　20, 21
警告書　248-250
契約自由の原則　186
広告　4, 8, 10, 18, 19, 28, 36, 46, 68, 105, 152, 197, 202, 236, 243, 245
広告宣伝機能　197
顧客吸引力　196
コスト・アプローチ　278, 283-285
コピー商品　120
コーポレート・アイデンティティ　9
コーポレート・ファイナンス　257, 258, 263, 265
コミュニケーションツール　2, 107, 153
コンテンツ　33, 55, 187, 188, 285
コンプライアンス　243

さ 行

残差アプローチ　277
実用新案権　189, 190
ジャパン・クール　121
出所表示機能　197
消費社会　3, 43
商標権　186, 189, 190, 192, 193, 196, 206,

223, 225, 234, 235, 265, 284, 291
商標法　197, 198, 208, 213, 236, 239
商品化許諾契約書　224
商品化権　186, 189, 218, 234-236, 238, 239, 245
情報づくり　187, 188
所有権　246, 260, 261, 286
ジョン・テニエル　13
自力救済　246
人格　11, 47, 54, 125
人格的メディア　62
新規性　205, 211
シンボル　5, 9, 24, 27, 29, 48-50, 52, 55, 68
ステークホルダー　22, 275
セール・アンド・ライセンスバック　267
セール・アンド・ライセンスバックによる資金調達　268
絶対的独占権　189
相対的独占権　189

た 行

耐久経験消費財　41, 49
脱力系　145
タブロイド化　69, 70, 95, 96
知的財産権　186, 189, 190, 204, 212, 235, 237, 238, 244, 259, 260, 261, 264-269, 275, 276, 283, 284, 285, 288, 290
知的財産高等裁判所　213
知的財産立国　187, 212
著作権　3, 110, 186, 189-192, 195, 206, 208, 217, 221, 229, 231, 233-235, 239, 240, 246, 247, 256, 265, 267, 273-275, 284, 285, 287, 289
著作権人格権　247
著作権法　213, 236, 239, 269
TPO　161, 165
デインジャー　63, 64
デザイン　7, 8, 10, 36, 48, 49, 55, 86, 123,

124, 126, 130, 131, 144, 154, 168, 171, 175, 176, 187, 188, 196, 199, 200, 204, 208, 216, 218, 234, 235, 275
同一性保持権　214, 247
特撮物　2
独占利用許諾契約　226
独立評価アプローチ　277, 283
特許権　186, 187, 189, 190, 225, 263, 265, 267, 276, 278, 284, 291
特許法　195, 207, 269
トリクルダウンセオリー　122

な 行

内向的キャラクター　26, 27
ニーズ　106, 264, 265, 267, 270
ニュース・テキスト　82
ネーミング　144, 160, 193, 196, 197, 199, 236
のまネコ　109

は 行

排他的独占権　204
ハザード　63
パーソナリティ　18, 63, 109, 111, 125
パッケージ　2, 7, 14, 18, 25, 54, 111, 117, 149, 152, 153, 170, 178, 194, 234
パブリック・ブランド・キャラクター　22
ハローキティ　2, 6, 11, 21, 26, 51, 52, 54, 115-117, 140, 149-151, 216
ビジュアル　2, 4, 7, 11, 14, 47, 124
ヒット　51, 113-115, 131, 221
品質保証機能　197
ファイナンス　256, 258, 260, 261
ファンシーグッズ　152
フィギュア　35
フェティシズム　32, 35
フォント　27, 48, 52-54, 91
吹き出し効果　64, 67, 98
複製権　231, 232

不正競争防止法　189, 193, 208, 213, 236, 239
ブーム　11, 51, 109
ブランド　2, 8–10, 12, 22, 50, 66, 88, 90, 125-127, 153, 187, 188, 199, 275-278, 285
ブログ　117, 127, 128, 216
プロパティ　28, 29
文化財的価値　94
ペコちゃん　6, 8, 19, 64-67, 69, 72, 73, 75, 78, 79, 81-94, 96, 117, 147
ペコちゃん擁護論　66
ヘレン・ビアトリクス・ポター　13
変態的性欲　32
方式主義　190

ま 行

マイ・キャラクター　108-111
Ⓒマーク　192
マーケット・アプローチ　277-280, 283, 285
マーケティング　9, 27-29, 48, 104, 106, 107, 110
マスカルチャー　3
マスコット・キャラクター　2, 32
マスコミ　64, 66, 83, 85, 89, 91-93, 98, 242
マーチャンダイジング　18, 19, 52
丸型キャラクター　153, 157
三島由紀夫　30, 32
ミッキーマウス　2, 6, 15, 20, 24, 27, 48-51, 54, 108, 115, 116, 149, 150, 156, 163, 170, 176, 177
無方式主義　190, 195
命名権　242-245
メッセージ　36, 44-47, 69

メディア　13, 27, 38, 41, 44-47, 50, 53-55, 67, 69, 70, 95, 107, 117
メディア・テクスト　68
萌え　43

や 行

ゆるキャラ　23, 32, 48, 50, 56
余剰　44

ら 行

ライセンサー　29
ライセンシー　19, 25, 29, 114, 213, 222, 234, 237, 239, 271, 276
ライセンス　27, 29, 52, 110, 114, 117, 218, 222, 237, 238, 240, 266, 267, 274
ライセンス・ビジネス　7, 29, 55, 221, 238
ライセンス料　117, 146, 153, 227, 271
リージョナル・キャラクター　20
リスク　62-64, 66, 84, 97, 228, 243, 244, 262, 264, 266, 271, 281, 288
リスク・ヘッジ　71, 93
流行　17, 122, 123, 142, 144, 174
利用許諾契約　214
リラックマ　26, 115-117, 119, 144, 150, 156, 163, 164
ルイス・キャロル　13
レトリック　68, 69, 71, 88, 92
ロイヤルティ　10, 29, 215, 261, 264, 266, 267, 287
ロイ・リキテンシュタイン　43
ローズ・オニール　14

わ 行

若者　12, 123, 124

▰▰▰ 著者紹介

辻　幸恵（つじ　ゆきえ）（第3章・第4章）
　神戸国際大学経済学部教授
　1962年　兵庫県神戸市生まれ
　1992年　神戸大学大学院経営学研究科商学専攻　博士前期課程修了　修士（商学）
　1996年　武庫川女子大学大学院家政学研究科被服学専攻　博士後期課程修了　博士（家政学）
　1998年　京都学園大学経営学部専任講師にて着任（2001年助教授）
　2003年　追手門学院大学経営学部助教授にて着任（2006年教授）
　2011年　神戸国際大学経済学部教授にて着任，現在に至る
　著書
　『ブランドと日本人―被服におけるマーケティングと消費者行動―』白桃書房，1998年
　『流行と日本人―若者の購買行動とファッション・マーケティング―』白桃書房，2001年
　『流行とブランド―男子大学生の流行分析とブランド視点―』白桃書房，2004年（共著：辻幸恵，田中健一）
　『流行と社会―過去から未来へ―』白桃書房，2004年（共著：赤坂俊一，乳原孝，辻幸恵）
　『ブランドとリサイクル』アスカ・リサイクル文化社，2005年（共著：辻幸恵，梅村修）
　『アート・マーケティング』白桃書房，2006年（共著：辻幸恵，梅村修）
　『京都とブランド―京ブランド解明・学生の視点―』白桃書房，2008年
　『京都こだわり商空間―大学生が感じた京ブランド―』嵯峨野書院，2009年
　『地域ブランドと広告』嵯峨野書院，2010年（共著：辻幸恵，栃尾安伸）
　『大学を変える，学生が変える』ナカニシヤ出版，2012年（共著：木野茂他）

梅村　修（うめむら　おさむ）（第1章・第2章）
　追手門学院大学国際教養学部教授，同大学教育研究所所長
　1963年　愛知県名古屋市生まれ
　慶應義塾大学大学院文学研究科修士課程修了（文学）
　帝京大学専任講師，美術館学芸員等を経て，2003年4月から現職。専門は留学生教育，談話研究
　著書・論文
　「日本語教育における読解指導―extensive reading の試み―」『留学生教育』2003年
　「留学生の若者文化に対する同化と日本人学生との交友関係の深化―中国人留学生の場合―」『留学生教育』2004年（共著）
　「テレビCMで使われる「くり返し」の効果」日本繊維機械学会誌『せんい』Vol.58，2005年
　『ブランドとリサイクル』アスカ・リサイクル文化社，2005年（共著）
　『大人数授業をどう改革するか』アスカ文化出版，2006年（共著）
　『アート・マーケティング』白桃書房，2006年（共著：辻幸恵，梅村修）
　『消費社会とマーケティング』嵯峨野書院，2007年（共著：東伸一他）
　「ブランデッド・エンタテインメントの理解過程に関する実証的研究―映像広告の非営利的活用が消費者心理に及ぼす影響について」2007-8年度科学研究費補助金（基盤研究C）研究報告2009年
　『地域ブランドと広告』嵯峨野書院，2010年（共著：辻幸恵，栃尾安伸）
　『大学を変える，学生が変える』ナカニシヤ出版，2012年（共著：木野茂他）

水野浩児（みずの　こうじ）（第5章・第6章・第7章）
　追手門学院大学経営学部専任講師
　1968年　大阪府寝屋川市生まれ
　関西大学大学院法学研究科博士前期課程修了　修士（法学）
　2006年4月から現職。専門は民法・租税法
　「不良債権処理の根本的問題と部分貸倒れの損金算入の必要性―円滑な金融機能回復を目指して，銀行実務からの提言」『日本税理士連合会第27回日税研究賞受賞論文集』2004年
　「法人税法における債権譲渡の現代的問題点」『関西大学法学ジャーナル』76号，2004年
　「民法466条の法理と譲渡禁止特約の効力」『関西大学法学ジャーナル』77号，2005年
　「債権者，債務者双方からの貸倒損失のアプローチの重要性―資金調達環境改善の後押し―」『追手門学院大学　経済・経営論集』14号，2007年

▓▓キャラクター総論
　　ーー文化・商業・知財ーー　　　　　　　　　　　　　　　〈検印省略〉

▓▓発行日ーー2009年5月6日　初版発行
　　　　　　2012年4月16日　第2刷発行

▓▓著　者ーー辻　幸恵・梅村　修・水野浩児
▓▓発行者ーー大矢栄一郎
▓▓発行所ーー株式会社　白桃書房
　　　　　〒101-0021　東京都千代田区外神田5-1-15
　　　　　☎03-3836-4781　📠03-3836-9370　振替00100-4-20192
　　　　　http://www.hakutou.co.jp/

▓▓印刷・製本ーー藤原印刷

Ⓒ Y. Tsuji, O. Umemura, K. Mizuno　2009　Printed in Japan
ISBN978-4-561-26509-2 C3034
本書のコピー，スキャン，デジタル化等の無断複製は著作権法上での例外を除き禁じられています。本書を代行業者等の第三者に依頼してスキャンやデジタル化することは，たとえ個人や家庭内の利用であっても著作権法上認められておりません。

JCOPY　〈(社)出版者著作権管理機構　委託出版物〉
本書の無断複写は著作権法上での例外を除き禁じられています。複写される場合は，そのつど事前に，(社)出版者著作権管理機構（電話 03-3513-6969，FAX 03-3513-6979，e-mail : info@jcopy.or.jp）の許諾を得てください。
落丁本・乱丁本はおとりかえいたします。

辻 幸恵・梅村 修【著】
アート・マーケティング

ART Marketing
アート・マーケティング
辻 幸恵・梅村 修

美的経済/美学的マーケティング

アートはその立ち位置を，美術館からマーケットへ自覚的に移し始めている。一方，マーケットはアートを取り込み消費することに熱心だ。アートとマーケティングが歩み寄り出会ったところに拓かれた次世代の局面を読み解く。

ISBN978-4-561-65157-8　C3063　A5判　240頁　本体2800円

株式会社 白桃書房　　　　（表示価格には別途消費税がかかります）